50歳から はじめる 船の釣り

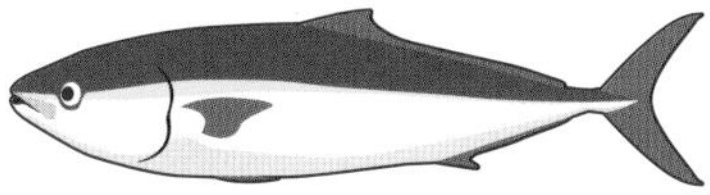

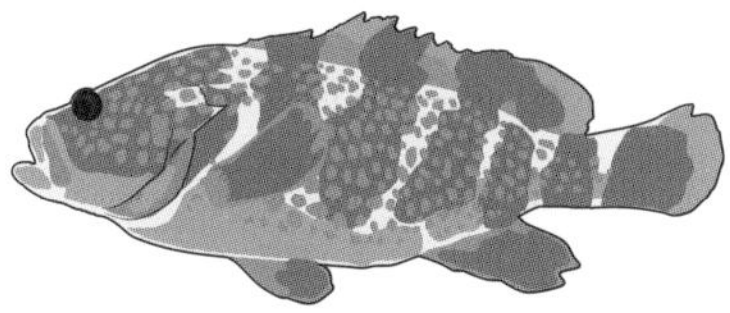

出船します!

Contents

50歳からはじめる船の釣り

タイラバ

対象魚

マダイが難しいテクニック不要で簡単に釣れる。これがタイラバが爆発的にヒットした理由だが、釣れるのはマダイだけではない。青物、根魚、ヒラメなど、ルアーで狙える魚種はほとんどがターゲットとなる。マダイを本命としながらも、五目釣り的にいろいろな魚を釣って楽しむというのがタイラバのスタイルだ。

五目釣り的に多彩なターゲットが釣れるのもタイラバの魅力の一つ。

食味と料理

マダイは日本では魚の王様と言われており、古くから食されてきた。身は淡白でクセがないため料理の幅は非常に広く、刺身や焼き魚、煮付けといった定番はもちろん、タイ飯やカルパッチョなど様式を問わずさまざまな方法で調理して楽しむことができる。

マダイは大型のものは味が落ちるため、食べるのなら50cmクラスくらいが丁度よい。ときに80cmオーバーの大型がヒットすることもあり、釣る上では非常に嬉しいが、食味はかなり落ちてしまう。

主なシーズン

エリアによって異なってくるが、タイラバ自体は基本的には通年楽しむことができる。しかし大型のマダイを狙うのなら、3月の乗っ込み期から5月くらいがベストシーズンとなる。食べることが前提ならシーズン始めの産卵前の個体を狙うのがよい。マダイといわず、全ての魚がそうだが、産卵後の個体は痩せて味が落ちるので、食べるのにはあまり向いていない。

水温が上がってくるとハタ類の釣果が上向く。キジハタは日本沿岸の広い範囲で釣れる魚で、食味も非常に良く、市場では高級魚として扱われている。そして秋になるとマダイはもちろん、多くの魚が釣れやすい時期となる。

型的には春と比べると小さい個体が多くなるが、エリアによっては青物なども交じってくるため、バラエティ豊かな五目釣りを楽しむことができる。

エリアや時期によっては青物がヒットすることも多い。

タイラバタックル

道糸
PEライン
0.6〜1号

ロッド
オリムピック／
GNPC-662M-HS

リール
ダイワ／
紅牙 X IC

FGノット

リーダーライン
フロロカーボン
4〜5号3〜5m

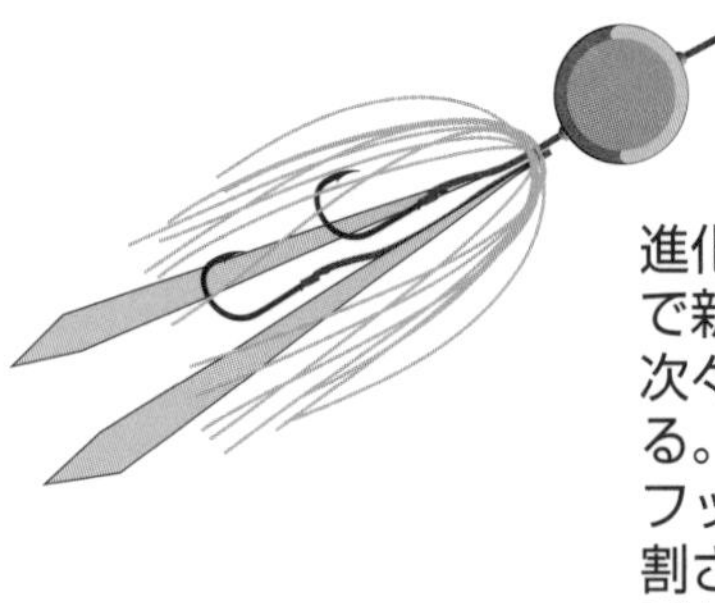

タイラバ構成パーツの名称

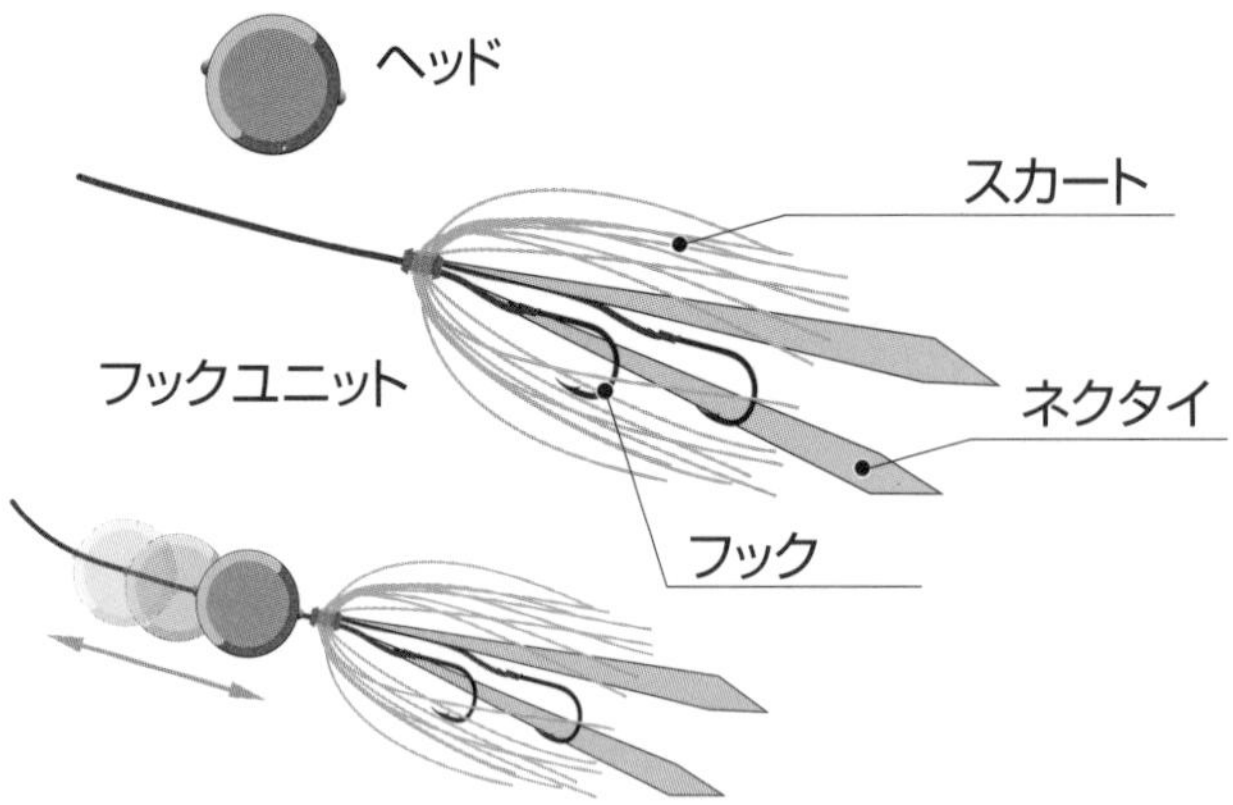

ヘッドは各メーカー工夫を凝らし、いろいろな形状でさまざまなアクションをするものが販売されている。迷ったときはこのような太鼓型を選ぶとよいだろう。

スピニングタックルもあるが、キャストをしないのであればベイトタックルの方がメリットが大きい。

進化が著しいルアーで新しいアイデアが次々と投入されている。現在はヘッドとフックユニットが分割された遊動式と呼ばれるものが主流。

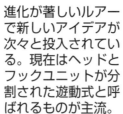

必要なタックルと装備

タイラバ専用ロッドはマダイのアタリを弾かない、柔らかく食い込みが良いティップを備えているのが特徴だ。

ライトタックルと呼ばれる部類に属するもので、タックル全体が軽量で、ビギナーや女性、子供でも扱いやすいのが特徴の一つとなっている。

専用ロッドは各メーカーからかなりの種類が販売されており、エントリーモデルからフラッグシップモデルまで、幅広い価格の中から選ぶことができる。リールはベイトリールを組み合わせるのがスタンダード。

また、ロッドとリールがセットになったものも販売されているので、取りあえず試しにやってみたいというのなら、そういったものを使ってみるのもよいだろう。

スピニングロッドと組み合わせるタイプもラインアップされているが、これはタイラバをある程度キャストして広く探っていくキャスティングタイラバに対応したもので、水深の浅いエリアでは人気が高い。

しかし、ビギナーには手返しの良いベイトタックルが断然扱いやすいため、最初のタックルとして選ぶのならば、ベイトリールを組み合わせるタイプがよいだろう。

ラインはPEラインを２００ｍほど巻いておく。PEラインは進化が目覚ましく、近年は０・６～０・８号といった細いものを使うのが主流となってきているが、細くなると扱いが難しくなり、ライントラブルが増える原因となってしまう。まずは1号をチョイスすることをおすすめする。

ラインに結束するリーダーは、PEラインの1号であればフロロカーボンの４～5号を選ぶとよい。船の底で擦れることもあるので、３～５ｍ程度の長さを確保しておきたい。

使用するルアーはもちろんタイラバ。各メーカーからかなりの種類が出ているので、正直どれを選んでよいのか迷うところだが、どれを選んでも魚は釣れるので、見た目が気に入ったものを選べばよいだろう。どうしても決めきれない場合は、最もスタンダードな太鼓型（球のサイドを切り落としたようなもの）を選ぶと間違いない。

タイラバを選ぶ上で重要なのは重さとカラーだ。重さは水深に合わせるのが基本で10ｍにつき10ｇというのが一つの目安だ。水深１００ｍの場所なら１００ｇということになる。ただし、潮流が速かったり、風が強いときはもう少し重いものが必要となってくる。タイラバの重量選びで大切なことは、着底が判断できるものをチョイスするということだ。特にビギナーにとって着底の見極めというのは最初の難関となる。事前に船長にポイントの水深を確認しておいた方がよいが、１００ｇを基本に80、１２０ｇを用意しておくと、よほど浅いや深いでない限り対応しやすい。

カラーも選ぶのが難しいところだが、定番となっているオレンジ系、グリーン系、ゴールド系などを用意しておくとよいだろう。

タイラバはヘッドとフックユニット（フック、スカート、ネクタイをまとめたもの）というパーツから成り立っている。各パーツは交換可能なので、消耗したものは順次替えていく。また、自分好みにカスタマイズすることもできる。

ルアーを落として、ラインを巻くだけ。これだけでビギナーでも大型のマダイに出会える。

釣り方の基本

ルアーを船べりから落としたら、抵抗にならない程度にリールのスプールに軽く指を添えてルアーを沈めていく。そしてルアーの着底が確認できたら、すぐにリールのハンドルを回して巻き上げを始める。

海底から船長の指示ダナの10m上くらいまで巻き上げたら、再びルアーを落として着底させる。これを繰り返していく。

巻き上げの基本は一定の速度を保つこと。スピードは時期や船の流し方によって異なってくるが、あまり速くない方がよい。マダイは水圧の変化が生じる上下への急激な移動を避けるからだ。リールのハンドルは1秒1回転を基準にして、様子を見ながらそれより遅い・速いを試していくとよいだろう。

ラインが斜めに出ていって着底が分かりづらくなってきたら、一度ルアーを回収して、再び入れ直すとよい。

アタリは竿先や手元に伝わる感触で判断する。竿先が曲がったり、手元に重みが伝わってきたら魚がアタってきた合図だが、ここで焦ってアワセを入れてはいけない。このときはまだマダイがタイラバのスカートを噛んでいるだけの状態で、ハリ掛かりしていないため、アワセてしまうとスッポ抜けてバラす要因となるからだ。

アタリを察知しても何事もなかったかのようにリールのハンドルを回す手を止めずにそのまま巻き続ける。ルアーを咥えた魚が反転すると、竿が大きく曲がり、ズッシリと重みが手元に伝わってくる。ほとんどの場合、何もしなくてもオートマチックにハリ掛かりするが、より深くフッキングさせるため、ここで追いアワセを入れてもよい。あとはラインのテンションが抜けないように竿が曲がった状態をキープしたままラインを巻き取り、魚を浮かせればよい。

釣れないときのもう一手

タイラバはルアーを着底させて、底から探っていくというのが基本だ。そのために、確実に底取りをしなくてはならない。

アタリはラインを通して手元に伝わってくるほか、竿先にも現れる。注意して見ていよう。

着底が判断できずに海底にルアーが転がっている時間が長くなると、魚に見切られるだけでなく、根掛かりの原因となってしまう。ルアーが海底に着いたらすぐに巻き上げを開始できるように着底には全集中したい。どうしても着底が判断しづらいときは、タイラバヘッドを重いものに交換するとよい。

タイラバはパッケージから出した状態で使っても十分に魚は釣れる。しかし状況に合わせてカスタマイズすると高い釣果を生み出すことも多い。

アタリがあっても手を止めず、何事もなかったかのようにラインを巻き続けることが大切。

まずはヘッドやネクタイのカラーを替える。本来はローテーションして当たりカラーを見つけていくというのが基本だが、船上で釣れている人と同じカラーにしてみるというのが手っ取り早い。

またネクタイを違う形状のものにすると波動が大きく変わる。周りが釣れているのに自分だけ釣れないというときは、アピール力の強いカーリータイプのネクタイに替えてルアーを目立たせるというのも手だ。

逆に船上でだれにもアタリがないというような状況では魚の活性が低いと考えられる。活性が低いときはあまり目立つものでなく、ナチュラルなカラーや波動で誘うというのがセオリーだ。ネクタイは細身なものに替えてみる、スカートの量を減らす、またはスカートを全て取り去るなどが、活性の低いターゲットに対して有効な手段だとされている。

また、底を集中的に探るというのも効果が見込める。底から10m(リールのハンドル10回転)程度に、繰り返し・しつこくルアーを通していくとヒットに繋がる可能性が高い。

各パーツを組み合わせて自分好みにカスタムできるのもタイラバの楽しさだ。

SLJ（スーパーライトジギング）

対象魚

ＳＬＪとはスーパーライトジギング（Super Light Jigging）の頭文字を取ったもので、ジギングをより簡単により楽にと考案されたものだ。本来ジギングは大型青物狙いで、強いタックルをひたすら振り続けるという、ある程度体力を必要とする釣りだったが、ＳＬＪは軽量なメタルジグとタックルを使用

タイラバ同様、多彩なターゲットが狙えるのがこの釣りの一番の魅力。難しいテクニックを知らなくても釣れるので、ビギナーや女性、子供でも気軽に楽しめる。

するため体力や腕力を必要としない。女性や子供、ビギナーでも簡単に楽しめるとあって人気が爆発した。

ターゲットは時期やエリアによって異なるが、タイラバのように五目釣り的に釣れるものを釣る、というスタイルがスタンダードだ。タイラバ同様、青物、マダイ、根魚、ヒラメなどいろいろな魚が釣れるというのも人気の理由だ。

食味と料理

ＳＬＪの登場で一躍人気ターゲットとなったのはイサキだ。本来はエサ釣りのターゲットだったが、ルアーで釣れるということが判明すると、シーズンとなる初夏にはイサキ狙いで出船する船が多くなった。

イサキはなんと言っても、その食味で人気が高い。塩焼きや刺身はもちろん、煮付けなどシンプルな料理が定番だが、ポワレやなめろうなど、工夫次第でさまざまなレパートリーが楽しめる。

主なシーズン

一言でＳＬＪと言っても、エリアによってメインターゲットや釣れる魚が異なってくるので、シーズンも違ってくる。基本的には通年出船可能だが、比較的水深の浅い場所をポイントとするため、魚が水温の安定する深場に移動する冬場はあまりこの釣りには向いていないと言える。ベストシーズンはエリアによってズレはあるが、4月後半から秋口くらいといったところだろう。その中でもイサキのシーズンとなる梅雨ごろから初夏くらいを狙ってこの釣りを楽しむ人も少なくはない。

SLJタックル

フックのサイズ選びはメタルジグの形状やロッドの強さなど、いろいろな要因を加味する必要があるため難しい。SLJ用として販売されているものを選んだ方が間違いないだろう。

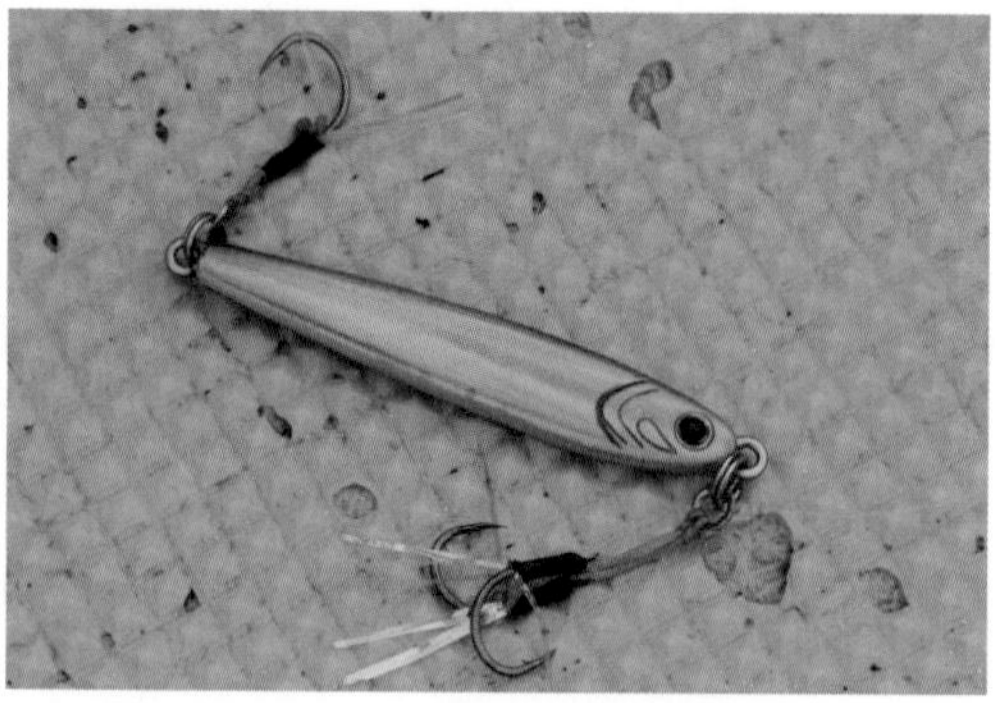

タングステン製のメタルジグはSLJではマストアイテムとなりつつある。はじめからフックが装着されているものも販売されているので、そういったものを選べば、フックセッティングのわずらわしさから解放される。

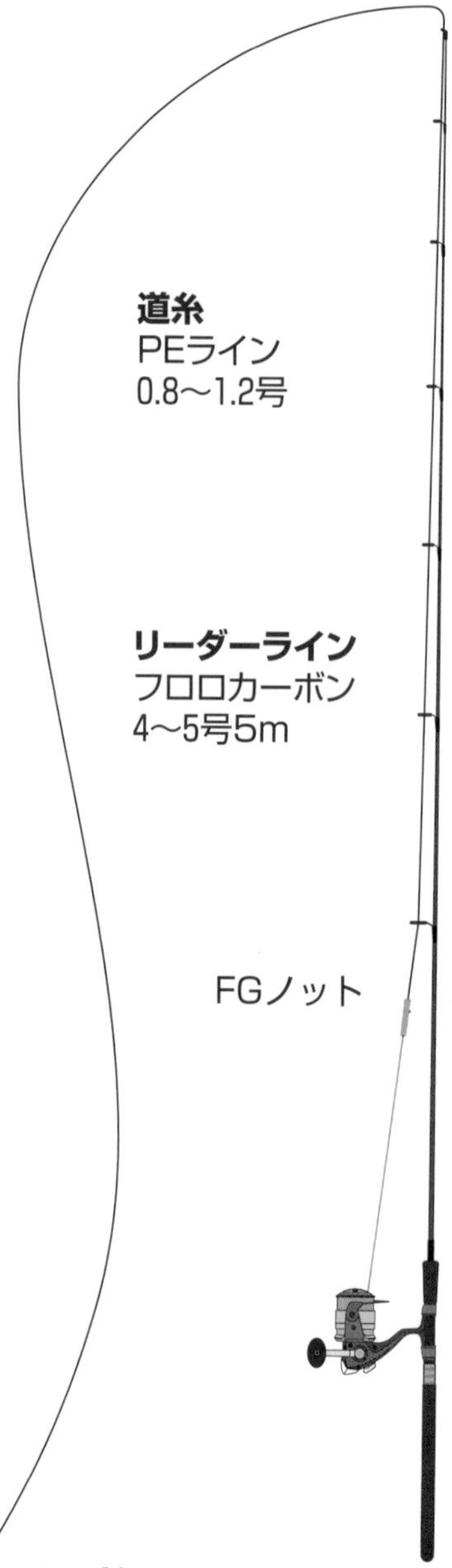

道糸
PEライン
0.8〜1.2号

リーダーライン
フロロカーボン
4〜5号5m

FGノット

フックは前後ダブルアシストかフロントダブルアシスト・テールシングルアシストにする。テールのアシストフックはフロントよりも短めのアシストラインのものを選ぶ。前後のアシストフックが干渉しない長さにすることが重要。

ロッド
アブガルシア／
KR-Xスーパーライトジギング
フルソリッド スペシャル
SSSS-64SLJ-FS-KR

リール
アブガルシア
Revo ALX 3000SH

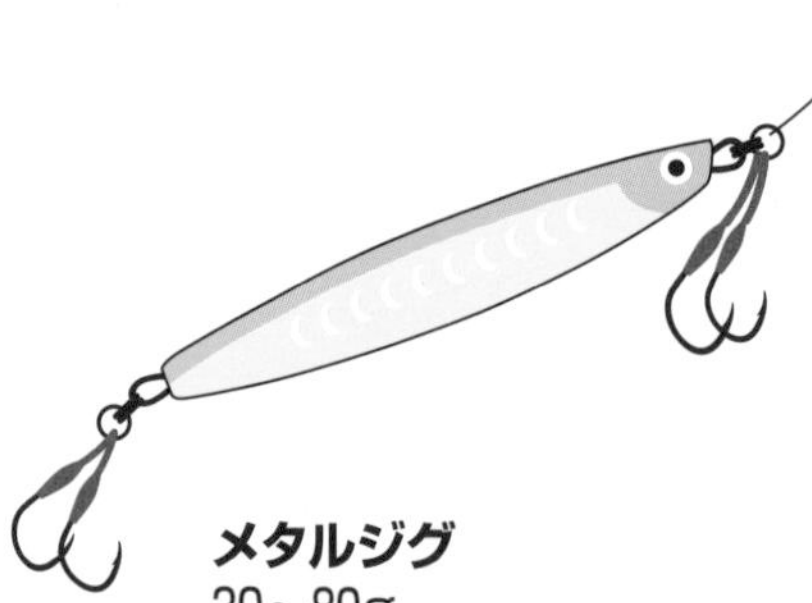

フック
SLJ用

メタルジグ
30〜80g
水深によって異なるが、必ず着底が判別できる重さを使う。

ベイトタックルもある。積極的にメタルジグをアクションさせたい人はスピニングが、タダ巻きの誘いがメインで扱いやすさを優先するのならベイトタックルが向いている。

必要なタックルと装備

　比較的軽量なメタルジグをキビキビとアクションさせることができるロッドが好ましく、SLJ専用ロッドも各メーカーから数多く販売されている。

　タイラバ同様ライトタックルと言われるカテゴリーで、誰でも気軽に楽しめるというのも人気の理由だ。

　ただしSLJではスピニングリールを組み合わせるスピニングタックルが主流になる。理由はジギングの基本アクションをする場合、リールがロッドの上に付いているベイトタックルよりも、ロッドの下に付いているスピニングタックルの方がやりやすいからだと考えられる。

　もちろん、ベイトリールと組み合わせるタイプもある。ベイトタックルの方がフォールでのアタリを取りやすいというメリットがあるが、着底の分かりやすさや扱いやすさから、あまり積極的にアクションを入れないビギナーにも向いていると言えるだろう。

　水深によって30～80g程度のメタルジグの出番が多くなる。軽量なルアーが扱える専用ロッドを選ぶのが無難だ。

　リールはスピニングの3000～4000番。PEラインは0・8～1・2号程度が適しているが、まずは1号を200m巻けば間違いない。リーダーはフロロカーボンの4～5号が標準的。青物がメインターゲットとなるならPE1・5号、リーダーは7号くらいの組み合わせで挑みたい。

　メタルジグは前記したように30～80gをメインに100g程度まで用意しておくとよい。水深や潮流によって、使いやすい重量は変わってくるので、事前に船長に確認することをおすすめする。

　形状はいろいろあるが、速いテンポでのアクションに適しているロングタイプはSLJではあまり使われない。まずはスタンダードなセンターバランスのものを用意するとよい。

　メインターゲットがマダイやイサキとなるときは、メタルジグのシルエットにも気を配りたい。マダイやイサキは口があまり大きくなく、比較的小型の生物を捕食していると考えられる。メタルジグもターゲットが捕食しているものに合わせるということが基本になるため、シルエットが小さめのものを用意しておきたい。

　しかし、重量が重いものはどうしても大きくなりがちだ。そんな状況を打開するアイテムとして人気なのがタングステン製のメタルジグ。同じ重量であれば鉛製とくらべて大幅にシルエットを小さくできるため、SLJのマストアイテムとして定着しつつある。

軽量なメタルジグとライトなタックルで挑むSLJ。しかし釣れる魚は無限大だ。

釣り方の基本

本来、ジギングにはジギングの基本動作というのがあるが、この動作の習得にはある程度の経験と慣れが必要となる。そういった難しいテクニックを必要としなくても魚が釣れるというのがSLJの特徴の一つだ。

基本的にはタイラバと同様、ルアーを落としてラインを巻き上げるだけでよい。

ラインの巻き取りは一定速度で行うというのがルアーフィッシングの基本の一つだ。メタルジグの場合、あまりにもゆっくりだと、ルアーがアクションしないため、リールのハンドル1回転／秒くらいを基本として、それより遅い・速いといったパターンを試してみるとよい。このとき速いのは人間の手でいくら速く巻いても魚が追い付けないということはない。

ドラグ音が鳴り響き、大きく弧を描くロッド。ライトタックルでの大物とのやり取りはとてもスリリングで病み付きになる。

しかし、これはターゲットによって変わってくる。青物などは、速い動きに好反応を示すため、ルアーを見切られないためにも速巻きが良いとされているが、マダイや根魚は水圧の変化を嫌うため、上下の速い動きには追随してこない。

船の流し方によっても違いが生じる。シーアンカーを入れたり、スパンカーを立てて、船の流れを制御し、ルアーが船の真下に落ちるようにする、いわゆるバーチカルの釣りではルアーは上下のみに移動する。一方、風を受けて船を流すドテラ流しではラインは斜めに出ていく。この状態ではルアーは斜めに移動するため、上下の移動が抑えられる。

本来はターゲットや船の流し方によって巻きスピードを調整するのが理想だが、まずは難しいことを考えずにいろいろと試してみるとよいだろう。

　底取りというのはＳＬＪでも重要項目の一つだ。マダイや根魚は底でしかヒットしないことも多く、青物もボトムタッチからの巻き始めにヒットしてくることも少なくない。まずは確実に着底を感知できる重量のメタルジグを使用しよう。

　しかし比較的水深が浅い場所がポイントとなるＳＬＪは着底も分かりやすい。メタルジグは着底が分かる範囲で、なるべく軽いものを使った方が釣果に繋がりやすいということを認識しておきたい。

　魚の活性が高い状況ではある意味何を使っても食ってくるが、活性が低いときほど、メタルジグのチョイスもシビアになってくる。メタルジグは重量やカラー、シルエットの違うものをいくつか揃えておくことをおすすめする。

女性でも大型の青物を釣り上げることができる。

釣れないときのもう一手

　定速巻きはあくまでも基本なので、積極的に巻きスピードを変えてみるというのも悪くない。特に有効なのが、遅いスピードからいきなり速くする動きだ。これは魚が反射的に口を使ってしまうリアクションバイトを狙った操作になる。また、巻いている途中で一旦止めてからまた巻き始めるというのも定番だ。ストップ＆ゴーと言われるテクニックで、止めるときはピタッと止めて、いきなり巻き始めるというふうにメリハリを付けて行うことがコツとなる。

　定速巻きで様子を見て、反応が得られないようであればスピードを変えてみる、というふうにすればよいだろう。

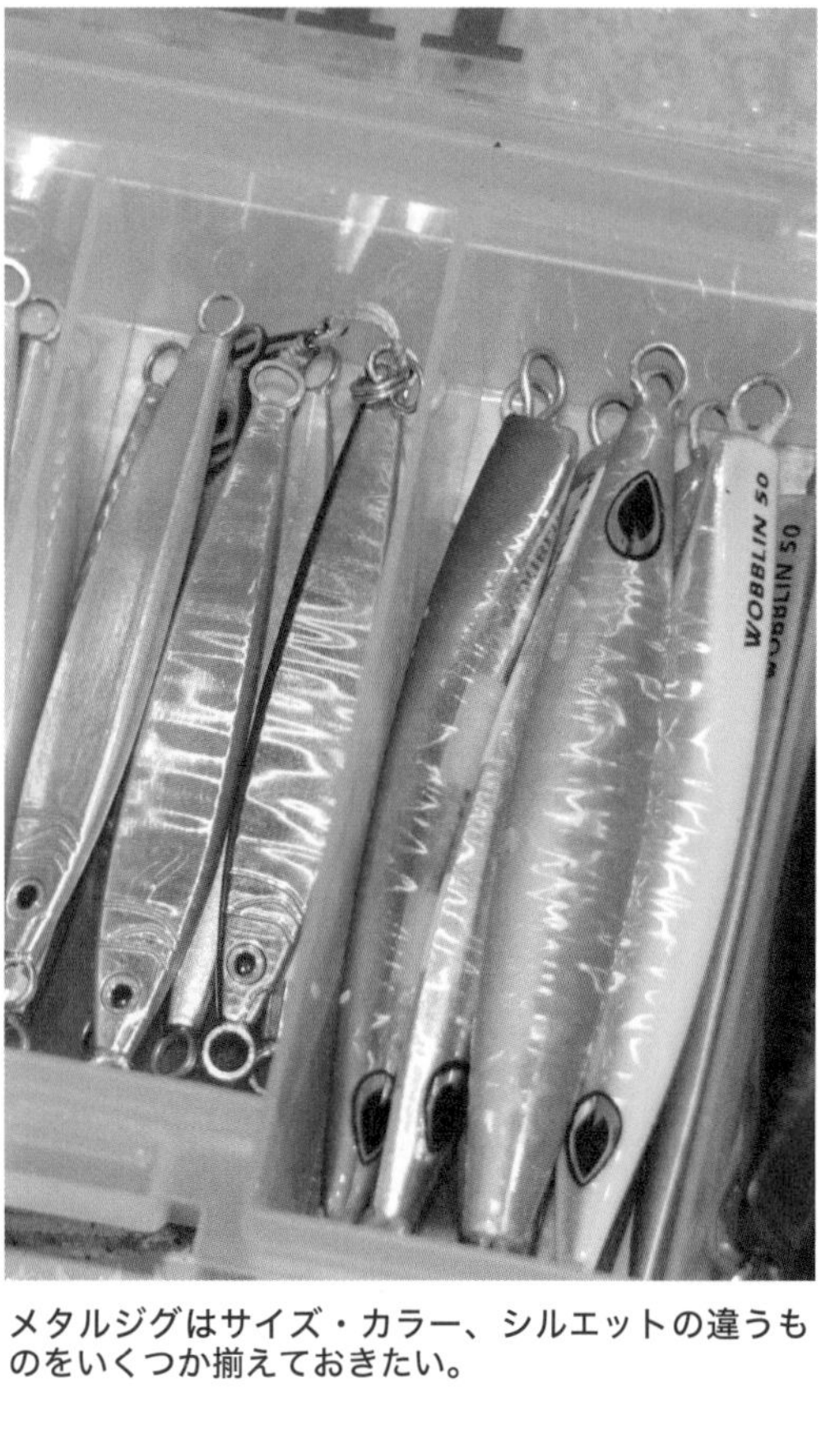
メタルジグはサイズ・カラー、シルエットの違うものをいくつか揃えておきたい。

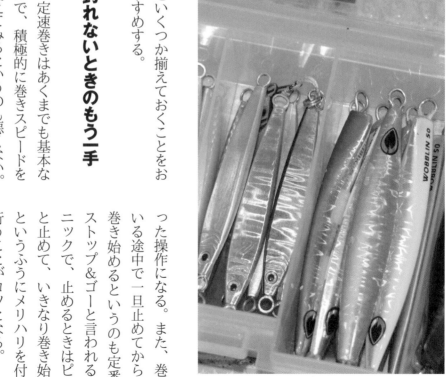

イカメタル

対象魚

ターゲットとなるのは地域によって違いがあるが、ケンサキイカ、ヤリイカ、スルメイカ、ムラサキイカなど。

胴体が長く筒状をしているので、総称でツツイカと呼んでいるエリアもある。

スルメイカ　ヤリイカ　ケンサキイカ

食味と料理

イカは捌くのが簡単で、食味が良いことから、釣りものの中では食の面で人気が高い。種類によって食味に違いがあるが、特に美味だとされているケンサキイカは甘みがあり、加熱しても身が硬くならないのが特徴。刺身はもちろん、天ぷらや炒め物、干物などが定番だ。

また、低脂肪、低カロリー、高タンパクなため、健康に気を使っている人にとっても歓迎できる食物となっている。

イカは冷凍保存が効くため、大量に釣れても困ることはない。しかし釣れたイカをそのままどんどんクーラーボックスに入れていくと、下にあるものが圧迫されて、墨が出てしまうことがあるため、トロ箱に並べてから重ねていくことが望ましい。

雨の日にショッピングモールなどに設置されている傘袋を使うのも定番だ。ホームセンターなどで入手でき、価格も安いのがメリット。

釣れたイカを1杯ずつ袋に入れてクーラーボックスで保冷する。これであれば、もし墨袋が破れて墨が出ても、他のイカに影響を与えることはない。

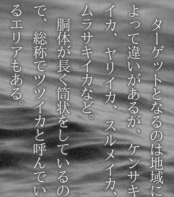

イカメタルのみの出船ではナイトゲームが主流。船の明かりを煌々と灯し、イカを寄せる釣り方で、数が狙えるというのが特徴。

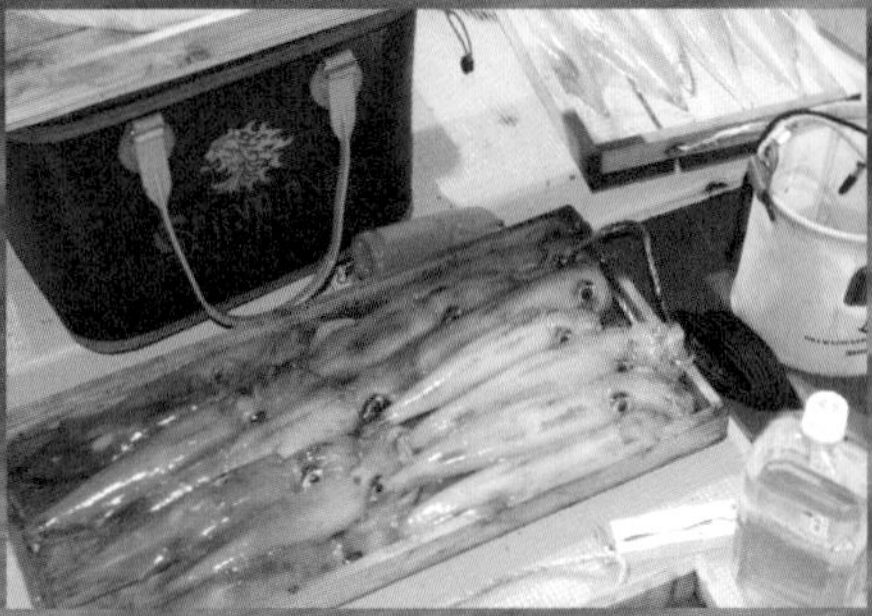

トロ箱に並べられたケンサキイカ。この状態のまま、クーラーボックスに重ねていくと、イカを痛めることなく持ち帰ることができる。

主なシーズン

エリアによって異なるが、初夏から釣果が上向きだし、お盆ごろに最盛期を迎える。

これは産卵に絡んで群が浅場に移動してきているためで、この時期は数釣りを楽しむことができる。2ケタ釣果は当たり前で、調子が良ければ3ケタも夢ではない。

デイゲームでも楽しめるが、どちらかというと、タイラバやＳＬＪなど、他の釣りの合間に楽しむという要素が強い。イカをメインに狙うのならナイトゲームが主流になる。

ナイトゲームでは船上で光を焚いてイカを寄せるため、夜焚きイカと呼ぶエリアもある。イカを集めて効率的に狙っていくため、日中よりも数を稼げるというのが特徴だ。

イカメタルタックル

オモリグ仕掛け

人気上昇中のオモリグ仕掛け。より自然なフォールを演出できる。ラインが斜めに出ているときに効果を発揮するので、キャストして探るとよい。また潮流の速いときにも効果的。

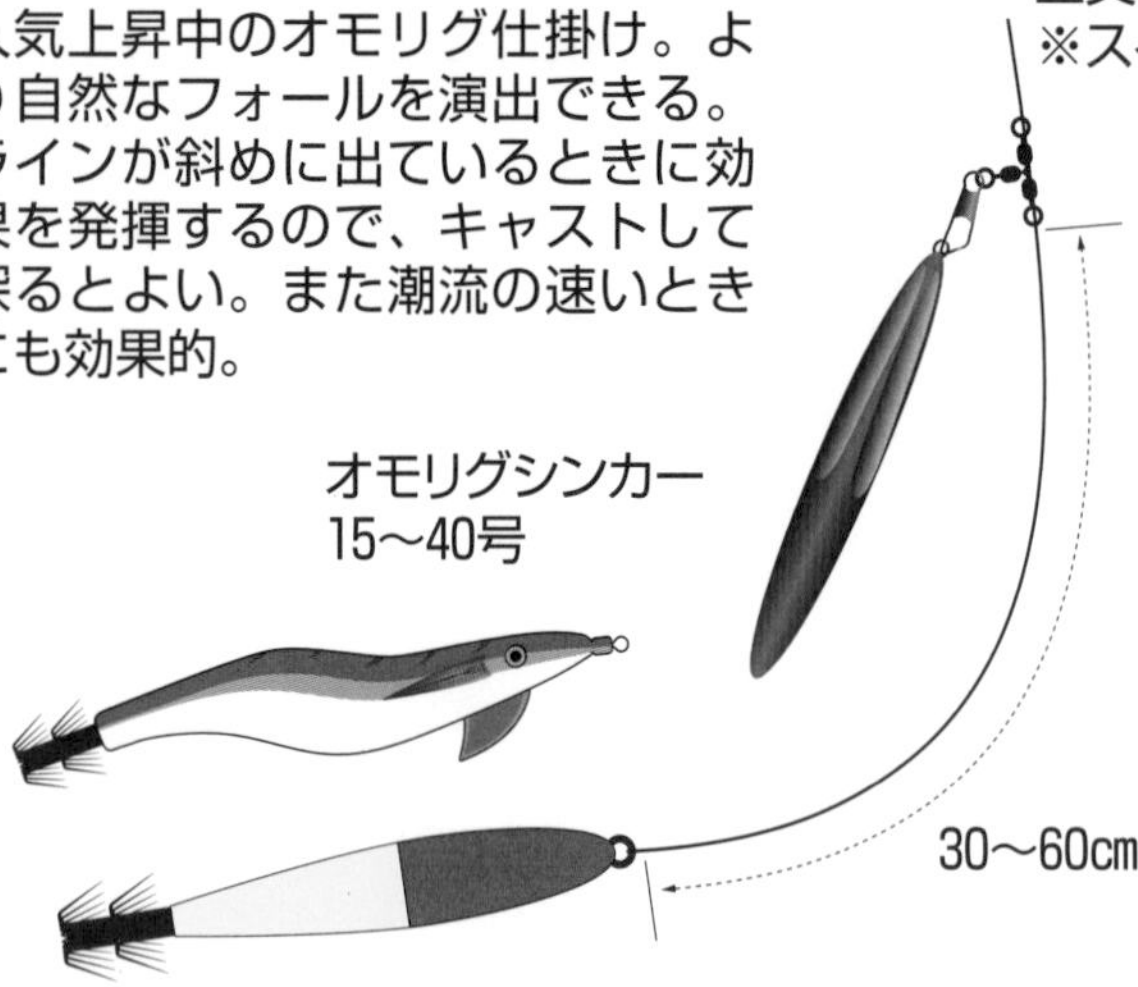

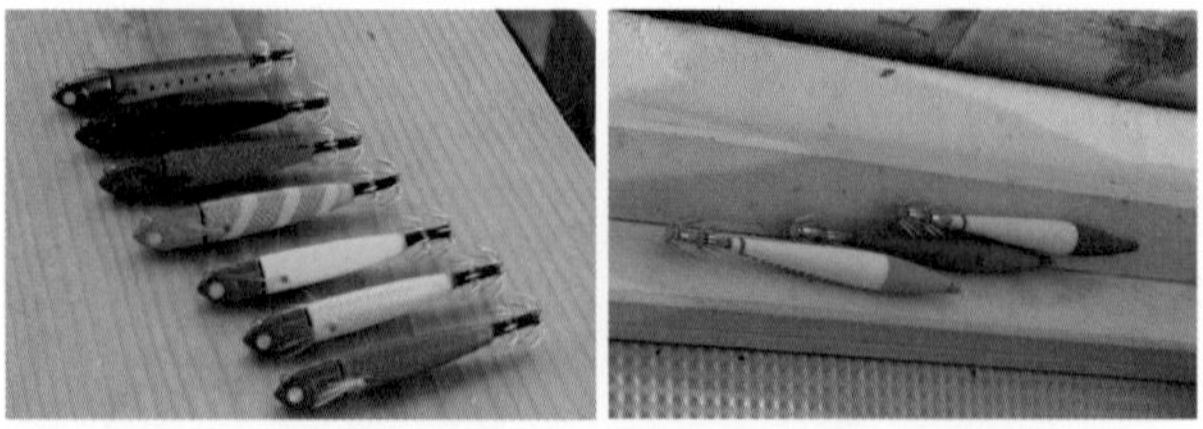

左：メタルスッテ　右：浮きスッテ。メタルスッテはシンカーの役割も果たす。水深によって必要な重量が変わってくるので、事前に船長に確認した方がよい。浮きスッテはカラーのバリエーションを豊富に揃えておこう。

仕掛けは市販品を使用する。エダス１本仕様が標準的。エダスを増やすとトラブルとなりやすいため、１本がベター。

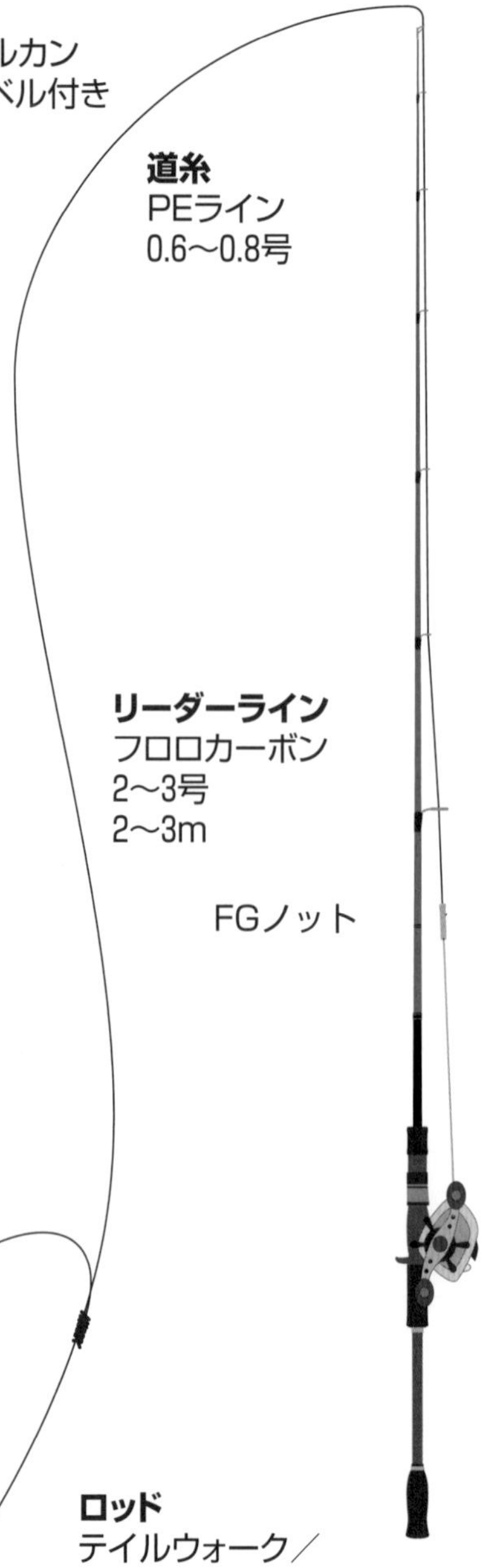

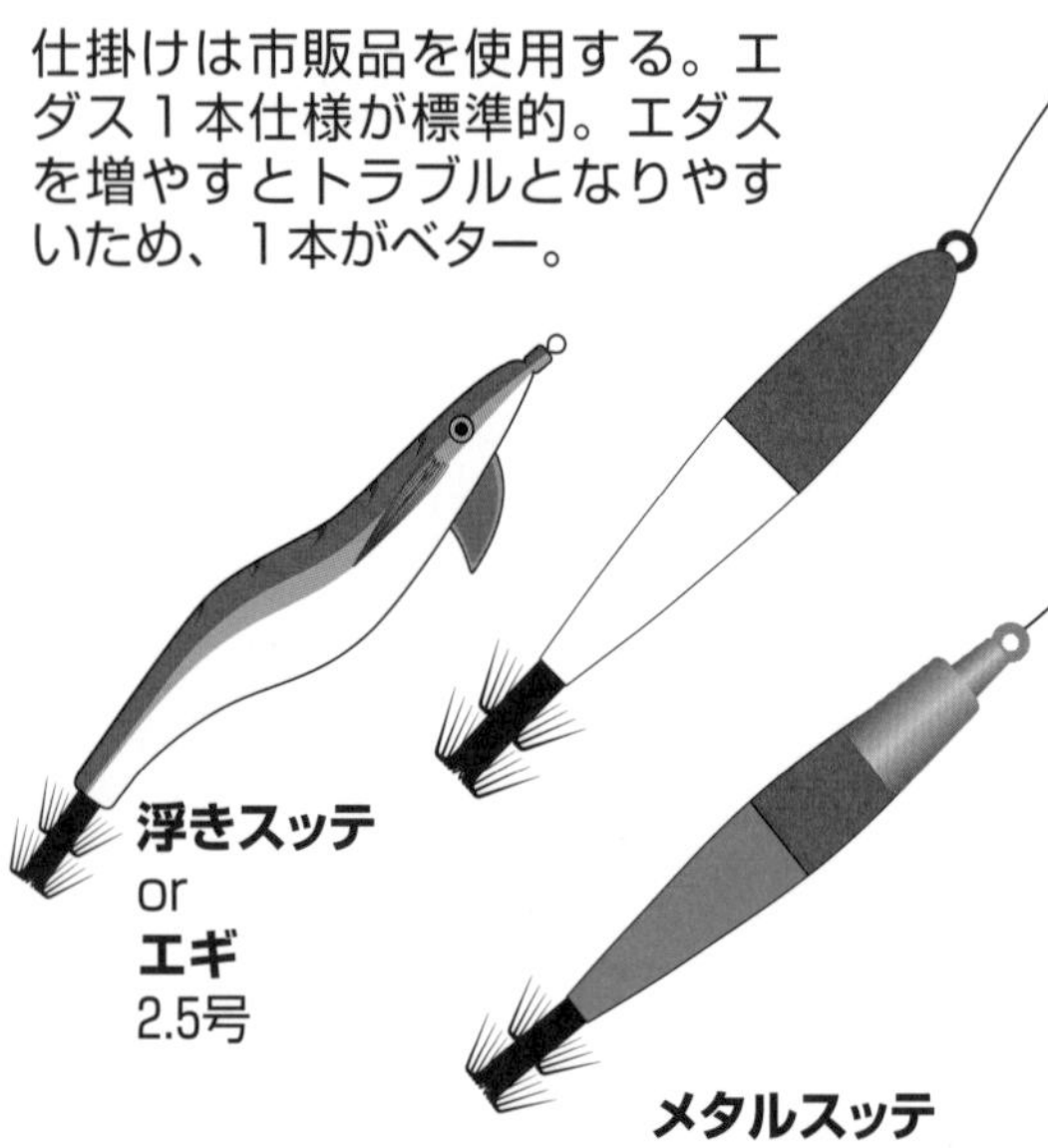

浮きスッテの代わりにエギも使えるが軽いものを選ぶこと。2.5号が丁度よい。

必要なタックルと装備

専用ロッドにもスピニングリール用とベイトリール用があり、好みで選んでも問題はないが、基本となる使い分けを理解しておきたい。

通常のイカメタルは船べりからルアーを落として、底取りをする。このスタンダードな釣り方をする上ではベイトタックルが使いやすい。ラインの放出時から巻き上げに入る際にリールのハンドルを回すだけでよく、無駄な動作を必要としないため、手返しが良いというのが特徴になる。

また、フォール中のイカの繊細なアタリを感知しやすいというメリットもある。イカはフォールでアタってくるため、このアタリを取れるようになると、釣果アップに繋がるし、ゲーム性も高くなり、俄然面白くなってくる。

もちろん、スピニングタックルで足元に落として釣りをしても問題ない。

一方、スピニングタックルの特徴はキャストがしやすいということだ。キャスト時にライントラブルが少ないスピニングリール用のロッドはキャストすることを前提としてティップやベリーに多少張りを持たせているものがほとんどだ。

キャストすると、ラインが斜めに出るため、横方向に広く探れるというメリットがある。

また、ナイトゲームでは海面に船の光が当たっている場所は釣れやすいが、警戒心の強い大型は光の外にいることも多い。そのようなターゲットを狙うときは光の外にキャストする必要があるため、スピニングタックルが有利となってくる。

ベイトタックルでもキャストできないことはないが、多少テクニックが必要となる。

イカメタルに使用するルアーはスッテと呼ばれるものだが、これにはメタルスッテと浮きスッテの2種類がある。

メタルスッテは金属製で重量があり、シンカーとしての役目も果たしている。浮きスッテはその名の通り、浮くタイプのスッテで海中でフワフワと漂いターゲットを誘う。浮きスッテは小型のエギでも代用できる。

リーダーの先にメタルスッテを付けるだけでもイカメタルを楽しむことは可能だが、通常はエダスが付いた仕掛けに浮きスッテを付けて狙っていく。

イカがアタってくるのは浮きスッテが多いが、あまりエダスの数を増やすと絡まったりしてトラブルの原因となるため、エダスは1本がスタンダードとなっている。

色によるイカの反応の違いが大きいと認識されているので、スッテのカラーはいくつか揃えておきたい。

ラインはPEの0・6～0・8号を200m巻いておきたい。リーダーはナイロンかフロロカーボンの2～3号を2～3m程度結束する。リールはスピニングでは2500～3000番。ベイトリールは100番クラスがマッチする。

スッテの当たりカラーはそのときによって変わってくる。まめなローテーションを心掛けよう。

釣り方の基本

デイゲームとナイトゲームで釣り方が大きく変わってくる。

遊泳力がそれほど高くないイカは、視認性の良い日中は外敵に襲われにくいように、海底付近にいる。デイゲームでは底狙い一辺倒となるため、確実に底取りができる重量のメタルスッテを選ぶことが大切だ。

仕掛けを落として底取りをしたら1～2m底を切る。そしてロッドを2～3回大きく煽ってルアーの存在をアピールした後にロッドをピタッと止めてそのままアタリを待つ。このときエダスに付けられたエギや浮きスッテはゆっくりフォールしていき、このタイミングでイカが抱き付いてくる。

2～3回繰り返して反応がなければ、2～3mレンジを上げて（リールのハンドルを3～4回す）再び同じように誘っていく。これをボトムから10m以内で何度も繰り返す。

ナイトゲームではヒットレンジがコロコロ変わりやすい。ボトムでアタることもあれば、表層で爆釣することもある。イカがいるレンジをいち早く突き止めていくことが釣果を上げるカギとなる。

ナイトゲームと言っても、船はまだ日のあるうちに出港して、夕方ごろから釣りスタートというのが一般的だ。

まだ日が沈んでない内はイカはボトム周辺にいる確率が高く、船の光が点灯しても、すぐに浮いてくるわけではないため、まずはボトム狙いからスタートする。

周りがすっかり真っ暗になり、光を焚いてからある程度時間が経つとだんだんイカが浮いてくるため、ヒットレンジを探していかなければならない。

基本的には船長のアナウンス

一度に2杯掛かることもザラだ。いかに手返し良くできるかが、数を伸ばすコツとなる。

群に当たればだれでも簡単に釣れる。パラソル級の良型が釣れると喜びもひとしおだ。

があったレンジを集中的に探るが、船上でだれかが釣れた場合、どのレンジで釣れたか聞いて、情報を共有することが大切だ。

型が小さいものばかり釣れるときは、その下や外側に大型が潜んでいることもある。

より大型を狙う場合は、小型が群れているレンジや場所を少しズラして狙ってみることをおすすめする。

釣れないときのもう一手

ナチュラルなフォールで大型が狙えると最近人気が上昇しているのが、メタルスッテの代わりにシンカーを使ったオモリグという仕掛けだ。

オモリグはラインが斜めに出ているときの方が効果が得られやすいので、スピニングタッツクルを使ってキャストすることをおすすめする。

また、足元に仕掛けを落とす場合でも潮流が速いときなどに効果を発揮する。

基本的な誘い方はメタルスッテと大差ないが、オモリグを使う場合は、よりフォールを意識した方が効果的。ロッドを大きく煽ってフォールさせるということをイメージしながら誘うとよいだろう。

光に集まってきたアジ。これを狙ってイカが浮いてくる。

タチウオテンヤ

対象魚

ギラギラと銀色に光る細長い魚体を持ち、まるで研ぎ澄まされた日本刀のように見えるタチウオ。海中で頭を上にして立ったような姿勢で泳ぐことでも知られ、タチウオという名前の由

タチウオ釣りではフィッシュグリップが必需品。つかむのはエラの付近。

来は「太刀魚」とも「立ち魚」ともいわれている。

小魚を捕食するため鋭い歯と大きく開くアゴが目立つ風貌はどう猛そのもの。そのため釣り人は大型のタチウオのことをドラゴンと称す。魚体の上に手のひらを置き、そのサイズを指3本とか指4本と言い表すのも独特で、指6本以上になれば立派なドラゴンといえるだろう。

水深400mを超える深場から湾内の浅場までと行動範囲は広く、接岸してくれば堤防からも釣りの対象となる。船からはテンヤ釣り、テンビン釣り(エサ釣り)、ジギング、岸からはウキ釣り、テンヤ釣り、ジギング、ワインド釣法と多彩なゲームが行われ、それぞれに熱心なファンを持っている。

タチウオは夜間に接岸するため、岸からタチウオを狙う場合は夜釣りがメインとなるが、深場をダイレクトに狙う船釣りでは、(一部の地域を除いて)日中の対象魚となっている。

タチウオはオフシーズンが短く、概ね夏からタチウオ狙いで出船する船が多くなり、年明けぐらいまで好釣果を期待できる。群れが居付いて1年中釣れているエリアもあるが、それがいつまで続くのか見通せないほどタチウオの動きは読みづらい。

鮮魚店でも見かけることが多いタチウオは淡白な白身で、食材としてはメジャーな存在。身離れが良くて食べやすく、大型は塩焼きや刺身が美味。小型は骨せんべいという調理法で美味しく頂ける。

タチウオテンヤの魅力

オモリと掛けバリが一体となったタチウオ用のテンヤは、ルアーフィッシングに用いるジグヘッドとよく似た構造だが、エサをセットして使用する。テンヤを使ったタチウオ釣りは「タチウオテンヤ」と呼ばれ、船からのタチウオテンヤは全国的に人気が高まっている。

エサとなるのはサバの切り身やサンマの切り身(東京湾の一部エリアでは使用禁止)、冷凍イワシなどで、これらをセットしたテンヤは小魚のようなシルエットに仕上がる。切り身を生きているように見せかけてタチウオを誘い出すという点で、ルアーフィッシングに似た感覚の釣りだといえる。

魚の頭を模したオモリと、大きめのフックが付いた、タチウオ用テンヤ。エサを取り付けて使用する。

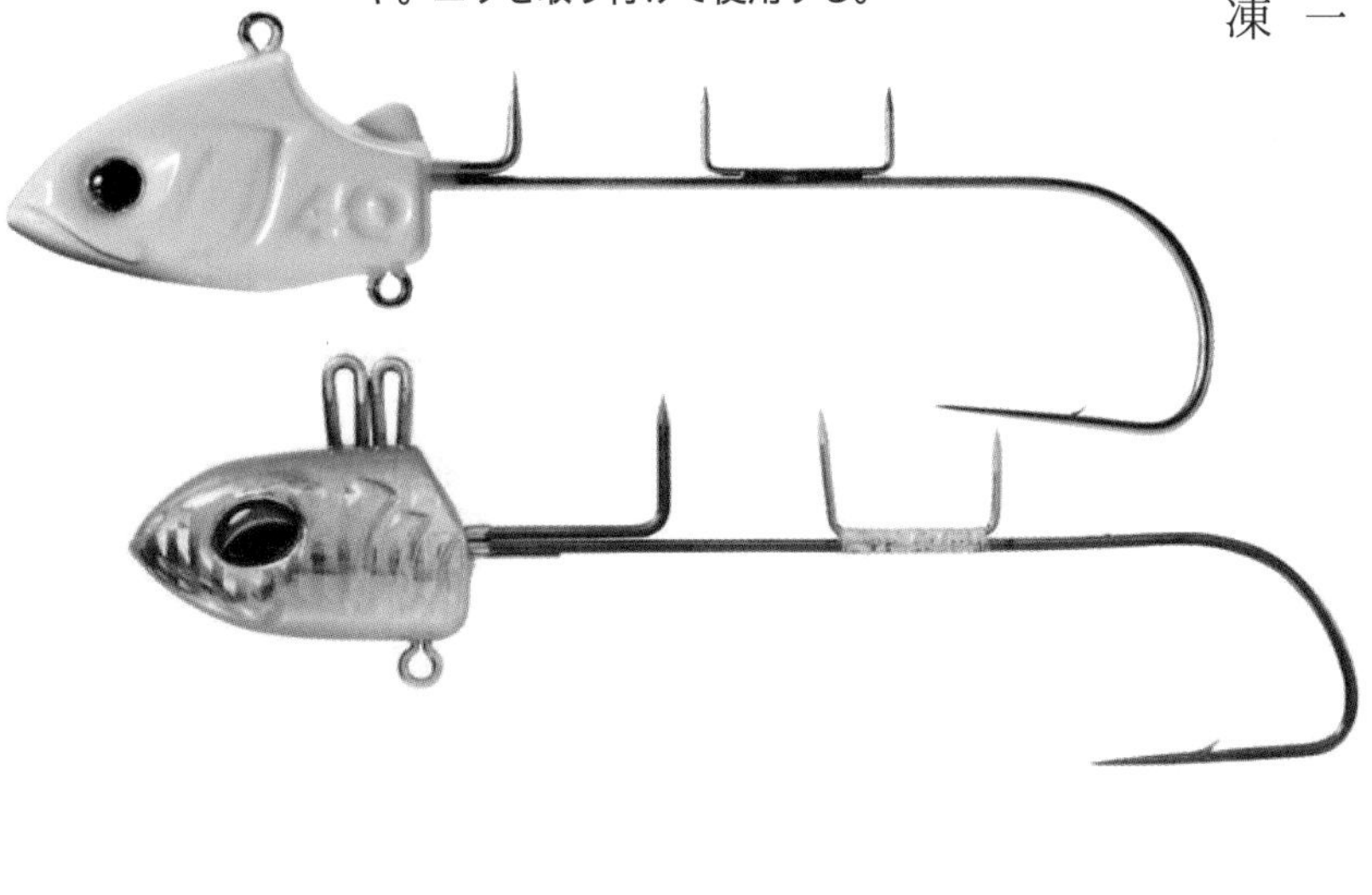

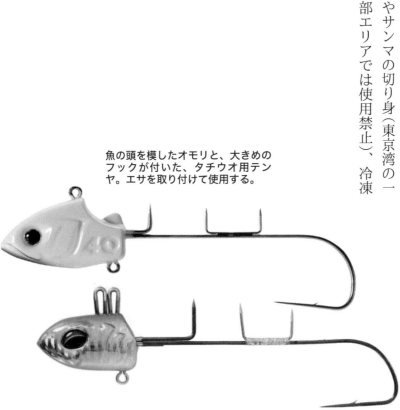

釣り方の基本

船長から狙うタナの指示があるので、その水深の下までテンヤを落として誘いをかける。テンヤをシャクることによって逃げる小魚を演出するわけだが、どのような誘い方が効果的なのかはその日、そのときの海況とタチウオの活性次第。いかにしてアタリを導き出すかがこの釣りの難しさであり、面白さとなっている。

誘い方は小さく持ち上げて止めたり、大きくシャクり上げて止めたり、シェイク（一定の層で小刻みに揺さぶる）をしてピタっと止めたり、電動リールで定速巻き上げをして停止（ストップ＆ゴー）をするなどバリエーションが豊富。これらを組み合わせたり、ジギング同様のワンピッチジャークも有効なテクニックとなる。

誘った後は食わせの間を与えることが肝心で、最低でも3秒ほどのポーズ（静止させる時間）を取る。アタリが出ないときは釣れている人の誘い方を見て参考にするとよいだろう。

釣果を伸ばすために大事なのはアタリが出た水深をきちんと把握しておくこと。タチウオはタナにシビアな魚で、わずか数mの違いでアタらなくなることもあるが、アタリのあるタナを正確に狙うことを心がければ連続ヒットの可能性が高まる。

アタリとアワセ

アタリは食わせの間であるポーズを取っている間に出ることが多い。アタリを待つ際に注意すべき点は竿先を下げ過ぎたり上げ過ぎたりしないこと。竿とラインの角度が直線に近いほどアタリが取りづらく、竿先が上になっているとアタったときにアワセを入れづらい。

アタリの出方は竿先がわずかに押さえ込まれたり、テンヤの重みが軽くなったように感じたり、いきなり竿全体が曲がる大きなアタリだったりとさまざま。タチウオは食い上げや居食いをするので、不鮮明なアタリになることも多い。

典型的なアタリは竿先がコツコツと突かれるパターンだが、ここで即アワセを入れるか、完全に食い込む（竿が引き込まれる）まで誘ってからアワセるかが難しいところ。単発のアタリに対しては、ポーズの時間を長くして見切られるより、追い食いを促すイメージでさらに誘い上げるか、少し落として改めて誘うとよいだろう。

アワセは竿を鋭くシャクるか、リールを使って一気に巻き上げる。アワセが失敗に終わっても、その動作が誘いとなるので、エサが原形を留めている限りはチャンスはある。

エサの種類や装着法、テンヤのカラーを替えるなど、戦略が多い点もタチウオテンヤの魅力。なぜアタリが小さいのか、食い込ませるためにはどうすればよいのかを考えながら対応することで、この釣りのゲーム性は高まる。

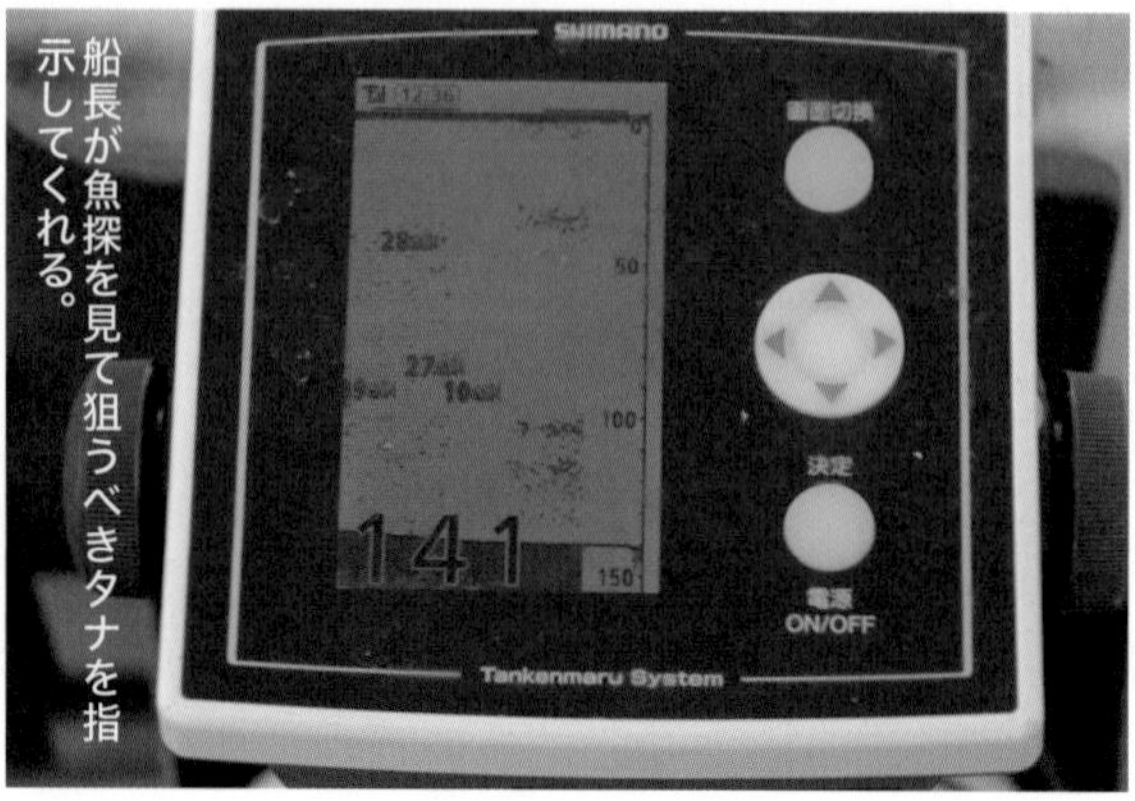

船長が魚探を見て狙うべきタナを指示してくれる。

ハリは口の中ではなく外から掛けるのが基本。

水深にかかわらず、タチウオテンヤでは電動リールの愛用者が多い。

やり取りと取り込み

良型のタチウオは重量感たっぷりだが、同船者とのオマツリを防ぐためには速めの巻き上げで浮かせてきた方が無難。ヒットしたタチウオが上に向かって泳ぐことがあるので、途中で手応えが軽くなっても、そのまま巻き続けること。巻き上げを止めてラインのテンションが抜けるとバラシの原因となる。海面近くまで浮かせてきたらロッドホルダーを活用し、最後はハリスを手で掴んで抜き上げる。

取り込んだタチウオの鋭い歯に手が触れると危険なので、トングかプライヤーのような形状をしたフィッシュグリップは必需品。フィッシュグリップでエラのあたりを掴めば頭を振ることを防げる。

タックル

ロッドはタチウオテンヤ専用のロッドを使うことでより深いゲーム性を味わえる。

タチウオテンヤ専用ロッドには即アワセに適したタイプ（掛け調子）と、食い込ませやすさを重視したタイプ（乗せ調子）があり、両方を用意している上級者も珍しくない。

リールは手巻きの両軸リールでも対応できるが、水深１００ｍを超えるポイントでは電動の方が体力的に有利。電動リールは小型軽量のものが扱いやすいが、ＰＥラインは高切れのリスクも考慮して３００ｍほど巻いておきたい。ドラグはある程度強めに締めておけばＯＫ。

ＰＥラインは１・５～２号でリーダーは10～20号が標準。ＰＥラインは潮の流れを大きく受けることから、他の乗船者と太さが違い過ぎるとオマツリの原因となりやすい。リーダーの先端にスナップを取り付けることで、テンヤの付け替えがスムー

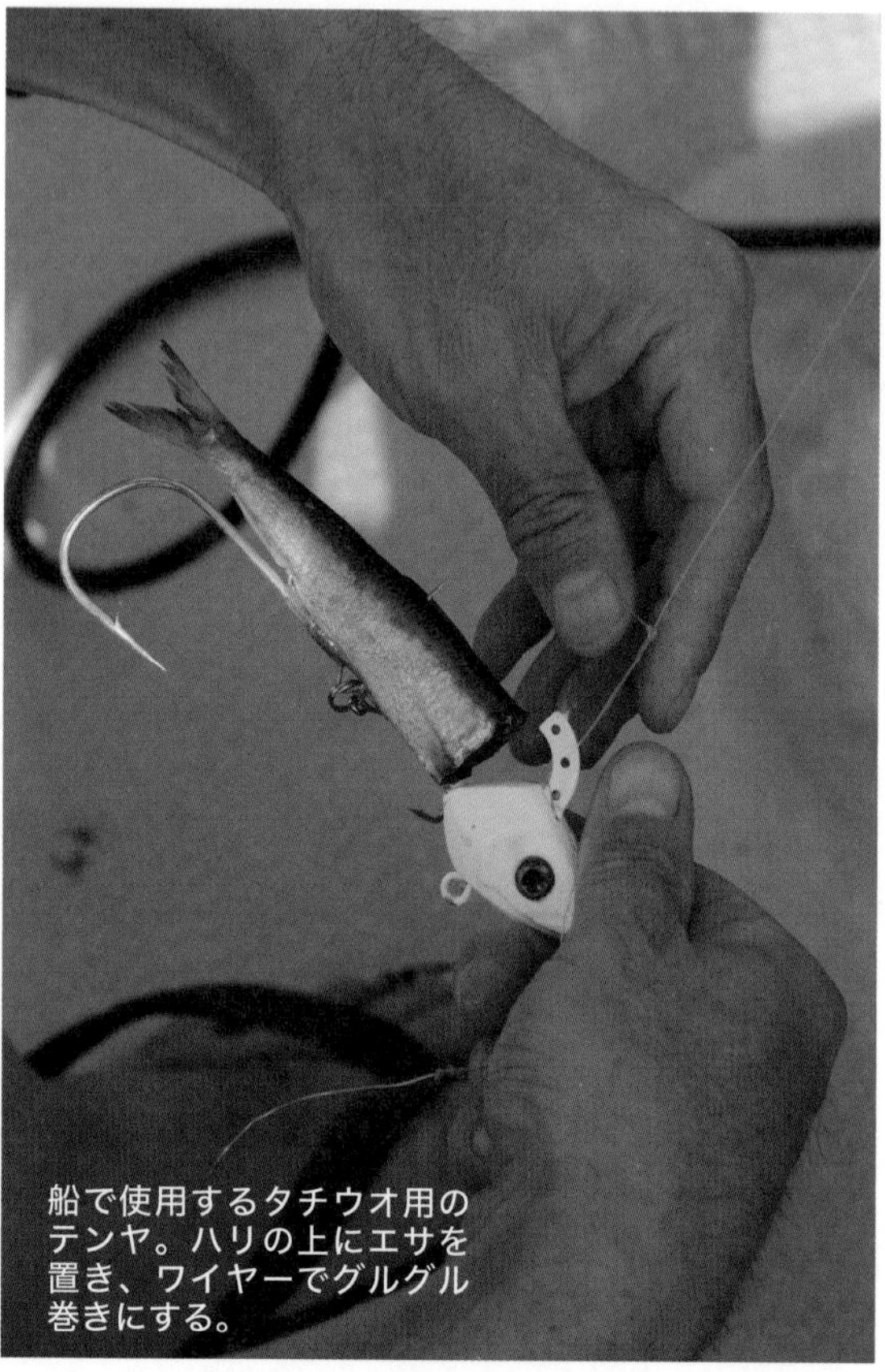

船で使用するタチウオ用のテンヤ。ハリの上にエサを置き、ワイヤーでグルグル巻きにする。

ズに行える。

PEラインを噛んでしまうフグがいるエリアでは、マーキング入りのPEラインは被害に遭いやすいという理由で、単色のPEラインが人気。フグがいなければ、テンヤのあるタナを分かりやすいマーキング入りの方がメリットが大きい。

タチウオテンヤで使いやすいパック入りのエサ。複数種類を用意しておき、当日の当たりエサで釣果を伸ばしたい。

テンヤ

多くの船で使用するテンヤのサイズが指定されていて、30号から50号のいずれかを使うように指示されるケースが多い。その理由はオマツリの防止で、ひとりひとりがバラバラの号数を使っていると、テンヤを沈めている間にもラインの角度が交錯する。テンヤの基本となるカラーはゼブラ系(縞模様)で、パープルやピンクのゼブラが人気。グロー系(夜光)、イワシなどを模したナチュラルカラーがあれば、ローテーションによる反応の違いを感じることができる。

テンヤにはシングルフックタイプとダブルフックタイプがあって、どちらが良いかは評価が分かれるところ。掛かりが悪いとかバラシが続くようなら、別のタイプにするとモチベーションを保てるだろう。

テンヤのハリにはエサを固定するためのケンが備えられている。

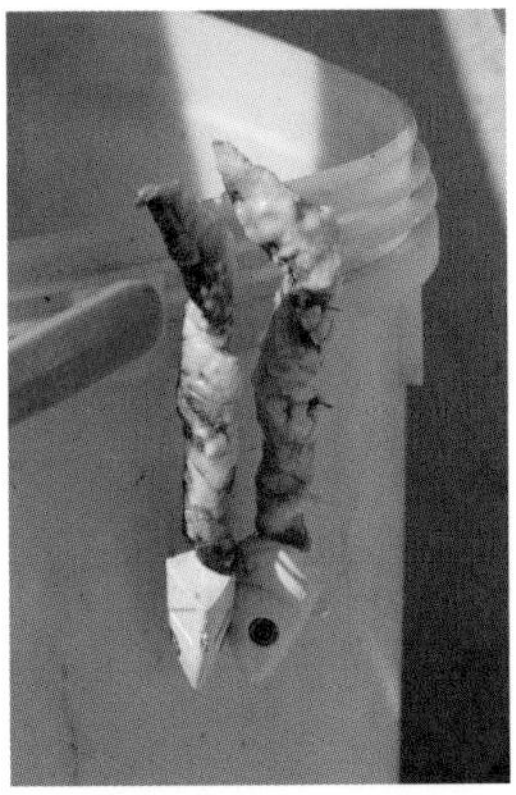
エサを巻き替える時間を惜しみ、手返し良く釣るために、ポイント移動中にエサをセットしたテンヤ。

船タチウオ仕掛け

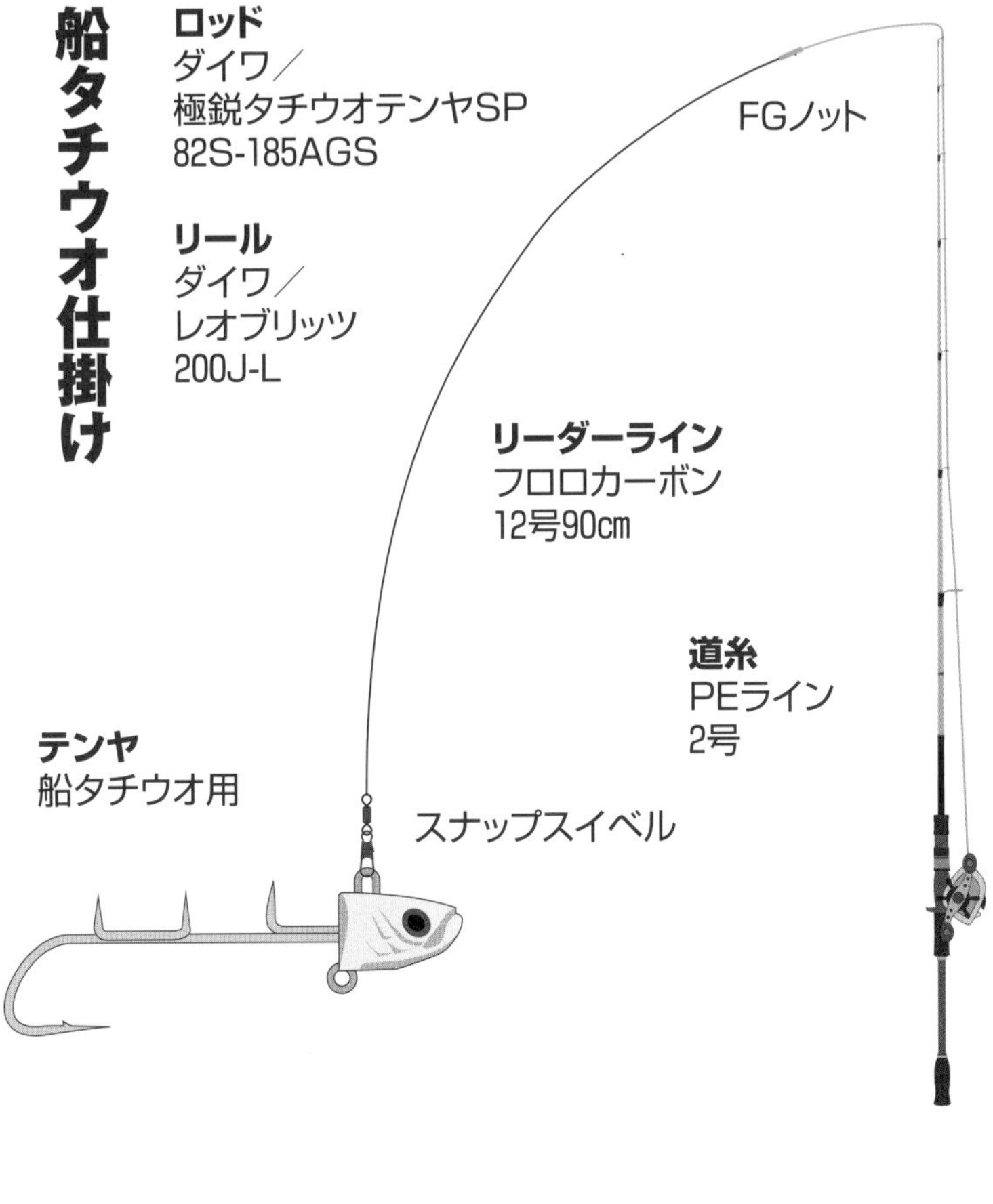

電動アジ釣り

狙う魚

　マアジ、シマアジ、ムロアジ、マルアジ、ギンガメアジ、ロウニンアジ、イトヒキアジなど、アジ類の魚は、体の両側にゼイゴ(ゼンゴ、稜鱗)と呼ばれるトゲのあるウロコを持っているのが特徴で、一般的に釣り人がアジといえばアジ科マアジ属のマアジのことを指す。

　マアジは最大50cmほどに達する魚で、体の中ほどで下方に湾曲した側線と、エラブタの上側に黒い斑点があるのが特徴。味が良いのでアジと呼ばれる説がある。

　アジ科ムロアジ属のマルアジは、マアジに似ているのでマアジと混同されやすいが、尾ビレ付近に小離ビレ(しょうりびれ)という特徴を持つ別種の魚。体の断面が丸いマルアジに対してマアジを平アジ、体色が若干青っぽいマルアジを青アジと呼ぶこともある。

　マアジは北海道以南の内湾や沿岸部に分布する暖海性の回遊魚で、生息範囲は浅場から水深200m程度まで。群れで行動する回遊性の魚で、西日本では1～5月ごろ、東日本では5～7月ごろに産卵する。

　食性は肉食で主なエサはプランクトン、エビなどの甲殻類、イワシなどの稚魚、多毛類。幼魚は1年で体長15cmほどまで成長し、30cmに達するのに3年ほどかかる。

　アジ類(マアジとムロアジ類の合計)で圧倒的な漁獲高が上げられているのは長崎県(約5万トン)で、2位の島根県(約3万トン)と合わせると全国トータルでの漁獲高の50%ほどが占められる。

　漁期はほぼ周年だが、長崎県産のアジの場合、旬は脂が乗る7～10月ごろまで。漁の方法はまき網、定置網、一本釣りなど。一本釣りで捕獲されたアジは網で獲れたものに比べて魚体にかかるストレスが少ないので身の質が良い。

　アジは食材として一般的な魚で、臭みやクセのない肉質はどんな料理にしても美味しく食べられる。中型以上なら刺身や塩焼き、煮付け、アジフライ、小型のものは唐揚げや南蛮漬けに料理されることが多い。また干物にされたものはアジの開きと呼ばれ、代表的な和食として親しまれている。

上がアオアジ(マルアジ)で、下がマアジ。

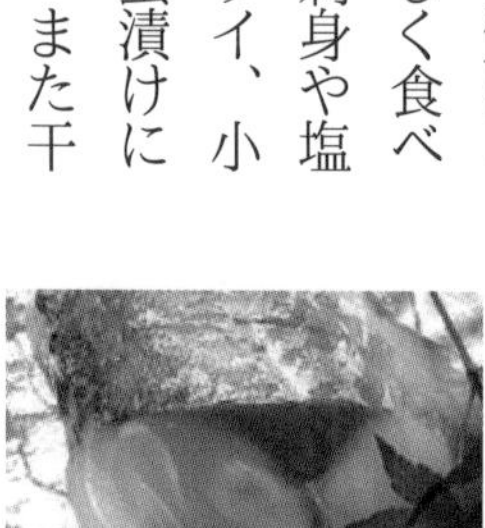

マアジの刺身は少し白っぽいのが特徴で、アオアジに比べると身が締まっている。

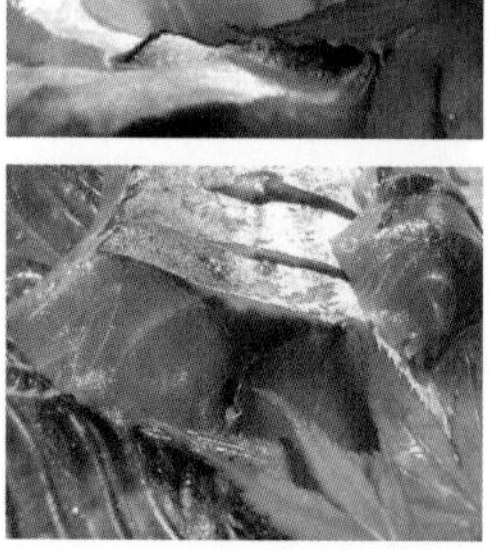

赤身がかっているアオアジの刺身。血合いが多めなので、薬味を効かせた方が美味しく頂ける。

アジの食いが立ってくれば１投で３尾ということも。船のサビキ釣りは圧倒的な釣果を期待できる。

市販のサビキ仕掛けとアンドンカゴ、エサはアミを使用する。

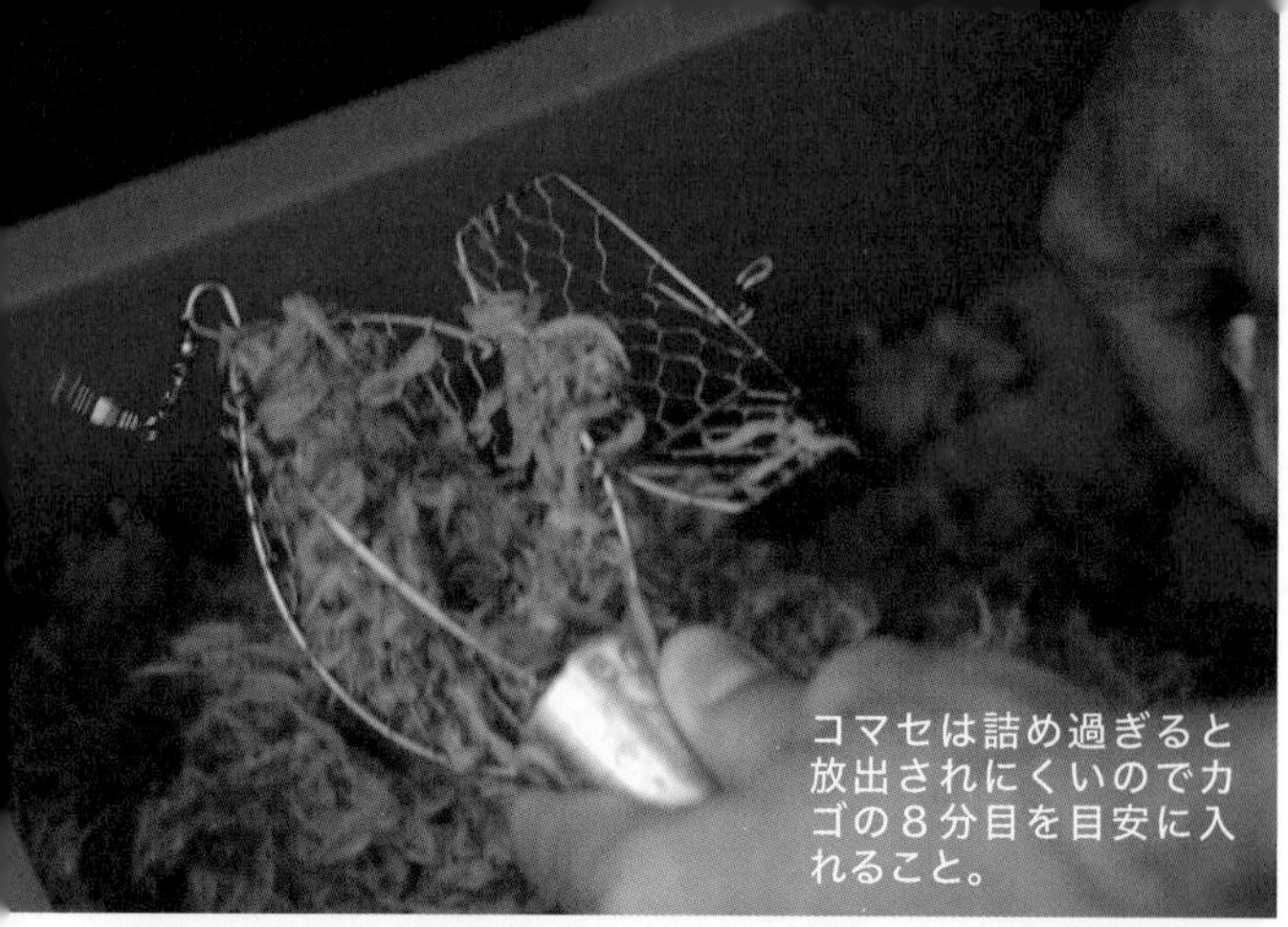

コマセは詰め過ぎると放出されにくいのでカゴの８分目を目安に入れること。

アジは口の側面の皮が薄く、ここにハリが掛かるとハリ外れしやすい。

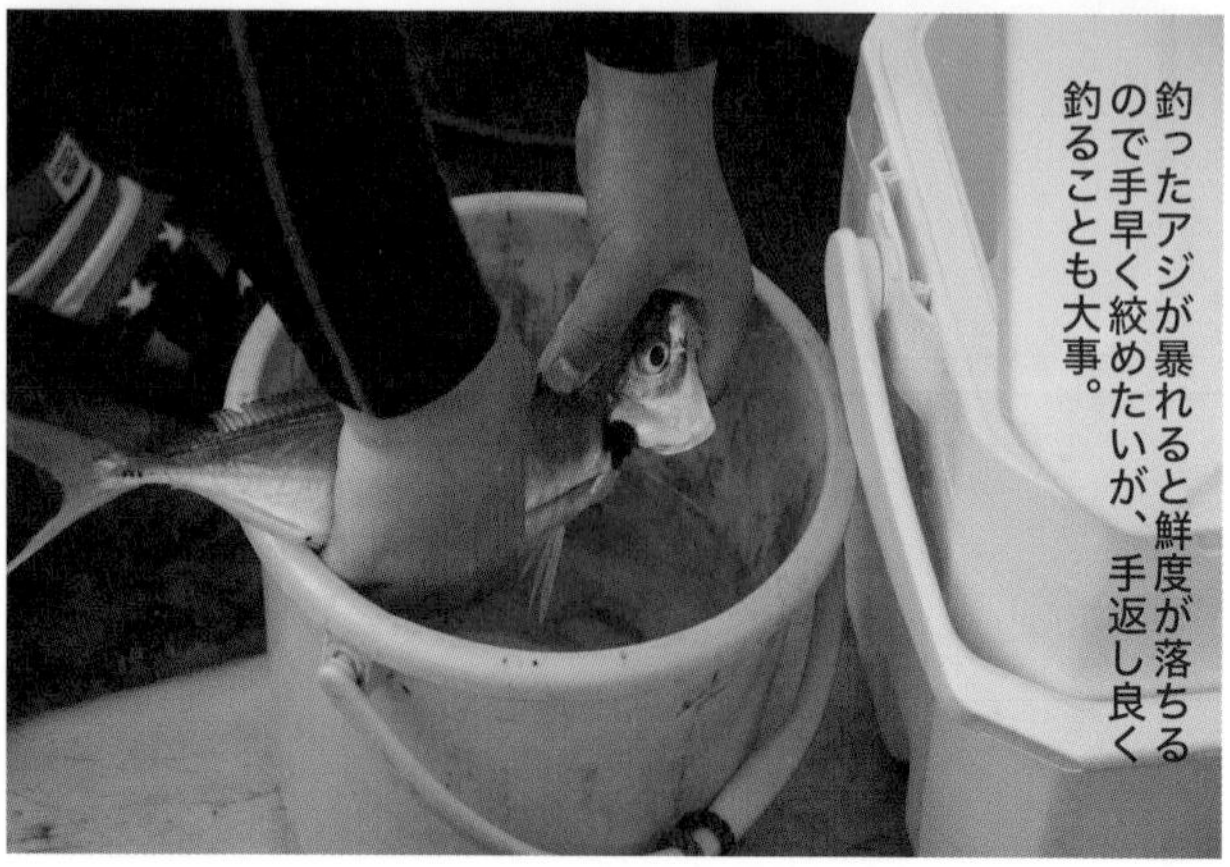

釣ったアジが暴れると鮮度が落ちるので手早く絞めたいが、手返し良く釣ることも大事。

船釣りで狙うマアジ

マアジには回遊性が強いタイプと内湾の浅場や瀬周りに居着くタイプが存在する。前者は背中の部分がやや薄黒くなっていて(アジング愛好家の間ではセグロと呼ばれている個体)、後者の背中は藻の周辺で身を隠しやすい黄色味を帯びているのが特徴。沖合いに居着いているアジは背中が青く、船釣り以外で釣れることは滅多にない。

外洋に面したエリアや深場を好む回遊性のアジは、居着きタイプのアジに比べると頭と目が大きく、尻尾にかけての部分がスマートで脂肪分が少ない。口の中とエラ回りが黒いことも特徴で、40㎝以上にもなる大型の個体も珍しくない。釣魚としては強い引きで楽しませてくれるが、まき網漁で大量に捕獲されるので市場価格は安い。

それに対して、居着きタイプのアジは頭が小さく、尻尾にかけての部分が太くなっているのが特徴。身質は滑らかで旨味が強く、一本釣り漁で捕獲されたアジは高値で取り引きされる。商品としての価値が異なることから、回遊タイプを黒アジ(沖アジ)、居着きタイプを黄アジ(瀬着きアジ)と呼んで区別されるのが一般的だ。

甲殻類などのエサが豊富な場所で育ったアジは身に脂肪分を蓄える。瀬周りに居着いているアジに体高があるのはそのためで、背中が黄色味を帯びていることから黄アジ・金アジ・黄金アジ・瀬着きアジとも呼ばれて珍重される。

このような環境で育つアジは非常に美味で、全国的に知名度が高い大分県佐賀関の「関あじ」も瀬に居着いた個体。「〇〇アジ」のようにブランド化された高級アジは各地に存在するが、いずれも瀬着きのアジという点で共通している。

竿は違和感なく食い込ませ、追い食いをさせやすい胴調子がおすすめ。

「関あじ」は豊予海峡で漁獲された瀬着きのアジで、高級品として高い知名度を誇る。大分県漁業協同組合佐賀関支店の組合員の漁師が一本釣りしたマアジだけが「関あじ」を名乗ることができる。

アジのブランド化は各地の漁関係者の努力のたまもので「一本釣りのアジに限る」とか、「捕獲してから一定期間イケスに入れて胃の内容物をなくしてから活ジメする」とか、さらには「出荷するまで絶対に手で触れてはいけない」という自ら定めたルールを厳格に運用し、高い商品価値を維持。高級料亭の調理人や食通たちをうならせるブランドアジは、一度食べてみる価値がある。

アジ釣りの遊漁船が狙うのも瀬の周りということで、新鮮な瀬着きのアジを食べられるのは釣り人の特権。場所によって時期は多少異なるが、産卵を終えて体力を回復してきたころのアジは好釣果を期待できる上、脂も多く乗っている。

年ごとの好調不調はあるものの、アジはほぼ1年を通して狙えるターゲット。岸から釣れるアジは25㎝以下が主体だが、船釣りでは大型を期待できる。好期はエリアによって異なり、九州を例にすると大分県の佐賀関沖で4月中旬から5月中旬に、玄界灘では、6月中旬から8月末までの時期に、40㎝を超える良型が上がっている。

電動リールのバッテリーは容量に余裕があるリチウムイオンバッテリーを用意しておくと安心。

本命のアジが食うタナよりも上層でアタってくるサバを避けるため、仕掛けは一気に落とす。

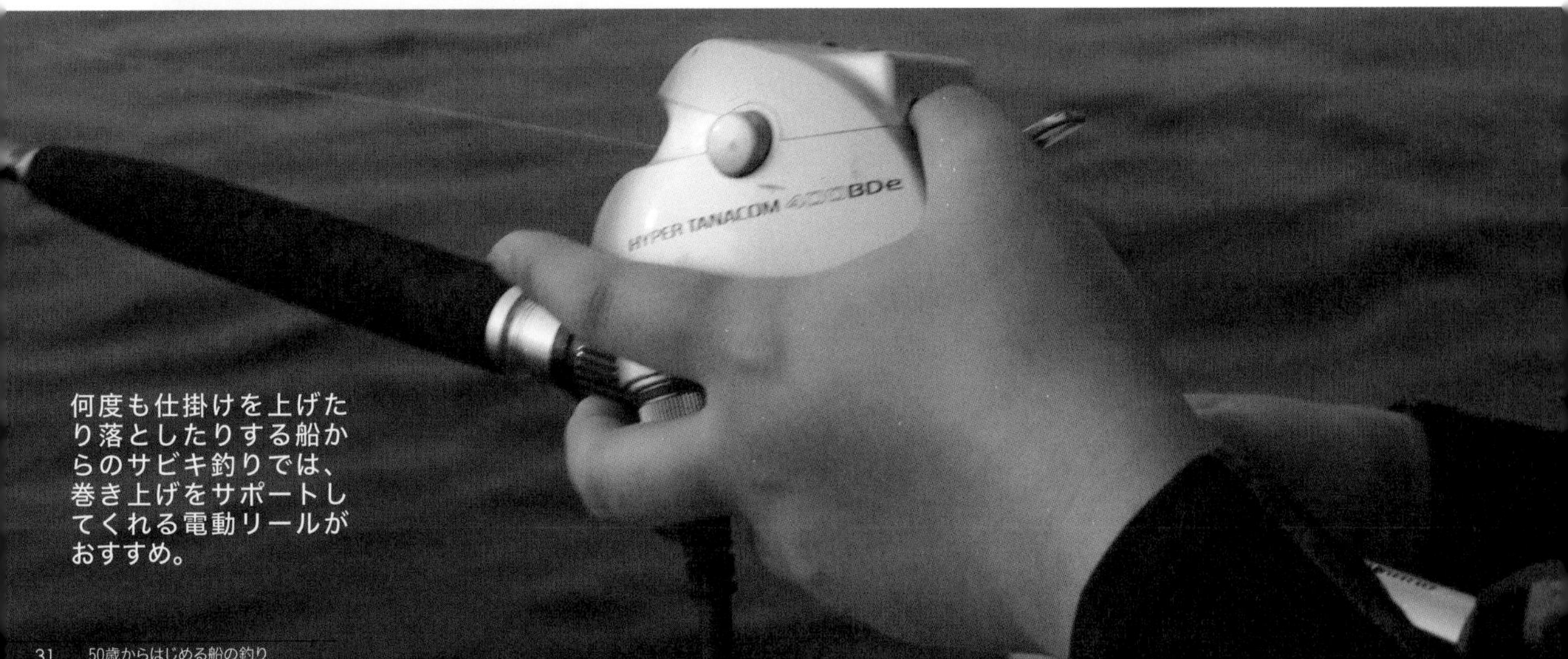

何度も仕掛けを上げたり落としたりする船からのサビキ釣りでは、巻き上げをサポートしてくれる電動リールがおすすめ。

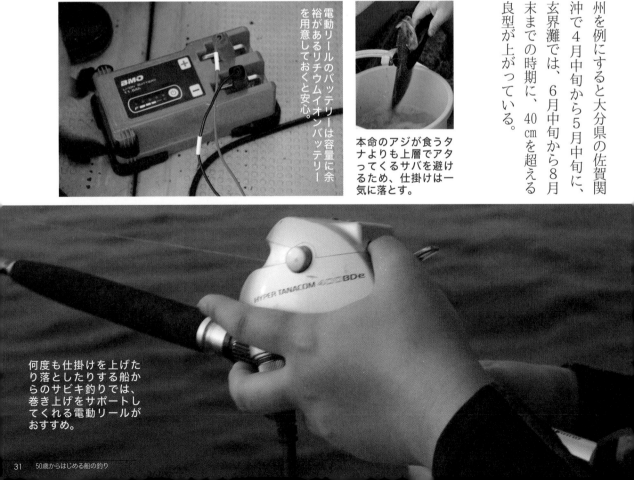

サビキ釣り

水深40ｍ程度の釣り場ではサビキ釣りがおすすめで、60～80号のオモリが付いたアンドンカゴに詰めるのはアミ。

セットするサビキの長さは2・75ｍ程度の6本バリ仕様で、幹糸4号ハリス2号、ハリは新アジなら9～13号でスキンの種類はケイムラの実績が高い。

市販のサビキ仕掛けをPEラインに直結しても構わないが、アジの口が柔らかいため、口切れを防ぐためにクッションゴムをサビキとの間にセットするベテランも多い。

竿は使用するオモリ負荷30～80号に対応した胴調子の竿で、長さは2・4～2・7ｍ。電動リールを使うことにより楽に手返し良く釣りができる。

コマセはカゴの8分目を目安に入れて仕掛けを投入。中層で外道のサバやアオアジが待ち受けていることもあるが、マアジはその層よりも下にいることが多いので、仕掛けは底まで落としていく。着底したらすぐに糸フケを取ってハンドル1～3回転ほど仕掛けを持ち上げコマセをひと振り。コマセの煙幕の中にサビキを紛れ込ませる。その後は、そこから4～5ｍを目安に誘いを繰り返す。潮の流れが速い場合は仕掛けの浮き上がりを考慮すること。高水温期は少し上のタナまで探るとよい。

アワセは向こうアワセで、アタリが出てもすぐには上げずに追い食いを狙う。アジは群れでいるので一荷で掛かってくることも珍しくないが、仕掛けが絡むと時合を逃す恐れがあるので要注意。取り込みは抜き上げが基本だがアジは口が弱く、絶対にバラしたくない超大物はタモで掬うとよい。

サビキ釣り仕掛け

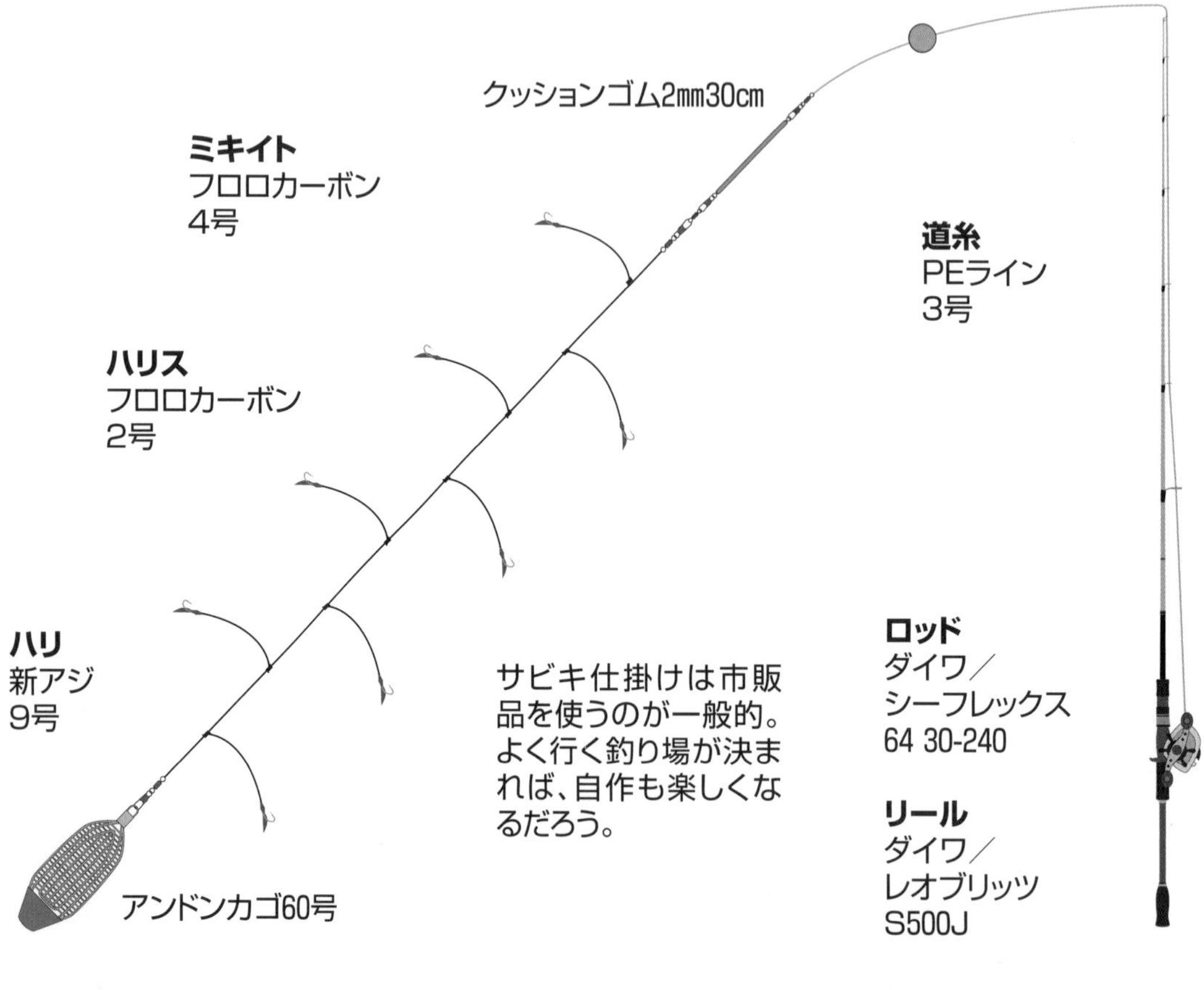

ビシ釣り

水深が40～100mの中・深場をビシカゴ（オモリ一体式の金網製、またはプラスチック製のカゴ）で狙うビシ釣りもコマセを用いた釣りで、5mm角に切ったイカ（紅染イカの豆タン）やアオイソメ、イワイソメをツケエにする。使用するハリはムツバリの10～11号で、アオイソメは1～1.5cmぐらいに、イワイソメは1cmにカットしてハリを刺す。

竿を大きくアオる必要はないが、小まめに打ち返してコマセを効かせることが肝心で、船長の指示ダナをきっちりと釣ることで釣果が伸びる。ヒットしたアジを確実に取り込むためには、乱暴な巻き上げは慎みたい。

より美味しく頂くためには、釣ったアジをいつまでも暴れさせないことが肝心。手返しを重視するなら氷絞め、より丁寧に処理をしたいならエラの下側の付け根をハサミで切断して血抜きもできる活け絞め、専用のワイヤーを脊髄に沿って通す神経絞めもおすすめ。

アジ狙いの船釣りはクーラー満タンの好釣果を期待できる。

もっと軽い仕掛けで浅い海域を狙うLTアジ釣りは、64ページに掲載しています。

ビシ釣り仕掛け

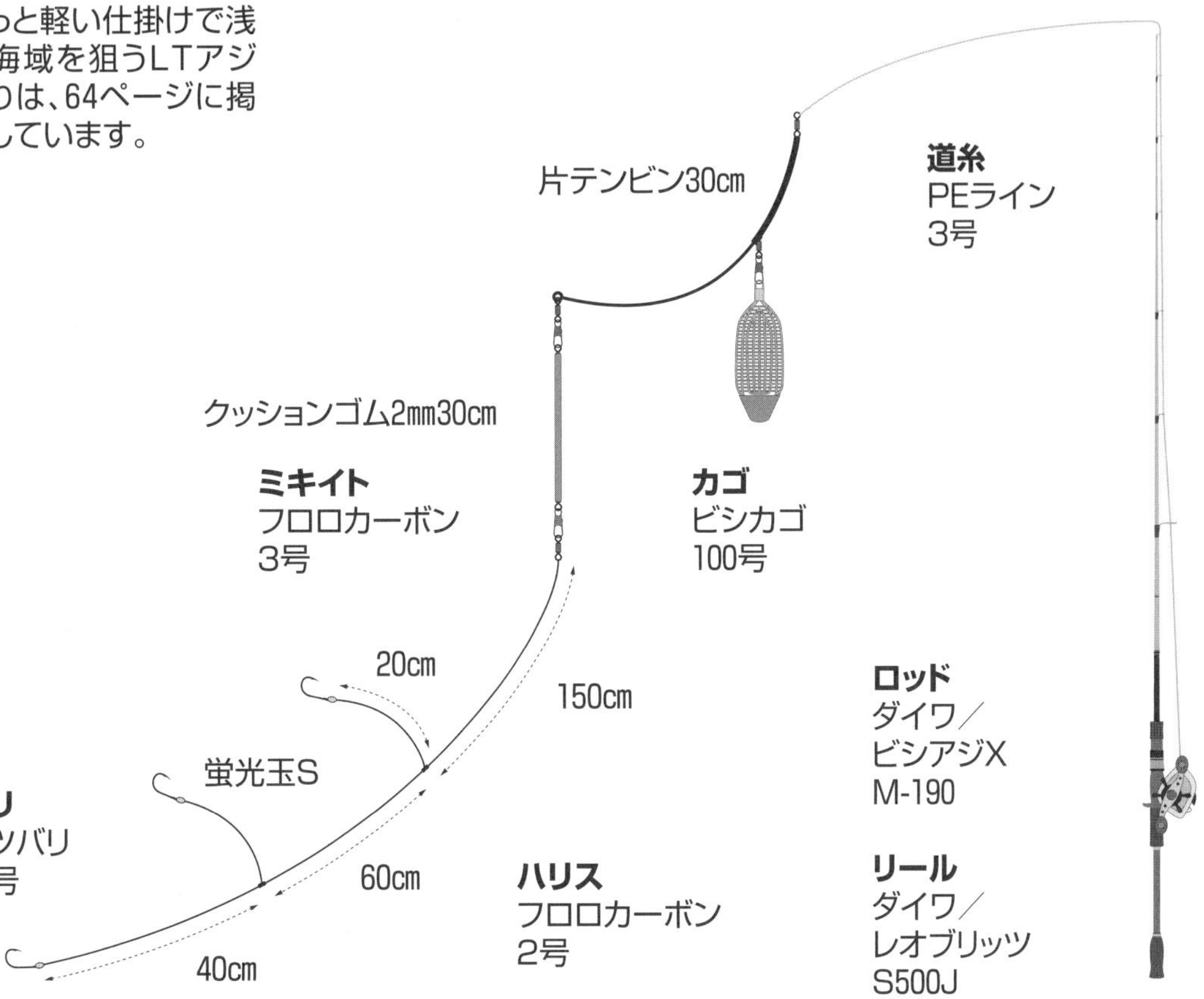

ジギング

ブリとヒラマサの見分け方

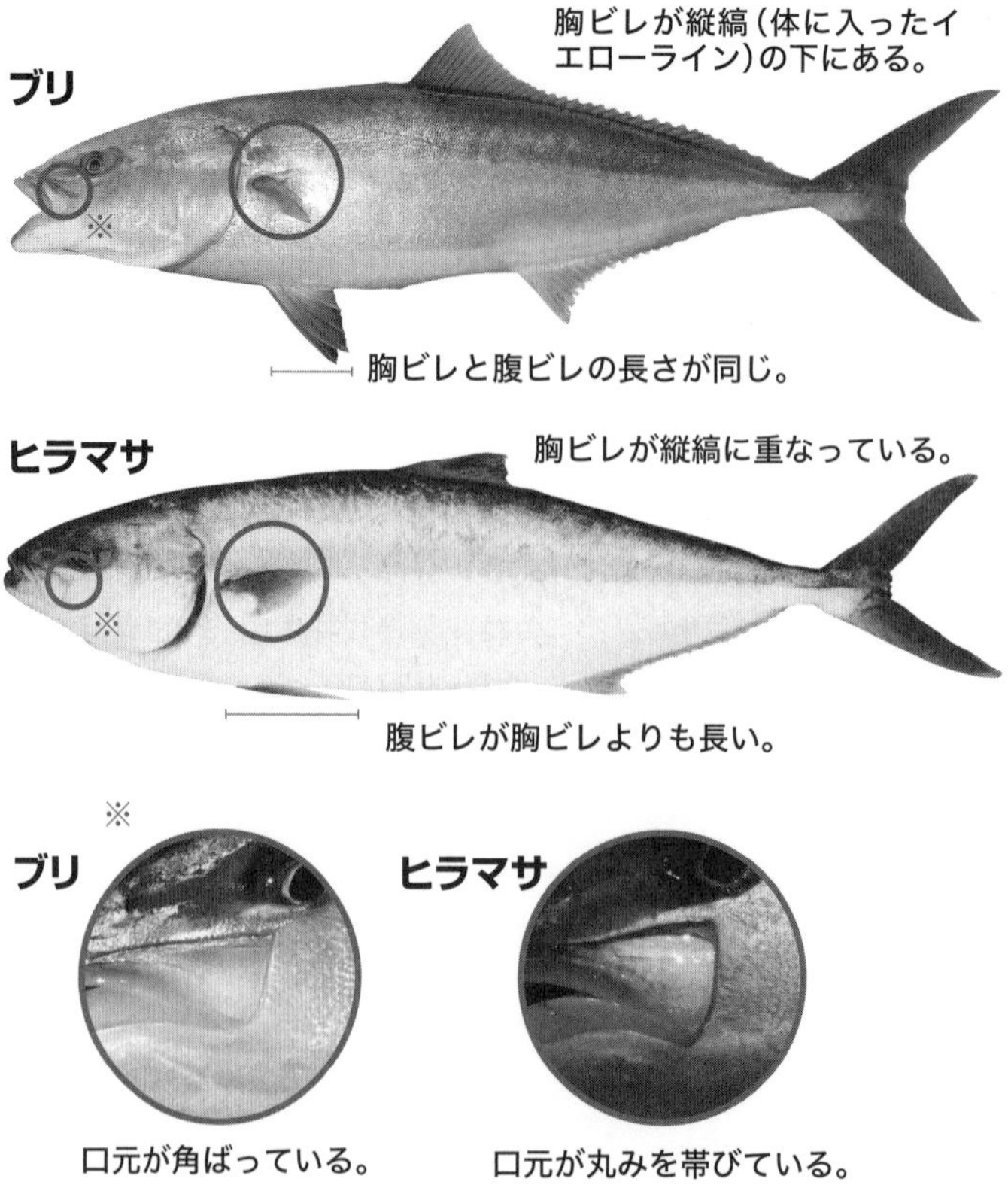
ブリ
胸ビレが縦縞(体に入ったイエローライン)の下にある。
※
胸ビレと腹ビレの長さが同じ。
ヒラマサ
胸ビレが縦縞に重なっている。
※
腹ビレが胸ビレよりも長い。
※
ブリ
ヒラマサ
口元が角ばっている。
口元が丸みを帯びている。

対象魚

メタルジグを使ってターゲットを狙うジギングは万能な釣りで、小型の魚を捕食しているあらゆるフィッシュイーターに有効だ。SLJやライトジギング、スロージギングなどと細かくカテゴライズされているが、単なる「ジギング」としての出船では狙いはほとんどの場合、ブリやヒラマサといった大型の青物になる。

その中でもルアーフィッシングとして人気が高いのがヒラマサだ。海のスプリンターの異名を持つほど遊泳力が非常に高いため、同サイズであればブリよりもパワーがあり、またハリ掛かりすると根に突っ込もうとする習性があるため、その引きは強烈だ。それゆえに多くの釣り人を魅了している。

ブリはパワーはあるが、ヒラマサに比べると圧倒的に釣りやすい。

ビギナーには狙いやすターゲットだが、特別な時期以外は、ヒラマサ狙いのゲストとして扱われているケースが多い。

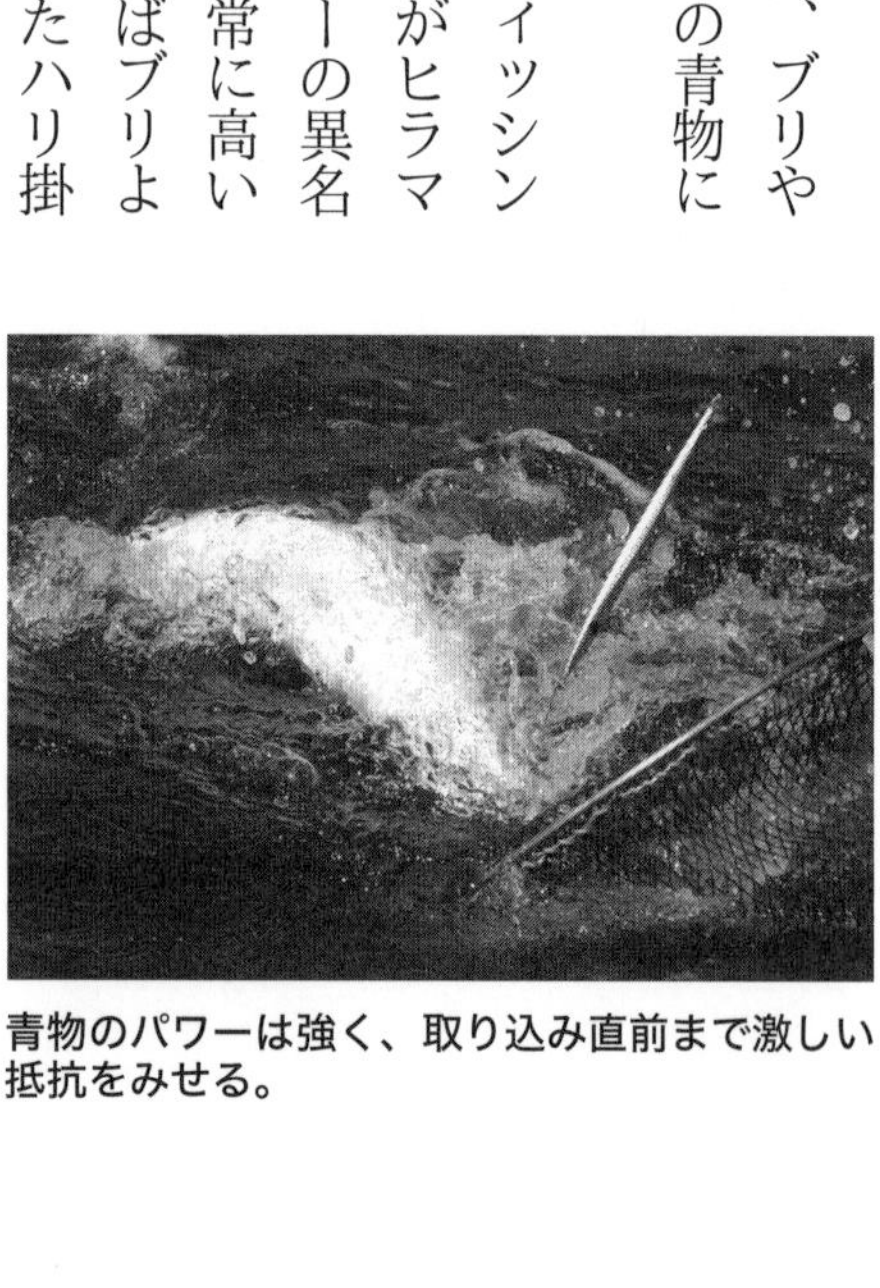

青物のパワーは強く、取り込み直前まで激しい抵抗をみせる。

食味と料理

ブリは出世魚として知られ、古くから日本人の食卓を彩ってきた。脂の乗った身は刺身や煮付け、塩焼き、ブリ大根などいろいろな料理で愛されている。

一方、ヒラマサはブリよりも脂身が少なく、身が締まっているのが特徴。刺身では特にその歯応えのある食感を好む人が多い。ヒラマサはブリよりも市場に出る数が圧倒的に少ないため、高級魚として扱われている。

主なシーズン

通年狙えるが、メインシーズンとなるのは春と秋だ。秋は数が釣れやすく、ビギナーにもってこいの季節。春は数こそ少なくなるが大型が狙えるため上級者に人気が高い。

ヒラマサはもちろん、秋が一番釣りやすいが、春は「春マサ」として記録更新の大型を狙うアングラーたちが待ちわびるシーズンだ。また、夏は「夏マサ」と呼ばれ、産卵後の荒食いシーズンであるため、サイズの割に引きが強いとして、このシーズンを好む釣り人も多い。

ブリは逆に「寒ブリ」と呼ばれる冬場が人気が高い。水温が安定する深場に落ちた個体を探る釣りとなるが、食のことを考えるとこの時期が最も好ましい。この時期だけブリジギングをするという人も少なくはない。

寒ブリはブランドとして特に人気の高い地域がある。新潟県の佐渡湾、富山県の氷見、京都の伊根町、長崎県の壱岐・五島沖などが有名だ。

冬場に上質な寒ブリを狙うのなら、これらのエリアに遠征してみる価値があるだろう。

脂をたっぷり溜め込んで丸々と太ったその身は、他のシーズンよりも格段に美味いと言われており市場でも高値で取り引きされている。

脂を蓄え、ドップリと太った寒ブリ。このような魚が釣れるのなら、寒ブリシーズンにブリジギングに挑戦したくなる。

必要なタックルと装備

ジギングでブリやヒラマサといった大型青物を狙うなら、相応のタックルが必要になってくる。特にヒラマサは10kgを超えるサイズが釣れることも多く、ときには30kg超えなどが出ることもあるので、本気で大型を狙う人はかなり強めのタックルを使っている。

しかし、タックルは強くなれば重量も増えていき、振り続けるには相応の腕力と体力が必要となってくる。

ここでは10kgくらいまでを想定したタックルを解説する。

ロッドは5~6ftクラスのジギングロッド。スピニングタイプが扱いやすい。PEラインの3号が扱えるものを選びたい。

リールはスピニングリールの8000番クラスとなる。

ラインはPE2・5~3号。

青物用のジギングタックルも近年は素材や構造の進化で軽く扱いやすいものが増えてきた。

リーダーはナイロンとフロロカーボンで好みが分かれるところだ。ナイロンは伸びることで力を吸収し、引っ張り強度が高い。フロロカーボンは擦れに対して強いというメリットがある。しいて分けるなら、根に突っ込む習性があるヒラマサはフロロカーボン、ブリにはナイロンが向いているといったところか。

どちらの場合も50~60lbを3~5m結束するとよい。

メタルジグはそのときにターゲットがメインで捕食しているものにサイズ感を合わせる必要があるため、ある程度シルエットの違うものを用意しておくことが求められるが、メインで使われるのはロングタイプだ。速いアクションに対応できるように水切りの良い細身のタイプが好ましい。

重量は水深や船の流し方によって異なるが、水深80m以上を探るような場合は180~240g、状況によっては300gが必要になる。

タイラバやSLJと比べると水深に対してかなり重いものを使用するが、これは太いラインを使用するからだ。ラインが太いと潮流の影響を大きく受けるようになるため、より重いルアーを使う必要が出てくる。

カラーはシルバー系をメインに、ゴールド系やグロー系も持っておくと、いろいろな状況に対応できるだろう。

青物ジギングではフックは太軸のシングルアシストというのが基本だ。青物のパワーに対して折れない・伸びない十分な太さを有したアシストフックをフロント1本のみ装着する。

ジギングはメタルジグに激しいアクションを与えてターゲットを誘うため、フックの本数が多いとフック同士が絡んだり、メタルジグに掛かる原因となってしまう。

また、太いフックをダブルで装着すると、2本一緒に掛かったときに刺さりが浅くなってしまう。トラブルを少なくし、しっかり貫通させるためにもフックは太軸のシングルアシストが好ましい。

ジギングタックル

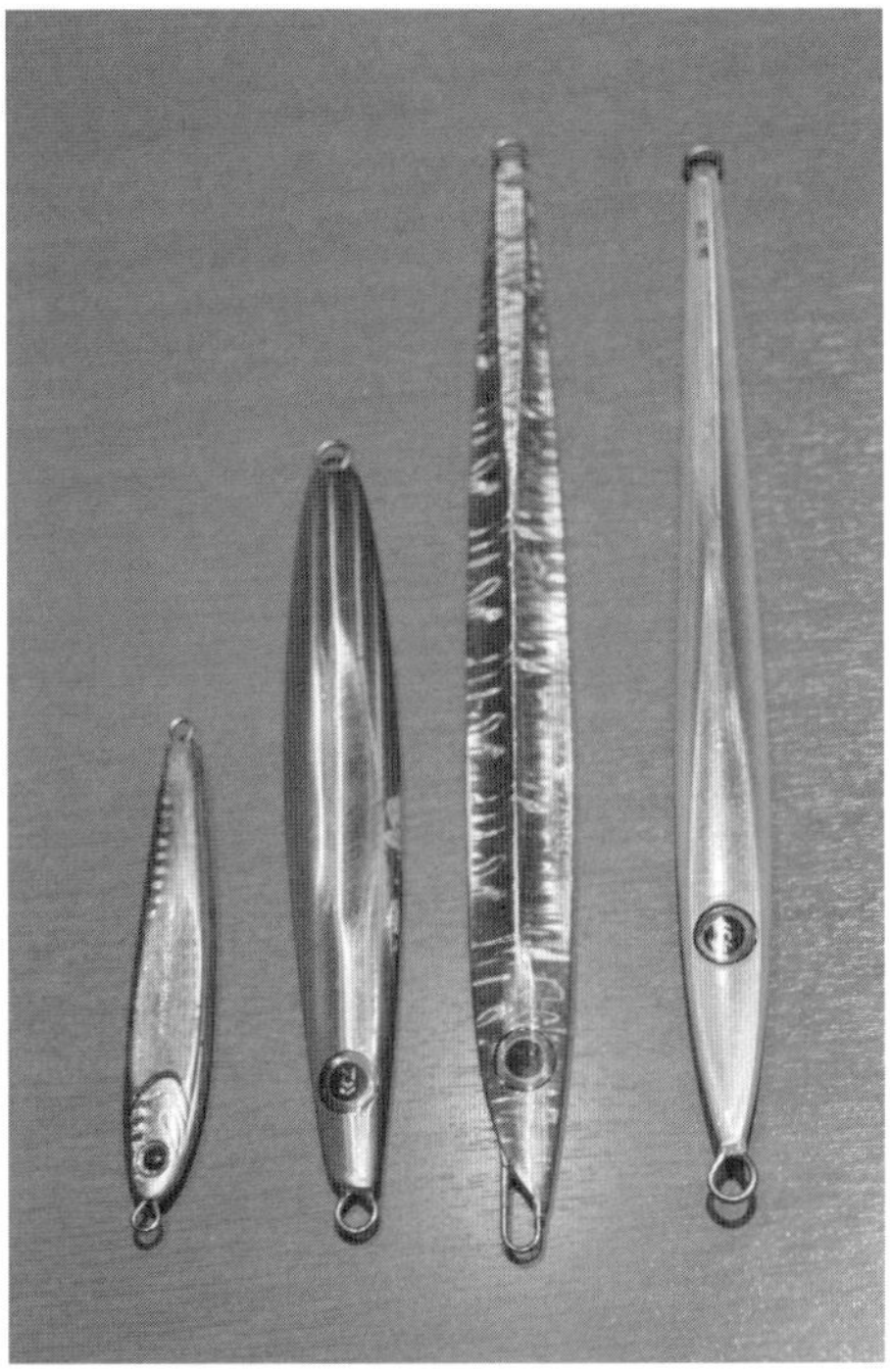

メタルジグは引き抵抗の少ない、細身のロングタイプを基本にシルエットやサイズ、カラーの違うものをいくつか用意しておく。

リーダーとメタルジグの接続にはスプリットリングとフラットリングを組み合わせて使う。強度は100〜180lb

スプリットリング＋フラットリングでメタルジグにフックを装着した例。

スプリットリング

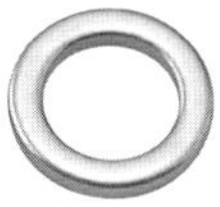

フラットリング

このように組み合わせて使う。

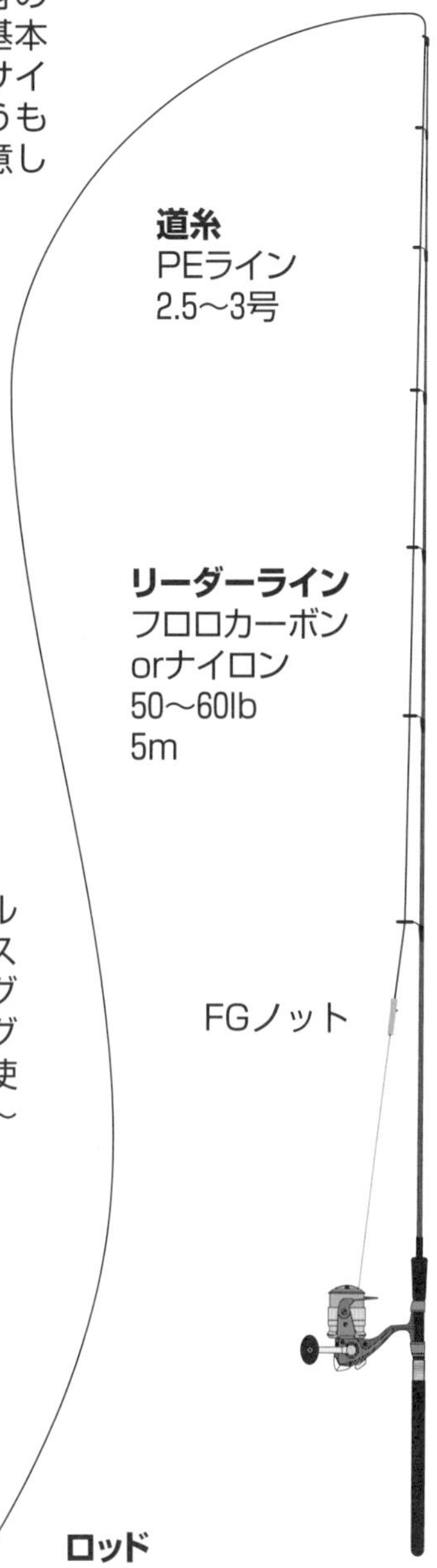

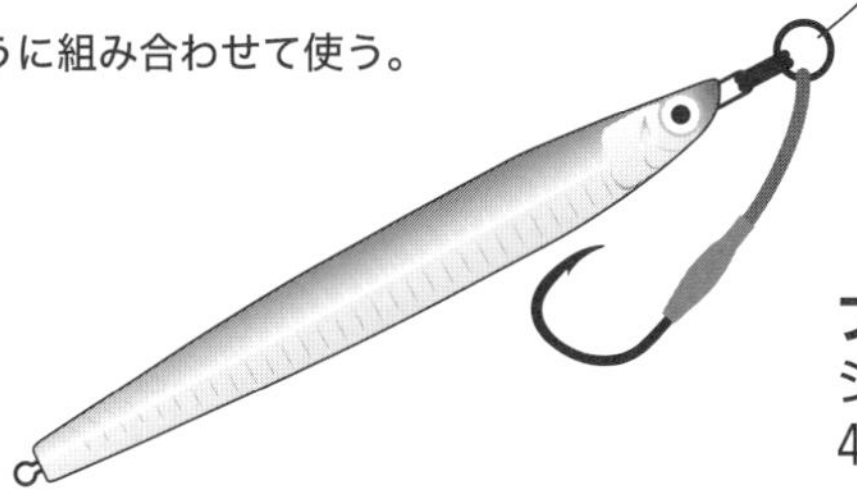

ジギングで捕らえたヒラマサ。10kg以下のサイズであれば、ビギナーで十分に取り込める。

釣り方の基本

底からどれくらいの範囲を探っていく、というのがジギングの基本となるため、まずは確実に底を取ることが重要だ。

着底が分かる重量のメタルジグを選ぶというのが基本中の基本になる。

メタルジグはタダ巻きでもアクションするようにできている。ＳＬＪなどはタダ巻きのみでも十分に楽しめるが、青物狙い、特にヒラマサを視野に入れるならジギングの正しい動作をマスターしておきたい。

もちろん、青物もタダ巻きで釣れないわけではないし、状況によってはタダ巻きが有効となる場合もある。しかしタダ巻きだけでは刻々と変わる状況に対応できず、貧果に終わる可能性も高い。

ジギングの基本となるのはワ

ワンピッチ・ワンジャーク。ロッドと一緒にリールのハンドルノブを上げ、ロッドを下げるときにハンドルノブも下がる、という動作をテンポ良く、連続して行っていく。全てのジギングの基礎となるので、ぜひマスターしておきたい。

ンピッチ・ワンジャークと言われるもの。これはロッドを1回上下させる間にリールのハンドルを1回転させてラインを巻き取る動作を連続して行うものだ。

ロッドを正面に向けてグリップエンドを軽く脇に挟んでロッドを上下させる。ロッドを上げるときにリールのハンドルノブも上に来て、下げるときにハンドルノブも下に来るように操作する。ロッドとリールのハンドルノブを一緒に持ち上げるように動かすとよいだろう。

メタルジグは海中で跳ね上げられ、フォールするという動きを繰り返しているイメージだ。

ロッドを上げるときに、海中にあるルアーを引っ張ろうとしてはいけない。ロッドは曲がると反発力で戻ろうとするため、そのときにルアーを跳ね上げてくれる。ルアーを引くのではなく、ロッドを曲げるというイメージが大切だ。ラインにテンションを掛ける・抜くという動作を繰り返すイメージで行うとよいだろう。

これをテンポ良く行うことがポイントだ。

この動作がきちんとできるようになったら、速く・遅く、振り幅を大きく・小さくなどのアレンジで幅広い状況に対応でき、多くのターゲットを狙えるようになる。

取り込みは船長にタモですくってもらう。慌てずに魚を船べりまで寄せることが肝心。

釣れないときのもう一手

タダ巻きやワンピッチ・ワンジャークで反応が得られないときは、フォールをメインにした誘いを試してみよう。

多くの魚は上から落ちてくるものを意識しているため、フォールでヒットしてくるパターンは多い。

ロングフォールを多様してターゲットにアピールするのだ。

メタルジグをロングフォールさせるためには、より高い位置から落とす必要がある。ロッドが垂直になるくらいに大きく立ててからスッと竿先を下げる。

このとき、ラインスラックがかなり出るので、ロッドのガイドに絡まないように注意したい。

底を集中的に狙う場合は、ラインスラックは巻き取らず、レンジを少しずつ上げていく場合は半分くらい巻き取るとよい。

青物の場合、特にブリ狙いでこのアクションが有効なことも多い。寒ブリ狙いではぜひ試してもらいたい。

ロングフォールで誘う場合は、ロッドが垂直になるくらいに大きく立ててから、スっと下ろす。動作中はリールのハンドルを回す必要はない。グリップエンドを肘に当てると力が入れやすい。

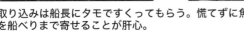

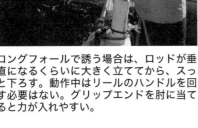

サワラキャスティング

対象魚

漢字では「鰆」と書き、昔から春を告げる魚として、知られているサワラ。また、出世魚としても知られており、地域によって呼び名は異なるが、比較的小さなものをサゴシ（サゴチ）、70cmを超えてくるとサワラと呼ぶことが多い。

どう猛な肉食魚で、鋭い歯を持っているのが特徴。

釣りをする上ではこの鋭い歯が厄介だ。ラインを簡単に切ってしまう上に、釣り上げた後も十分に気を付けて扱わなければ手を切ってしまうこともあるので、注意が必要だ。

成長すると１ｍを超す個体も多く、サワラキャスティングではこの大型のサワラをターゲットとしている。また、大型のものは市場では高級魚として取り引きされている。

食味と料理

身は淡白な白身でありながら、ホロっとした甘みがある。新鮮なものは刺身で食べられるが、アニサキスの問題もあり、基本的に火を通す料理が主体となっている。

身は柔らかいが、皮も柔らかく、この部分に旨味が多いと言われている。火を通す場合は、皮を残したままの状態で調理した方が美味しくいただける。

定番なのが西京漬け。西京味噌に漬けた切り身を焦げないよ

うに焼く。サワラの甘みのある身と味噌がマッチして、ご飯が進む極上のおかずとなる。

主なシーズン

春が旬だと言われているが、それは食の上での話で、釣りのシーズンとなるのは秋からだ。

夏ごろから小型が釣れるようになり、季節が進むに釣れてサイズアップしていく。そして秋が深まるころに良型が狙えるようになりサワラキャスティングのシーズンとなる。

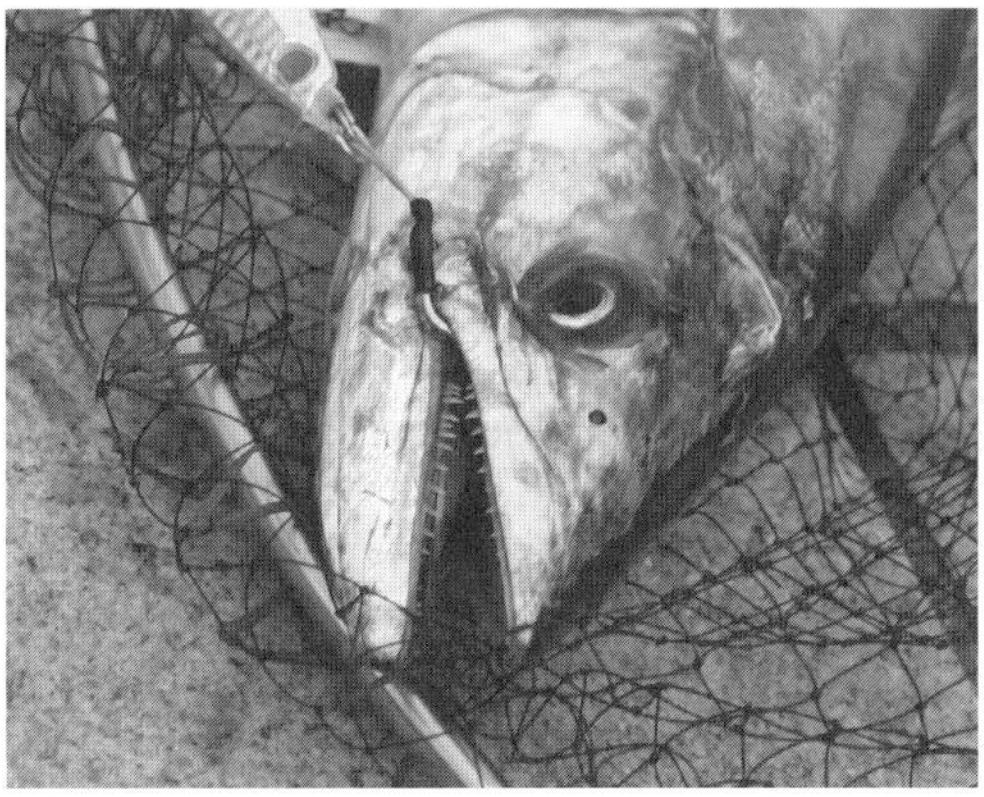

この鋭い歯に触れるとラインはもとより人の皮膚も簡単に切り裂いてしまうので取り扱いには注意が必要。

ベストシーズンはエリアや面する海によって異なっており、秋を最盛期とするエリアがある一方、冬を越えた春先からがベストシーズンだとしているエリアもある。魚が水温の安定する深場に落ちる厳寒期は、ボートキャスティングでは釣れにくくなる。

サワラキャスティングは急速に人気が上昇してきたゲームで、山口県の岩国市沖が発祥という説があり、瀬戸内エリアや伊勢湾、東京湾などでブレイクした。人気爆発の理由の一つに湾内の近場で大型が釣れるようになったということが挙げられる。温暖化や気象変異の影響を受けて人気が加速したという面も持ち合わせているようだ。

必要なタックルと装備

ロッドはサワラキャスティング専用品を出しているメーカーもあるが、ほとんどの場合、オフショアキャスティングというカテゴリーの商品の中から、比較的ライトなものを選ぶ。シーバスキャスティングロッドを使っているアングラーも多い。

使用するルアーが30～40gと比較的軽量なので、ルアー負荷重量を基準に選ぶとよい。長さは7～8ftくらいが標準的。

ターゲットは1mを超える青物で遊泳力も高いが、根に突っ込むような魚ではないので、それほどパワーのあるロッドは必要ない。

逆に強すぎるロッドでは軽量なルアーをロングキャストすることが難しくなる上、アタリを弾いたり、口切れの原因となってしまう。オーバースペックには注意したい。

キャスティングメインなので、スピニングタックルが基本となる。

ラインはPE1・5号を基準に考える。そのためリールはスピニングの4000番クラスがマッチする。ハイギアのものが好ましい。リーダーはフロロカーボンの28lbくらいが標準的だが、鋭い歯によるラインブレイク対策として先端30cmほどにフロロカーボンの40lbを結束するという手もある。ある程度は効果があるかもしれないが、それでも歯が直撃したら、スッパリと切れてしまうことは認識しておきたい。

ルアーはシンキングペンシルやミノー、メタルジグなどが使われる。基本的に表層付近を狙うためのルアーで、メタルジグも沈めて使うわけではなく、キャストでの飛距離を出すための選択だといえる。

キャスティングゲームではキャストの飛距離は釣果に直結する。そのため、ペンシルやミノーを使う場合でも、なるべく飛距離が出せるものがよい。

ペンシルは飛距離を稼げるヘビーシンキングタイプがマッチしており、ミノーもアクションよりも飛距離を重視した重量のあるものも販売されているので、そういったものを選ぶとよいだろう。

プラグで狙うのが主流となっているエリアもあるが、ビギナーにはメタルジグが飛距離を出しやすい。ジャークでアクションさせるわけではないので、リアバランスのメタルジグが飛距離の上でも扱いやすいだろう。ただし、使用するルアーは事前に船長に確認をした方がよい。

サワラキャスティングはナブラを探して高速で船を走らせ、射程距離に入ったら、すかさずキャストというのを繰り返すゲームだ。船はゴー・ストップを繰り返し、ポイントではすぐにルアーをキャストする体制を整えないといけない。

そのため、シューズには気を配る必要がある。求められるものは「動きやすさ」と「滑りにくさ」。オフショア用デッキシューズとして販売されているものが間違いないが、滑りにくい特殊なゴムのソールを採用したスニーカータイプの安全靴などもあるので、そういったものを着用するようにしたい。サンダルでは転倒などの恐れがあるため、おすすめできない。

ダイワ／
ウォーター
フィッシング
シューズ DL-1360

サワラキャスティングタックル

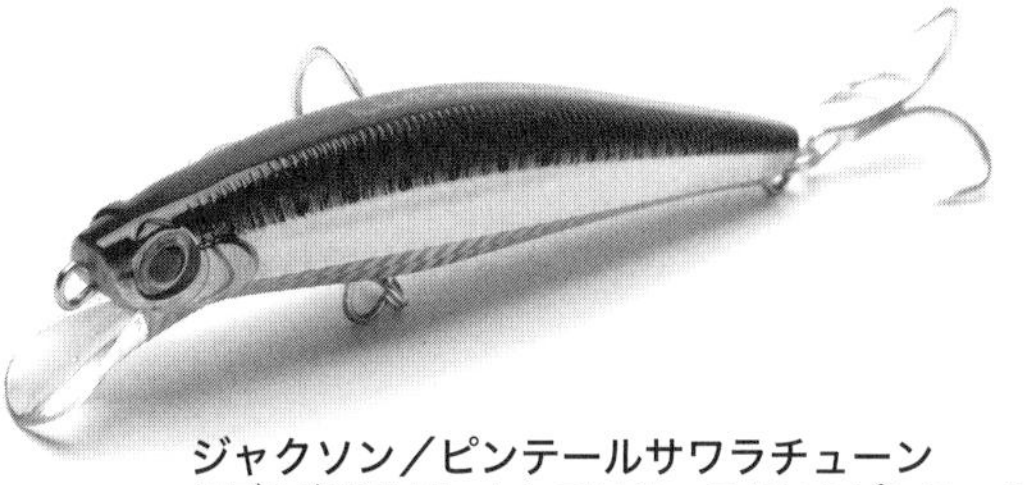

ジャクソン／ピンテールサワラチューン
サゴシ専用ルアーとしてリリースされたピンテールサゴシチューーンをオフショアアングラーからの要望を受けて対サワラ用にリチューン。技術要らず、サワラのためのミノー。
■サイズ：105〜120㎜　■重さ：35〜42ｇ
■カラー：全8色　■タイプ：シンキングミノー
■価格(税別)：1,800〜2,000円

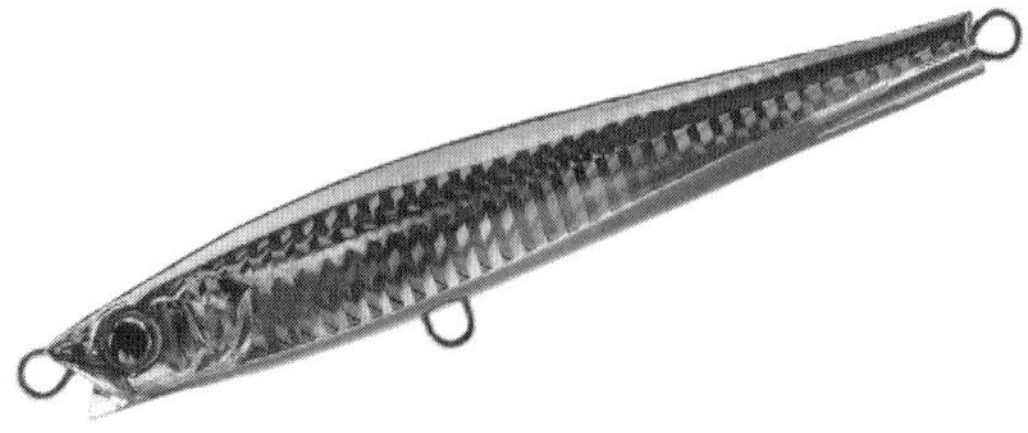

デュエル／
ハードコア モンスターショット
最大飛距離が100mオーバーのかっとびペンシル。高強度の肉厚ボディと貫通ワイヤーでスプリンターの強力な引きにも耐える。
■サイズ：80〜125㎜　■重さ：15〜60ｇ
■カラー：全18色　■タイプ：シンキングペンシル
■価格(税別)：オープン価格

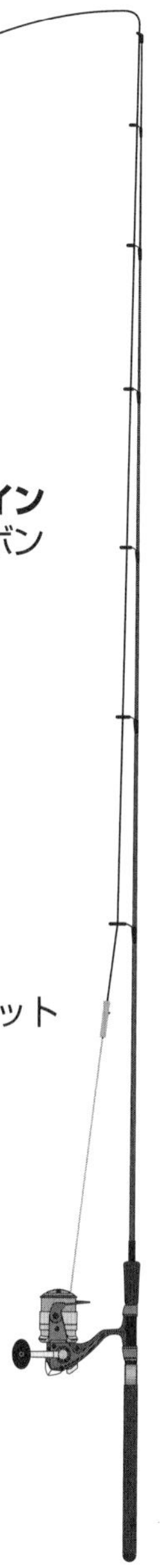

道糸
PEライン
1.5号

リーダーライン
フロロカーボン
28lb
2〜3m

FGノット

ルアーはアクションもさることながら、飛距離重視で選びたい。フローティングタイプよりシンキングタイプの方が飛距離を伸ばしやすい。

ラインブレイクが心配なら、リーダーの先端に30㎝ほど40lb程度のサブリーダーを結束する。

ロッド
アブガルシア／
OCEANFIELD
サワラキャスティング
732MH
リール
アブガルシア／
OCEANFIELD 3000H

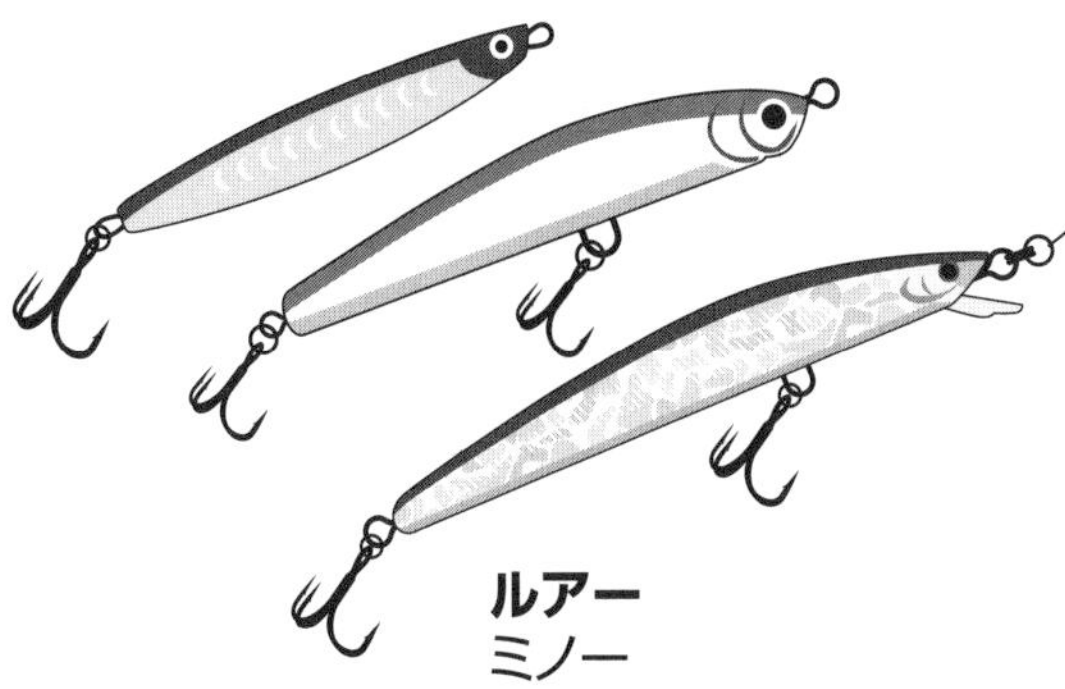

ルアー
ミノー
シンキングペンシル
メタルジグなど
30〜40g

オフショアでは大物に対応できるようについオーバースペックのタックルで挑みがちだが、軽量なルアーをロングキャストする必要があるため、強い・硬いはNG。

無数の鳥たちが、海面に突っ込んでいる。胸が高鳴る瞬間だ。

釣り方の基本

出船してポイントに到着したら、船を立てて、さあ！　釣り開始、というような内容ではない。船はポイントに到着するとナブラを探して周囲を走り続ける。鳥山を頼りに目視で探したたり、他の船の情報を元に移動したりする。このとき乗船者も一体となって鳥山を探す。

そして鳥山を見つけたら、船は全速力でその場所へと急行する。かなりのスピードを出すので、波の影響を受けると大きく船が跳ねることもある。転倒したり、振り落とされないように、安全な場所に座るか、手すりなどをしっかりと掴んでおく必要がある。

ナブラに到着したら、すぐにキャストを開始する必要があるが、このとき慌ててはいけない。まずはナブラの進行方向をしっ

大型魚が小魚を水面に追い込んで捕食している状態を釣り用語でナブラという。この下に大型の魚が群れている。

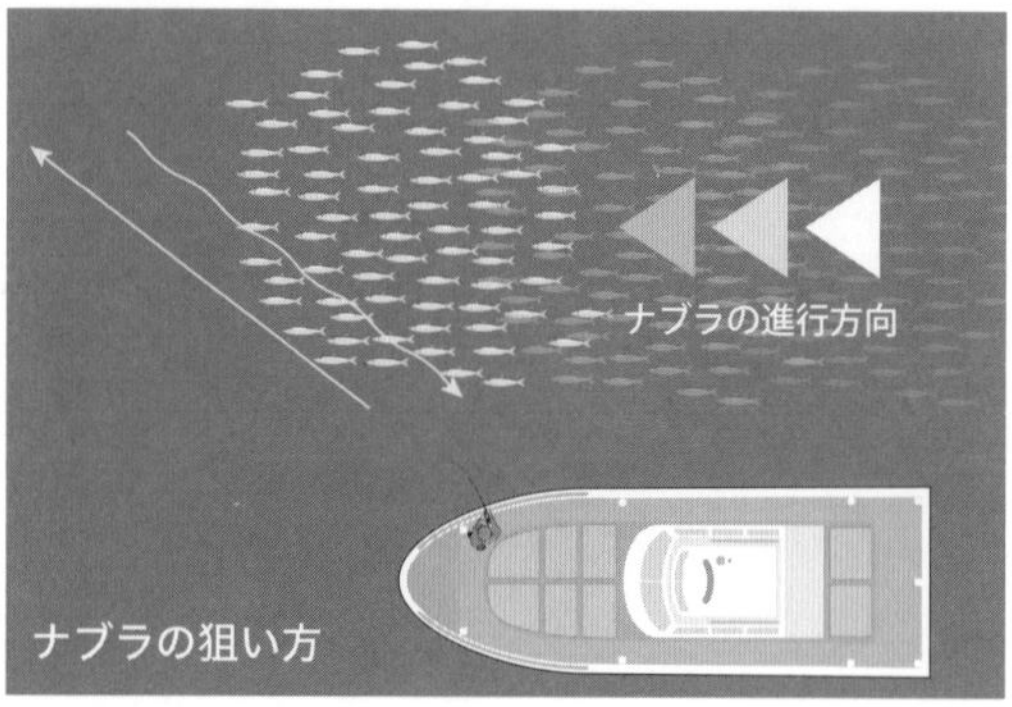

かりと確認する。

そして船長の合図があったら一斉にキャストを開始する。

このとき理想はナブラの進行方向の少し前にキャストして、ルアーを引いてくるとナブラの中を通過するタイミングで投げること。

船とナブラの距離にもよるし、ナブラに対してどの位置に船が止まったかによっても変わってくるので、理想通りにはいかないことも多いが、注意しなければいけないことは、ナブラを直撃しないようにすること。ナブラの中にルアーを落とすとナブラが散ってしまう可能性があるからだ。

これを実現させるためにはキャストの精度と飛距離が必要になる。自信がない場合は、堤防などで練習をしておいた方がよいだろう。

キャスティング船ではオーバーヘッドでキャストしてもよいが、厳守事項がある。それはルアーが船外にある状態からキャストするということだ。

ルアーにはフックが装着されており、それを狭い船上でキャストするのには危険が伴う。キャストする方向が決まったら、後ろに下がって、反対側の船外にルアーを出した状態から、キャストして前へ進む。これを必ず実践しなければならない。

釣り方自体はいたってシンプル。ルアーをキャストしたら、ラインを巻くだけだ。

スピードは超高速巻き。ルアーをしっかりと泳がせる必要はない。海面を割って水面を跳ねるような状態でよいので、とにかく速く巻くことが重要。ときどきストップを入れて食わせの間を作るのも効果的だ。

周囲の安全をよく確認したうえで、必ずルアーを船外に出した状態からキャストする。

釣れないときのもう一手

鳥山を見つけ、ナブラに急行してもナブラが沈んでしまっていることも多い。このようなときは再び湧かないか、わずかな間観察した後、一応ルアーをキャストして探ってみる。

このような状況ではメタルジグをロングキャストしてから沈めて、広い範囲とレンジを探る方が釣果を期待できる。

また、ペンシルやミノーの場合は、底の方にいるターゲットを誘い出すつもりでルアーをジャークさせる。ロッドを斜め上から反対側の斜め下に引くような動作で、ルアーを引いてからラインのテンションを抜く。これを繰り返していく。この誘い方でもジャークの間を作ることが重要。ラインのテンションを抜いた後に一呼吸おくようにするとよい。

ボートエギング

対象魚

エギングのターゲットとなるのは、アオリイカ一択だ。たまにゲストとしてコウイカなどが釣れることもあるが、基本的にはアオリイカのみを狙う。

アオリイカは地域によってはモイカ、ミズイカ、クツイカ、シロイカなどとも呼ばれている。最大で6kgになる大型のイカで、普段は深場に生息しているが、産卵のため浅場にやってきた個体がルアーで比較的簡単に釣れるため、釣りのターゲットとして人気が高まった。

エギングは陸っぱりでも人気の高いジャンルだ。陸からは1kgくらいまでの個体が釣れることが多いが、ボートでほんのちょっと沖に出るだけで、2kgクラスという大型はもちろん、3kgUPも夢ではなくなる。大型が釣れ、そのうえ数も狙えるというのがボートエギングの最大の魅力だ。

ターゲットは食の上でイカの王様とも呼ばれるアオリイカ。

食味と料理

身は肉厚で甘みが強いのが特徴。しかし漁獲量が極端に少ないため、イカの中では最高級扱いとなっている。

当然、市場での流通量も少ないため、スーパーの鮮魚コーナーに並ぶことは少ない。ほとんどが料理店や料亭などで消費されている。

甘みが強いので、刺身で食べるのがおすすめだが、他のイカ同様、天ぷらや干物、パスタの具材などが定番だ。

パスタにアオリイカを使うという贅沢は釣り人ならではではなかろうか？

大物が釣れると嬉しいものだが、食べるという面に関してはあまり大きいものだと味は劣ってくる。2kgを超えるような大型は身も厚過ぎで、硬い。食べるのなら1kgまでくらいがよいが、あまり小さいものはリリースするように心掛けたい。

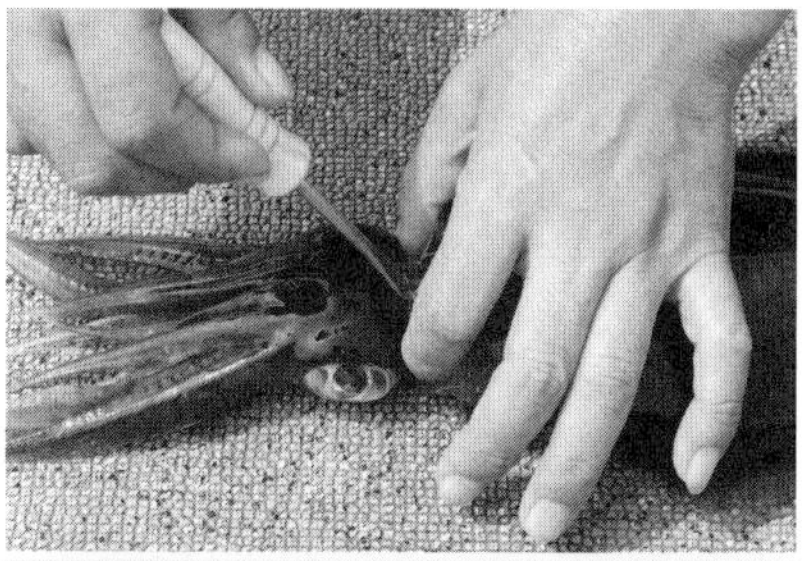

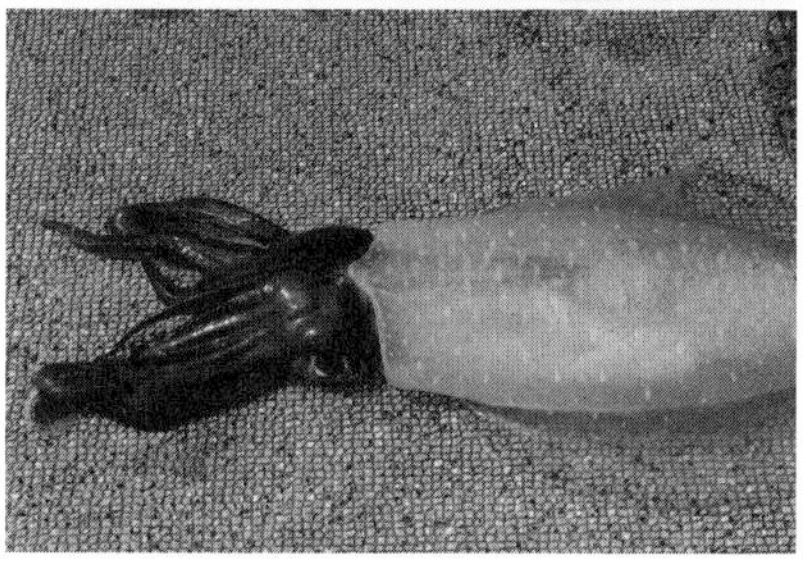

せっかくの美味しいイカなのだから、持ち帰るのであれば、きちんと絞めておきたい。鋭利なもので、目の間を刺すだけで簡単に絞めることができる。胴体と足、それぞれ左右で4回刺す必要があるが、専用の道具なら、左右一度に絞めることができる。きちんと絞まった場所は褐色から白色に変わるので、分かりやすい。

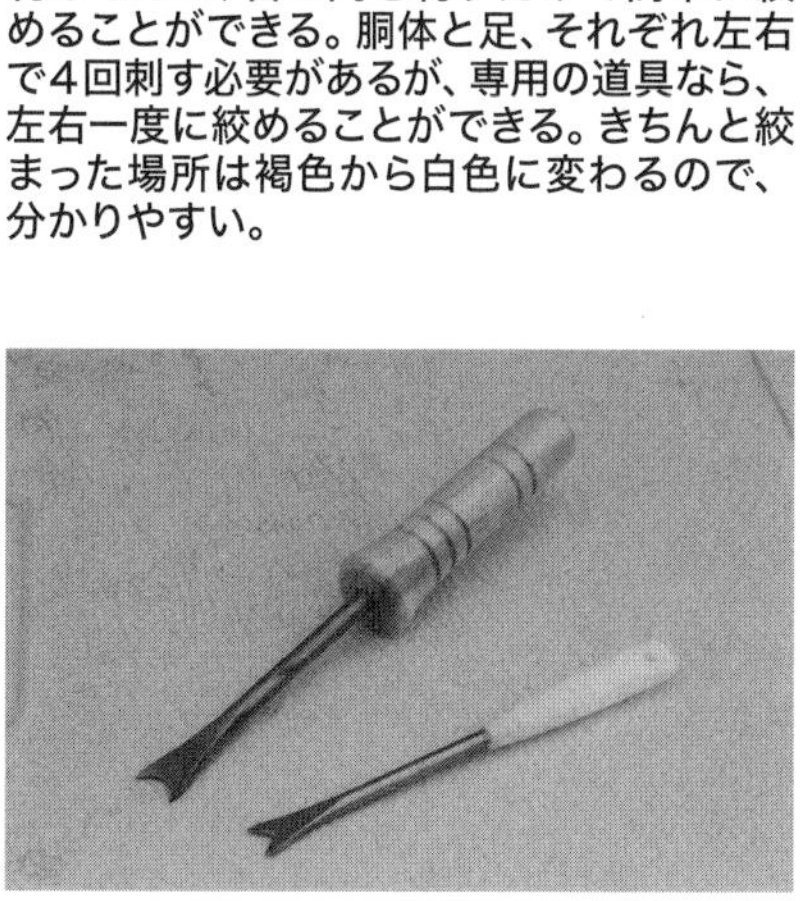

イカ専用の絞め具。先端が二股になっており、左右同時に絞めることができる。価格も安いので一つは持っておきたい。

主なシーズン

エギングのシーズンは春と秋だが、ボートエギングの出船が多いのは、春過ぎから初夏までだ。これはエリアによって異なるが、基本的に小型の数釣りよも大型を狙っての出船となるため、産卵が絡む6月ごろがベストシーズンとなる。

対して、船を流しながら、やや深いポイントを探っていくティップランと呼ばれる釣りは秋がベストシーズンとされている。

ボートエギングでは陸っぱりと変わらないレベルの水深が浅いポイントを攻めることが多い。産卵に絡む個体がターゲットとなるため、海藻が生い茂っているような場所がポイントとなるからだ。

出港場所から非常に近い浅場がポイントとなっているケースがほとんどのため、短時間での出船が多い。料金もリーズナブルに設定されており、シーズンは短いが、この時期を楽しみにしているエギンガーも多い。

必要なタックルと装備

普段陸っぱりで使っているタックルをそのまま持ち込むアングラーが多数派だが、ボート専用ロッドも販売されている。

ボート専用ロッドとしてラインアップされているのは5〜6ftが主流。これはキャストを必要としないティップランエギングをメインに想定しているものだ。ボートエギングはキャストをして探っていくスタイルとなるため、7ft前後あるものを選ぶとよいだろう。

ラインはPE0・6号を100m巻いていれば釣りをする上では十分だが、スプールの糸巻き量の関係で実際は150〜200m巻くことになる。リーダーはフロロカーボンの2〜3号を1〜2m結束するとよい。リールはスピニング2500番がスタンダードだ。

タックルは陸っぱりのエギング用で問題ないが、ロッドはあまり長過ぎると狭いボートの上では扱いづらくなる。7ft前後がベター。

エギは春の最盛期に大型を狙うなら3・5〜4号、状況によっては4・5号を使う。3・5号を基本として、この時期はそれより小さなエギを使う必要はない。大型を狙うのであれば大きなルアーを使うというのがルアーフィッシングのセオリーの一つだ。

カラーはいくつか揃えておきたいところだが、エギの場合、表面の布のカラーもさることながら、下地となっているベースカラーにも配慮する必要がある。

布カラーはオレンジ、ライムグリーン、ピンクといったアピール系とブルー、オリーブ、ブラウンといったナチュラル系の両方を用意しておいた方がよい。ベースカラーで必ず用意しておきたいのが、ホログラム系（シルバー系）、ゴールド系、そしてケイムラだ。

組み合わせを考えると数が多くなってしまうが、ベースカラーにそれぞれアピール系とナチュラル系を用意して6個くらい持っておくといろいろな状況に対応できる。ただし、エギは根掛かりでロストすることもある。せっかく釣れていたカラーをロストしたということにもなりかねないので、自分の信頼できるカラーがあれば複数本持ち込むことをおすすめする。

また、エギングでは繊細なアタリを拾うために、ラインの動きなどを注視しておく必要があるので、アイウエアは必須だ。偏向グラスなどを着用して、水面の反射などに対応できるようにしておきたい。

ボートエギングタックル

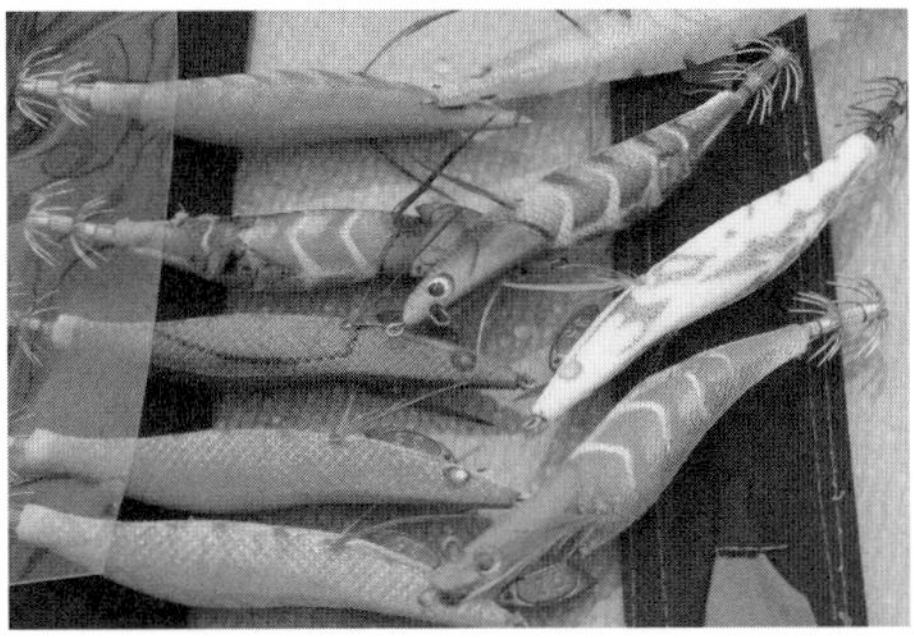

大型を狙うのならエギは大きなものを使用する。カラーはベースカラーを含め、いくつか用意しておく必要がある。5～6月の産卵期を狙う場合は、アピール系カラーよりもナチュラル系カラーを使うのがセオリーだ。

カンナはこまめにチェックしておきたい。海藻などが付いていると、イカに違和感を与えてしまう。また、ハリ先が開いているような場合は修正をしておこう。専用の工具も販売されており、簡単に整えることができる。

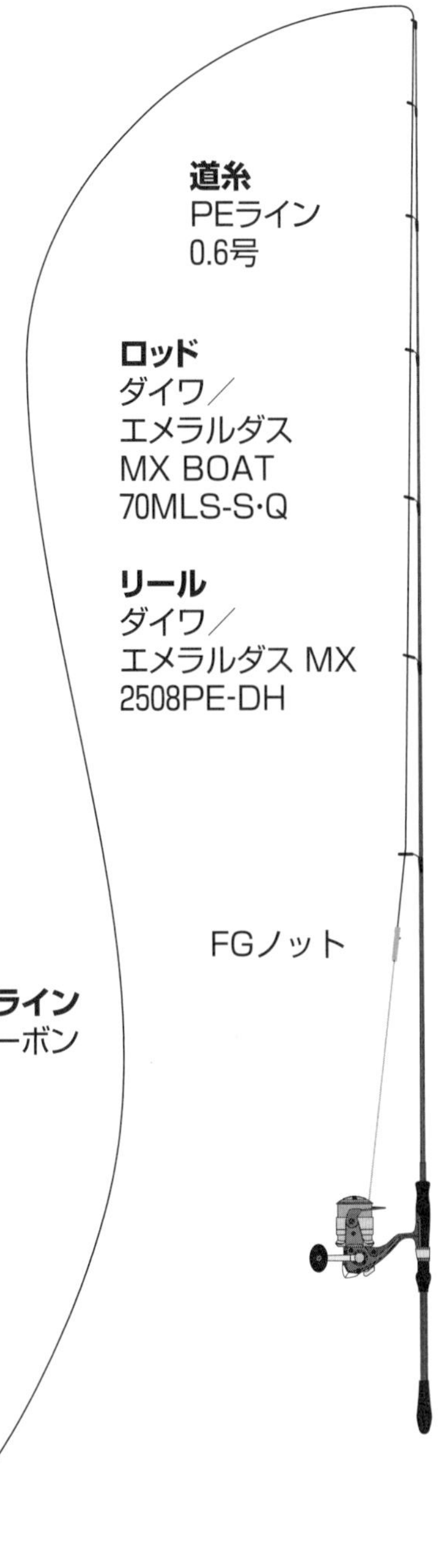

リーダーとエギの接続にはエギ専用スナップを使うと、ローテーションが簡単にでき、エギのアクションを妨げることもない。リーダーをエギに直結する場合は、先がループ状になるフリーノットなどで結ぶ。

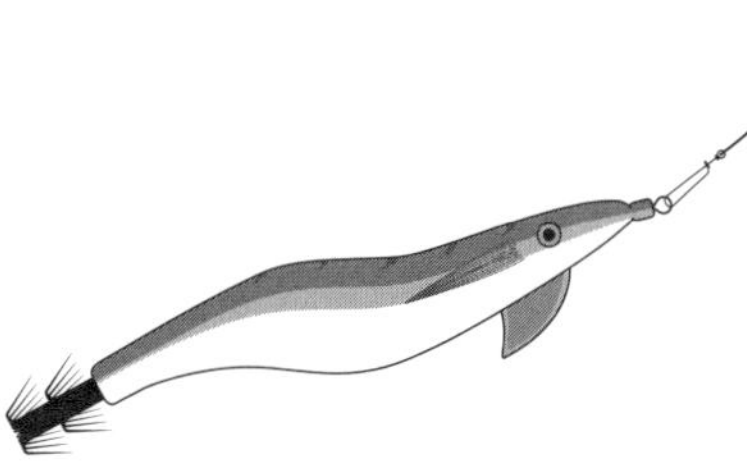

ボートからのエギングには通常のエギングとティップラン エギングがある。ロッドやエギが違うため、間違えないようにしたい。通常のエギングではエギは陸っぱりで使っているものと同じものを使用する。ティップランエギングでは専用のエギが必要になる。

このようなイカが釣れるのだから、笑いが止まらない!?

釣り方の基本

ボートエギングでも基本動作の流れは陸っぱりと同じ。

エギをキャストしたらフォールしてボトムタッチ。2～3回シャクリ上げ、ターゲットにエギをアピールし、再びフォールさせて、ボトムでステイ。これを繰り返していく。

陸っぱりのエギングとボートエギングで違うところは「足場が動くかどうか」だ。

ボートエギングは船を流しながら広範囲を探っていくような釣り方ではない。浅場に船を着けてポイントを狙い撃ちするような釣り方になるが、それでも風や潮流の影響で船は少なからず流されてしまう。

船は風の影響を大きく受けて流されるため、風を正面から受けるサイドにいる人は、ルアーがどんどん遠くに、風を背中から受けるサイドにいる人はルアーが船に近づいてくる、という状況になる。

ボートエギングの基本は繊細なアタリを取るために、ラインを張らず・緩めずの状態に保っておくということだ。そのため、ルアーが遠ざかるサイドでは少しずつラインを放出、ルアーが近づいてくるサイドにいる人は、少しずつラインを巻き取るという動作が必要になる。

感覚的にはルアーが遠ざかっていく方が釣りがしやすいよう

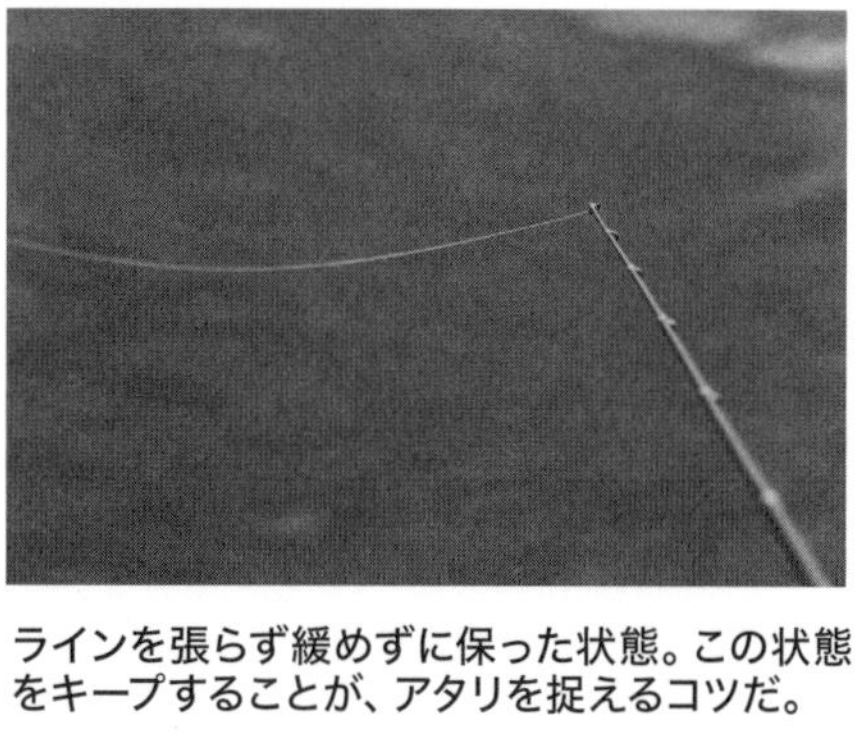

ラインを張らず緩めずに保った状態。この状態をキープすることが、アタリを捉えるコツだ。

にも思えるが、遠ざかっていくエギをズル引くことなく、ラインを張らず・緩めずの状態を保つというのはかなり難しい。エギをズル引いてしまうと根掛かりの原因となるので神経を使う作業となる。

　逆に反対サイドの人はラインメンディングは比較的簡単だが、キャストからステイの1工程が終わるころにはエギを回収して再びキャストという動作を繰り返さなければならない。

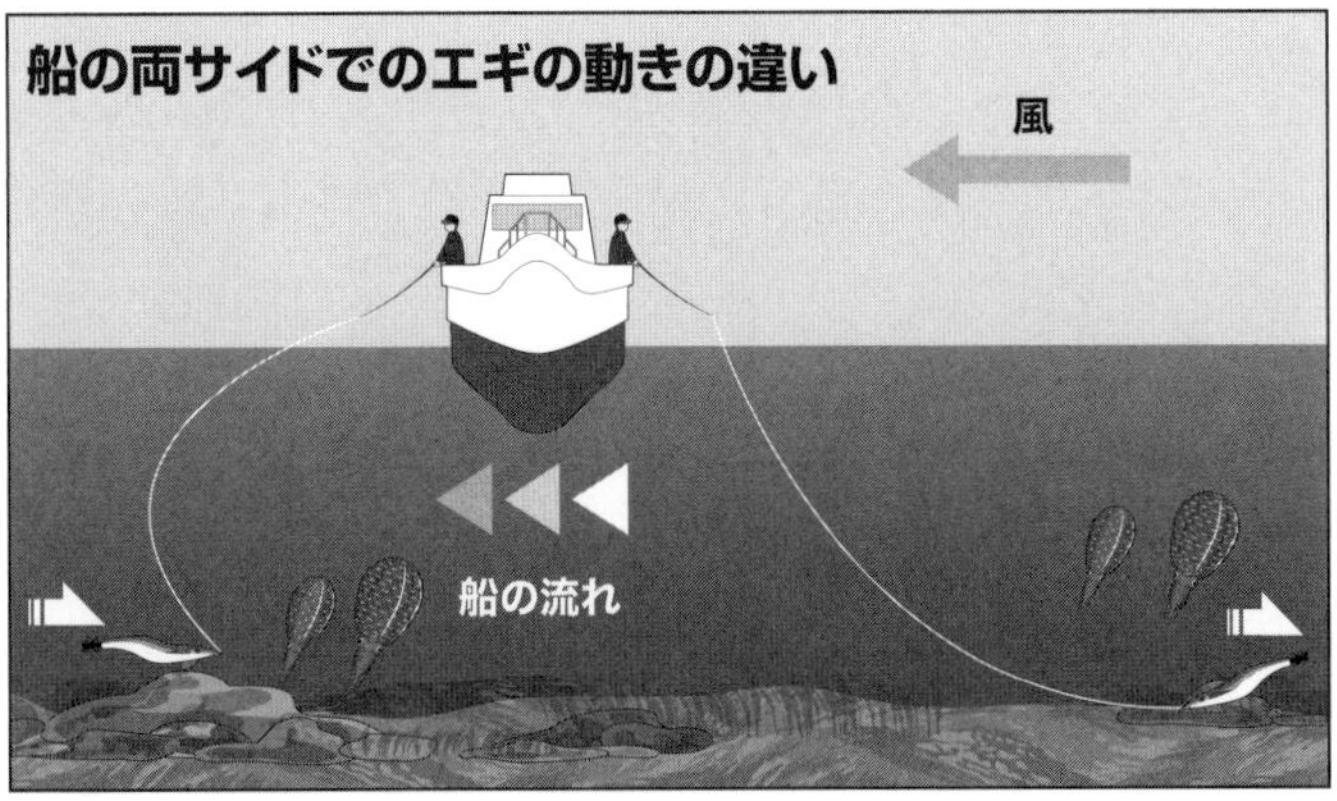

　6月ごろのエギングで気を付けなければならないことは、産卵間近のアオリイカはナーバスになっているということだ。つまり活性が低いということになる。あまり積極的にエサを捕食しようとはしていないのだ。
　そのため、あまり激しいアクションをエギに与えると警戒される要因となってしまう。
　激しいシャクリは避けて、トゥイッチ程度の軽いアクションで誘いをかけるのがコツとなる。また、ステイは長めに取るようにしたい。

釣れないときのもう一手

　エギのカラーローテーションは結構重要だ。釣れないときにいつまでも同じカラーを使い続けるのではなく、様子を見ながら、積極的に交換していきたい。

　カラーはエギを目立たせようとしてオレンジやピンク、ライムグリーンといったアピールカラーばかり使ってはいないだろうか？　前記したが、この時期のアオリイカは活性が低い。そのような状況下では、警戒されにくいナチュラルカラーを使うのが有効だ。

　そしてなるべくエギが不自然な動きをしないように心掛けよう。急な動きは避けて、弱った捕食しやすいエサをエギで演出することが大切だ。

　アオリイカは資源保護のための活動も行われている。卵を産み付けるために海藻の脇でじっとしている個体を引っ掛けて釣るような行為は避けよう。また、卵を抱えているメスはリリースするようにしたい。

イカスミを逆噴射して、抵抗を見せるアオリイカ。スミは船に上げる前に吐かせた方が、無難だ。

エギをしっかりと抱いている。この状態ならバレる心配はほぼない。

ボートシーバス

都会のベイエリアでも80㎝を超える大型が期待できる。

狙う魚

シーバスは北海道南部から九州までの日本列島沿岸と、朝鮮半島東・南部、沿海州に分布するスズキの別称で、身近なベイエリアに生息する大型魚であるため、ルアーフィッシングの対象として根強い人気を誇る。

　どう猛な肉食魚で、小魚や甲殻類などを大きな口で捕食する。活発に捕食活動を行うのは主に朝夕のまづめ時で、基本的に日中はあまり動かずストラクチャーに付いていることが多いが、そんな状態でもシーバスが身を潜めているポイントにルアーを通すことができれば反射的に口を使ってくれる。

　岸からの釣りでは狙えるポイントが限られるが、高い機動力を活かして次々と好ポイントを撃っていくボートシーバスゲームは、圧倒的な釣果確率の高さが魅力。80㎝を超える大型が目の前でエラ洗いと呼ばれるジャンプを繰り返す興奮を味わえば、必ずこの釣りのファンになるだろう。

　ボートシーバスはキャッチ&リリースで楽しむ人も多いが、スズキは淡白な白身で食味は良い。刺身、焼き魚、煮付け、唐揚げ、あんかけなど調理方法には枚挙にいとまがない。

ボートシーバスゲームは岸からのシーバスフィッシングに比べて、格段に釣果確率が高い釣り。ダブルヒットも珍しくない。

ボートシーバスの楽しみ方

　さまざまなルアーを使用するボートシーバスはルアーフィッシングの基本を学ぶ場としても最適。この釣りに精通する船長に質問をすれば模範解答が返ってくるが、あえて違うパターンを模索するのも楽しみ方のひとつだといえる。同船者のヒットパターンを間近で見ることができるのも、この釣りの面白さだろう。

　自分のスタイルを大切にしつつ、同船者とのコミュニケーションをしっかり取って、お互いの釣りを尊重しながら楽しめるボートシーバスゲーム。注意点は、バーブレスフックの使用やロッドの長さ制限など、その船のルールを事前に確認しておくこと。

タックル

ボートシーバスゲームで使用するロッドは、どんなルアーを投げるかによって使い分けるのが基本で、ミノーやバイブレーション、トップウォーター系のルアーにはML~Mクラスのスピニングロッド、180㎜クラスのミノーに代表されるビッグベイト用にはMH~Hクラスのベイトタックルがマッチする。ルアーローテーションを効率良く行うために、複数のロッドを持ち込んでもよい。

MLクラスのスピニングロッドにはPEライン1・5号を巻いた3000番クラスのスピニングリール、MHクラスのベイトタックルにはPEライン3号を巻いた中型ベイトリールをセットすることでタックルのバランスが取れる。

何度もキャストを繰り返し、大型魚とのパワー勝負を行うため、できればリールは堅牢な機種を選びたい。

ビッグベイトにアタックしてきたシーバス。

ルアー

ボートシーバスゲームではポイントの状況により、さまざまなルアーを使う機会がある。日中に使用する主なルアーはミノー、バイブレーション、シンキングペンシル、ジグヘッドリグ、テールスピンジグ、メタルジグなどで、朝夕のまづめ時や夜間はトップウォータープラグへの反応も良い。

シーバスを釣るために重要な要素は狙うレンジで、どの水深をどのルアーで攻めるかによって釣果に差が出る。また、ゆっくりとルアーを見せるのか、サッと目の前を横切らせるのかでも反応は異なってくる。

ミノーはリップの大きさによって潜行能力が決まっているため、狙いたい水深に応じて、アイテムを使い分けることが必要。バイブレーションはリトリーブを止めると沈むルアーで、引くスピードの調整により、一つのルアーであらゆる水深を狙うことができる。

ミノーやバイブレーションには余計なアクションを加えないのが基本で、一定の速度で巻いてくるだけで釣れる。

ルアーの選択はシーバスが食べているベイトフィッシュにマッチさせることが肝心で、例えば大きなコノシロを捕食している時期はビッグベイトを使ったゲームが成立する。ベイトの種類は季節やエリアによって異なるので、乗船予約時に近況を聞いておけばゲームプランやルアーチョイスを考えやすい。

なかなかバイトを得られない場合は引くスピードを変えてみたり、ルアーのタイプやカラー、サイズをチェンジしてみる。

ボートシーバスタックル

基本はストラクチャー撃ちで、正確なキャストを求められる。

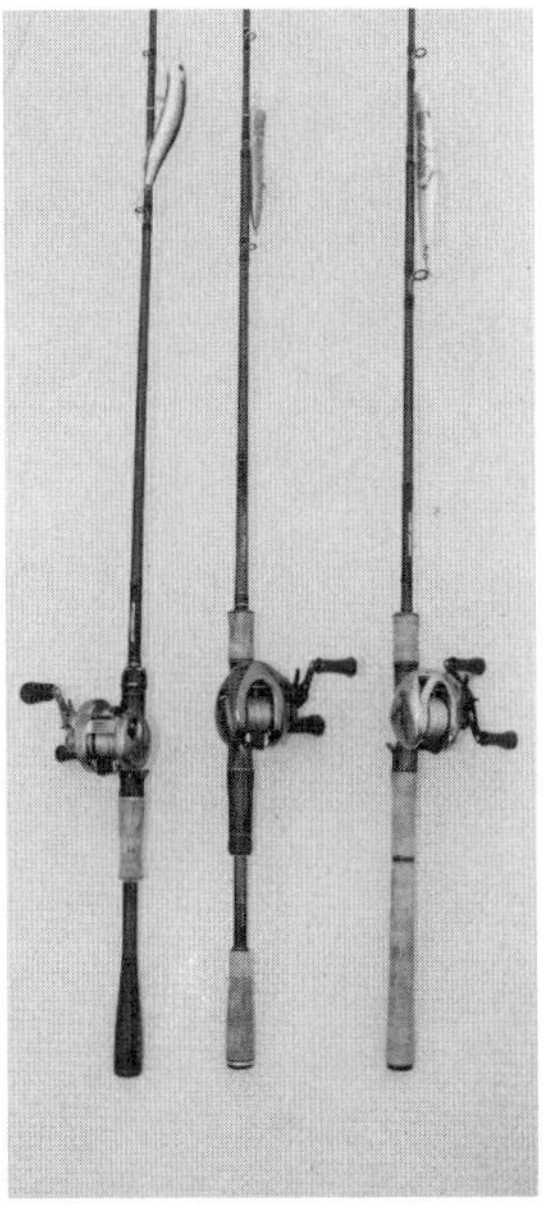

ビッグベイト用のタックル。

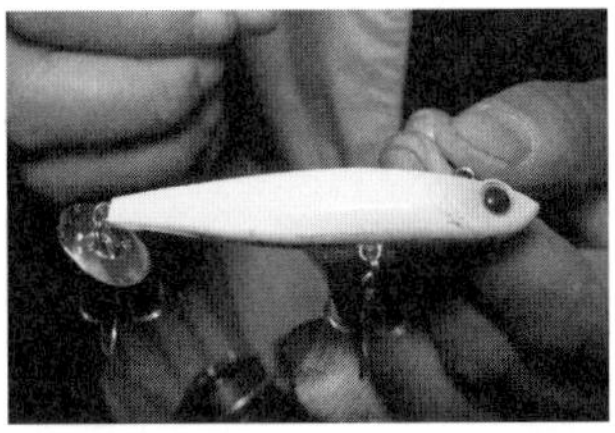

さまざまなルアーでヒットに持ち込むのがボートシーバスの面白さ。

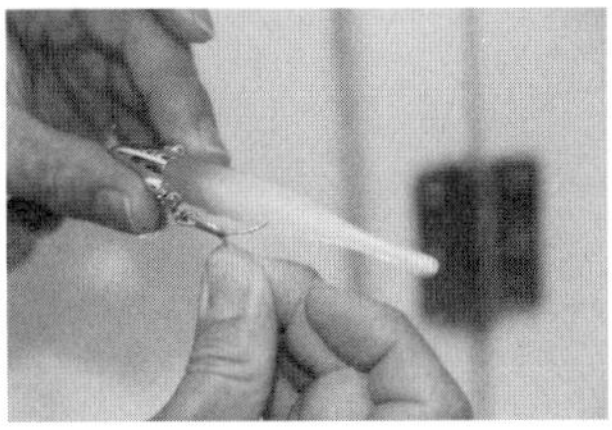

ワインド釣法用のワームと専用ジグヘッドの組み合わせも有効。

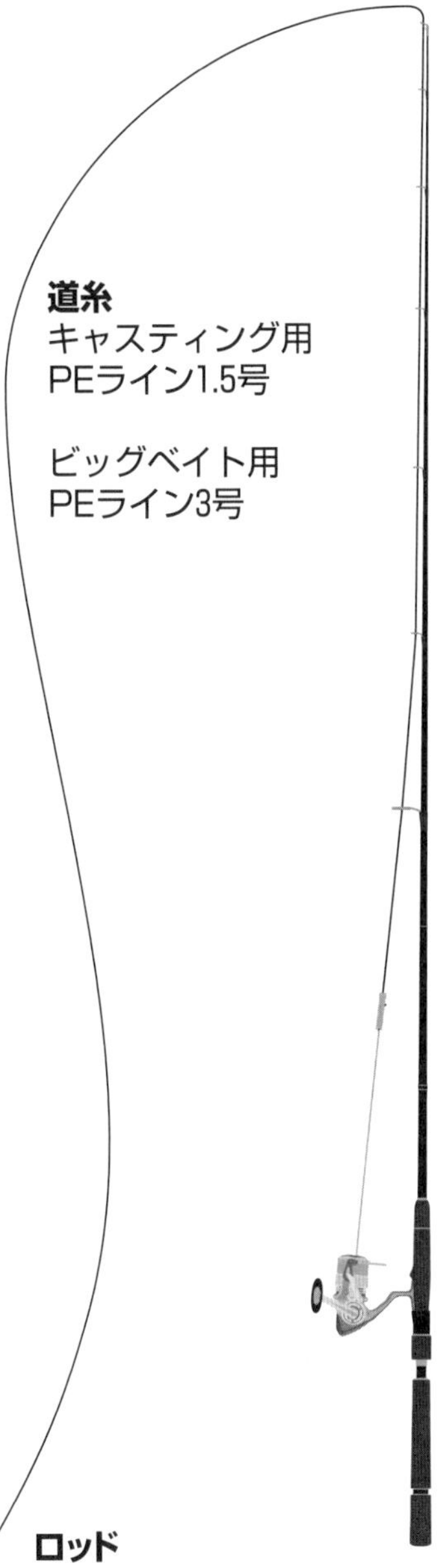

道糸
キャスティング用
PEライン1.5号

ビッグベイト用
PEライン3号

リーダーライン
キャスティング用
ナイロン
25lb 1.5m

ビッグベイト用
ナイロン
40lb 1.5m

ロッド
キャスティング用
シマノ／
ムーンショット BS S610M

ビッグベイト用
シマノ／ワールドシャウラ1703

リール
キャスティング用
シマノ／
エクセンス3000MHG

ビッグベイト用
シマノ／
アンタレスDCMD XG

ルアー
キャスティング用
バイブレーション

ビッグベイト用
180㎜級のミノーなど

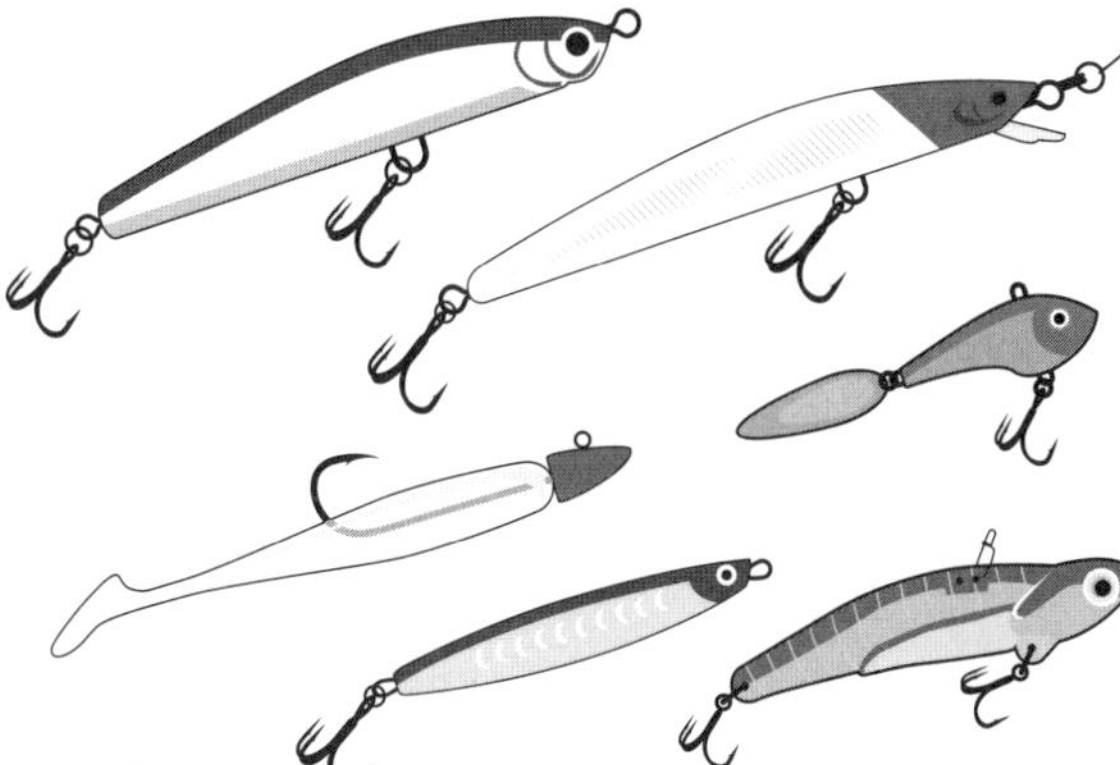

広大なシャローエリアをテールスピンジグのロングキャストで探った。

基本的な釣り方

ゆっくりと前進していくボートの上からルアーをキャストして、ストラクチャーや地形の変化、ケーソンのスリットなどのシェードとなる部分に付いているシーバスを狙うのが基本的な釣り方。次々と現れるストラクチャーを狙い撃ちにする釣りなので、キャストの精度が問われることになる。

そのポイントへの第1投目にヒットする確率が高く、同じスポットを何度も攻めても時間をムダにすることになる。ストラクチャー付近に直接ルアーを投入するのではなく、それよりも先に落として引いてくるのがコツで、ストラクチャーをかすめるようにルアーを通すことで釣果の確率が高まる。他の同船者の様子も見ながら、まだ誰も狙っていないコースを探っていくとよい。

狙いたいストラクチャーまでの距離が近かったり、オーバーヘッドキャストでは狙いにくいスリットの中はアンダーハンドキャストで狙う。使用頻度が高いサイドキャストは、右側からでも左側からでもできるよう練

ボートシーバスで使用するのは小型船で、仲間内でチャーターするのがおすすめ。

習しておこう。何より大事なのは手返し良く釣ることで、バックラッシュやミスキャストが続くと時間のロスとなり気持ちも焦ってしまうはずだ。

シーバスがヒットしたら、しっかりとフッキングを決めてやり取りを行う。ハリから逃れようとするシーバスはエラ洗いで抵抗するが、ドラグがしっかりと調整されたリールで、ラインにテンションをかけ続けることでバラシを軽減できる。フックの劣化はバラシの元となるので、ハリ先が鈍ってきたら新しいものと交換しておこう。

取り込みは基本的に船長がネットで掬ってくれるので、危険を伴うハンドランディングは控えたい。シーバスの口は大きく開くため、ルアーが丸飲みされていることもある。

取り込みはランディングネットを使って安全第一で行う。

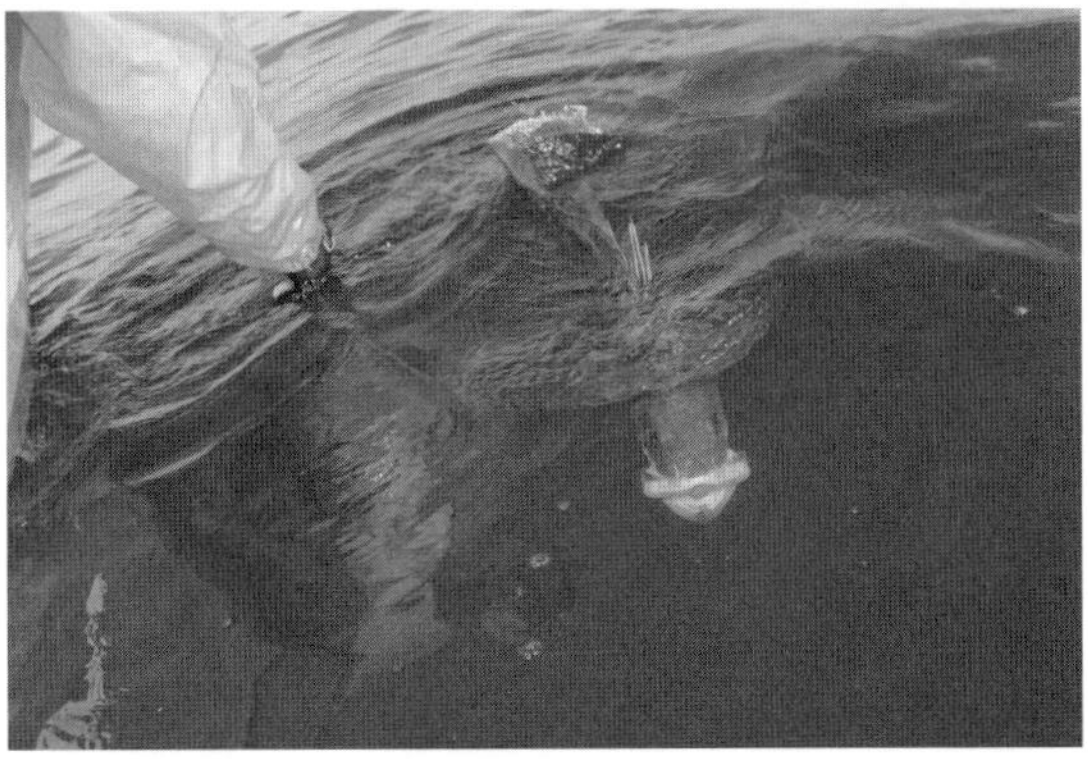

エラに水を通して、元気に泳げることを確認してリリース。

ナイトゲーム

日中と夜のボートシーバスゲームの異なる点は、夜間は常夜灯が海面を照らしているポイントを狙うパターンが楽しめること。基本的に岸際に向かってキャストしていくことになるが、明暗の境目を意識してルアーを引いてくるとよい。春のナイトゲームではゴカイのバチ抜けを意識したライトな攻め方も有効。

日中に比べると警戒心が薄いシーバスは、表層に近いレンジで捕食していることも珍しくない。ベイトを追いかけているシーバスの気配を感じたら、ミノーやシンキングペンシルで直接狙ってみるとよい。夜間であっても橋脚などのストラクチャー撃ちは効果的で、岸際でヒットすることもある。

ナイトゲームでは常夜灯の周辺が好ポイントとなる。

アジング・メバリング

ボートの機動力を活用して、陸っぱりでは竿出しできないポイントを次々と叩いていく。サイズ・型共に納得の釣果が期待できる。

対象魚

ルアーフィッシングの中で最も軽量なタックルとルアーを使う釣りで、その手軽さから人気が上昇している。その中でも特に人気が高いのがアジを狙ったアジングとメバルをターゲットにしたメバリングだ。

アジは日本沿岸に広く生息しており、どこの港にもいる。そのため、手軽に狙えるターゲットとして陸っぱりのルアーフィッシングでは、今最も人気の高いターゲットと言えるかもしれない。

一方メバルも広く生息してはいるが、岩礁帯を好むため、ポイントとなる場所が限定されやすい。

釣りやすさという面でいうとアジの方がビギナーでも楽しみやすい。逆にメバルは状況によって使い分けるルアーが多くなり、テクニカルな面を持ち合わせている。

タックルのスペックが非常に似通っているため、アジングとメバリングの両方を楽しませてくれる船もあるが、アジング専門、メバリング専門で出船している船も少なくはない。

食味と料理

アジは日本人の大衆魚として古くから親しまれており、現在でも最も広く食されている魚の一つだ。

新鮮なものは刺身が美味しい

メバルもご覧の通り。陸っぱりではなかなか出会えないようなサイズの数釣りが楽しめる。

が、釣った魚を生食する場合はアニサキスに気をつけよう。

火を通して調理すれば、そういった心配をする必要がなくなり、焼いてもフライにしても、ホクホクした身の食感がたまらない。また干物にするのもおすすめだ。アジは家でも簡単に干物を作ることができる。旨味成分が増して、焼いて食べると肴にもぴったりだ。

メバルはスーパーの鮮魚コーナーなどに並べられることは少ないが、根魚独特の淡白で上品な白身はどのような料理にもマッチする。

メバルは成長が非常に遅いため、乱獲すると急激に数が減ってしまう。小型のものは食べるところがほとんどないため、リリースするようにしたい。

主なシーズン

アジは通年釣れる魚だが、アジングのシーズンは秋から春にかけて。エリアによって異なるが9月ごろから、ルアーに反応が良くなり、11月くらいが20㎝を超えた良型が上がるベストシーズンとなる。それから3月くらいまでが、数は少なくなるが大型が狙える時期だ。

メバルも通年釣れるが、他の魚が釣れにくくなる2月ころに最盛期を迎える。

春告魚と呼ばれる通り、暦の上での春からが本格シーズンとなっている。

必要なタックルと装備

アジングやメバリングに使われるのはウルトラライトタックルなどと呼ばれ、1g前後の超軽量なルアーを軽快に扱える仕様になっている。

ロッドはアジングとメバリンで共用している人もいるが、その性質は異なる。

アジングは繊細なアタリを捉え、積極的にアワセを入れていくような釣り方になるため、ティップ部分にやや張りを持たせた仕様になっているものが多い。

一方、メバリングはしっかりと食い込ませ、向こうアワセとなるような釣り方となる。そのため、ティップはしなやかに曲がり、食い込みの良い仕様となっているものがほとんどだ。

もともとロッドが5～7ftと短めの設定が多いため、ほとんどの人が陸っぱり用のタックルをそのまま持ち込むが、ボート専用のロッドを出しているメーカーもある。

リールはスピニングの1500～2000番を使うのが標準的。

ラインは使える種類が多く、PE、ナイロン、フロロカーボン、エステルなどがある。

PEは引っ張り強度が高く、感度に優れるが、擦れに弱く、細いと扱いづらいという特徴がある。ナイロンは伸びがあるため、感度の面で劣るが、しなやかで扱いやすくライントラブルが少ない。フロロカーボンは硬質で擦れに強く感度が高いが、スプールの巻きグセが付きやすく、これが原因でライントラブルが起こりやすい。

エステルはとにかく細いものがラインアップされているというのが特徴。感度が高く、軽量なルアーを沈めて使うのに適しているが、衝撃で切れやすいというデメリットがある。

それぞれに一長一短があるため、どれが一番良いということは言えず、好みや釣り方に合わせて選んでいる人が多い。

上級者になると、PEやエステルを好んで使う人も多いが、扱いが難しい面があるため、ビギナーにはライントラブルが少なく、リーダーを結束する必要がないナイロンラインをおすすめする。太さは0・4～0・5号を選べばよい。

ルアーはワームをジグヘッドに装着して使う、ジグヘッドリグが基本になる。リグとは仕掛けのことを指し、ジグヘッドを使う仕掛けなのでジグヘッドリグとなる。

ジグヘッドはいろいろな形状があるが、球型か砲弾型がスタンダードで使いやすい。重量はポイントとなる場所の水深や潮流によって大きく違いが出るため、船長に確認することをおすすめするが、0・5、1、1・5、2、3gを用意していけば、ほとんどの状況に対応できる。

ワームも形状の違うものやカラーなど、種類が非常に多いので、どれを選んでよいのか悩ましいところだ。

まずはストレートやピンテールと呼ばれるものを選べばオールマイティに使えて扱いやすい。ナチュラルな動きで状況を選ばず使うことができる。

これを基本に少し波動が強めでアピール力が高い、カーリーテールやシャッドテールなどを用意しておくとよい。

サイズは2～3inが標準的。

カラーはナイトゲームではクリア系の実績が高い。クリアベースにラメが入ったものをおすすめする。他にはホワイトやピンクなどもよく使われる。

アジング・メバリングタックル

ジグヘッドの種類

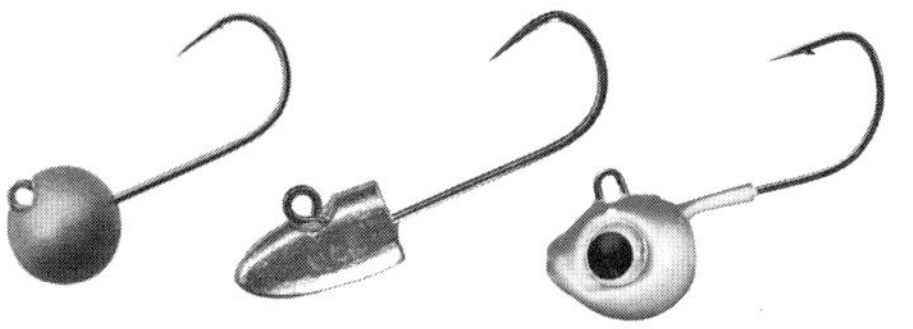

いろいろな形状のものがあるが、安定したフォールが得られる球型か、スイムアクションに優れた砲弾型が使いやすいだろう。

ワームの種類

ストレートピンテール

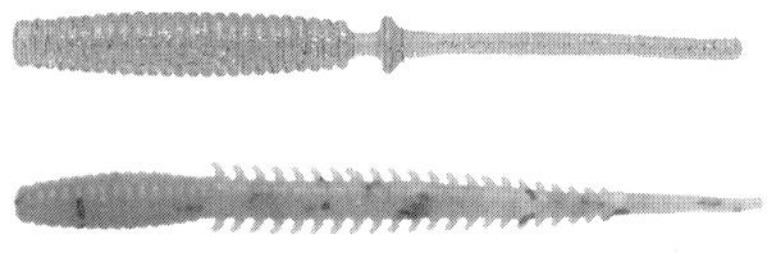

カーリーテール

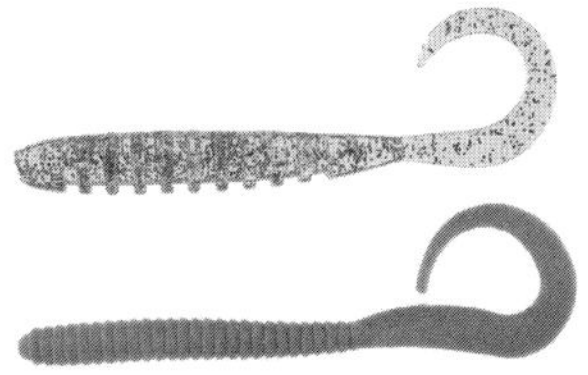

シャッドテール

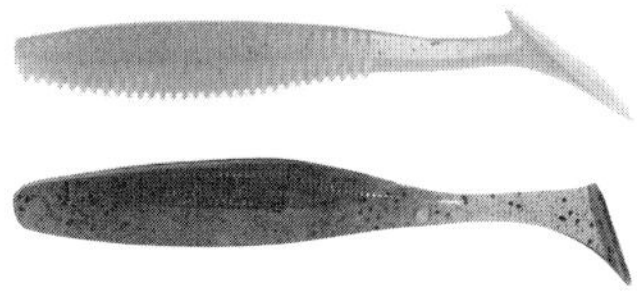

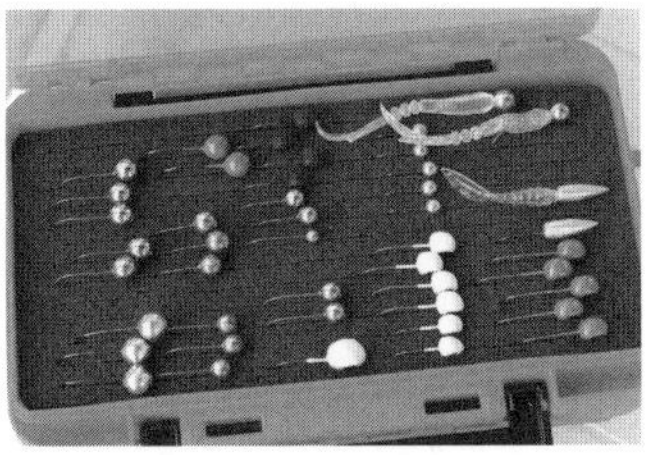

ジグヘッドやワームは専用のケースに収納すると、必要なものをすぐに取り出すことができる。

メバリングではミノーやペンシルなどのプラグを使った釣り方も人気が高い。

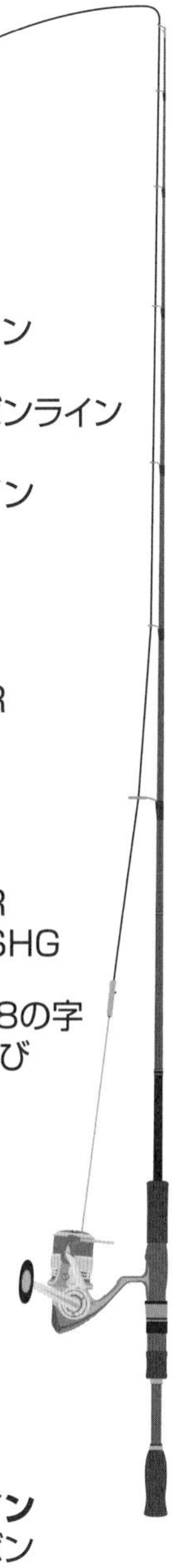

道糸
PEライン
0.2〜0.3号
ナイロンライン
0.4〜0.5号
フロロカーボンライン
0.4〜0.5号
エステルライン
0.15〜0.3号

ロッド
シマノ／
ソアレXR
S610L-S

リール
シマノ／
ソアレXR
C2000SSHG

ダブル8の字
電車結び

リーダーライン
フロロカーボン
1号
50㎝
※PE･エステルライン
を使用する場合

ルアー
ジグヘッドリグ
ジグヘッド
0.5〜3g
ワーム
2〜3in

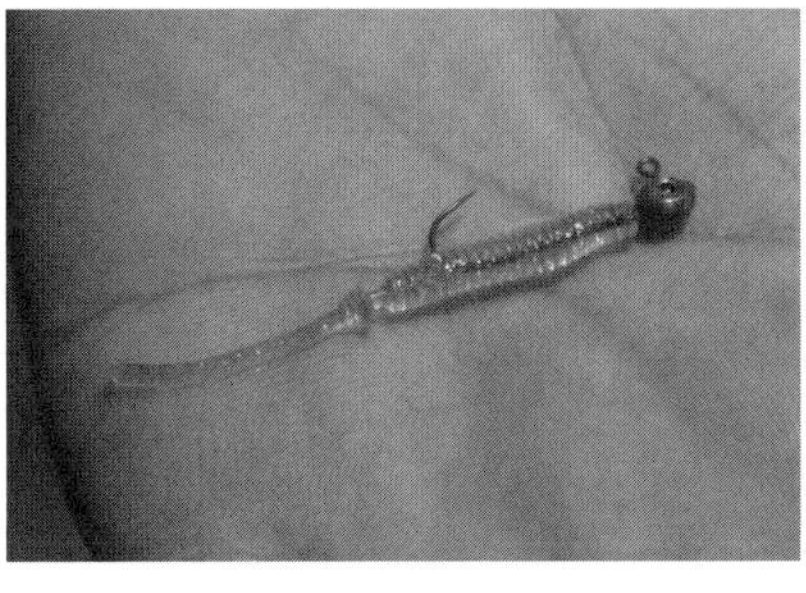

ワームをジグヘッドに装着した状態。ワームが真っすぐになるように装着することが重要。曲がった状態では正しいスイムアクションが得られず、ターゲットに違和感を与えてしまう。

湾内や港内など近場がポイントとなることが多いが、陸行できないポイントもボートなら攻略可能だ。

メバリングでは港から離れた岩礁帯での釣りとなるパターンもある。

釣り方の基本

基本はタダ巻きで狙っていくが、まずは魚がどのレンジにいるのかを知る必要がある。特にアジは遊泳するレンジが変わりやすく、魚のいるレンジにルアーを通さないとヒットに結びつきにくい。

ナイトゲームでは表層から、デイゲームは底から探っていくというのがセオリーとなる。

ターゲットが今どのレンジにいるのか探っていくためには、カウントダウンという方法が有効だ。カウントを数えて、ルアーを通すレンジを変えていくテクニックだ。

例えば表層から探る場合、キャストして着水後、すぐにラインを巻き始め、表層にルアーを通す。次にキャスト後、5秒カウントして、ラインを巻き始める。次はキャスト後、10秒数えて巻き始める、というふうに少しずつレンジを下げていくのだ。

アタリがあったレンジのカウントを覚えておけば、次は同じカウントでルアーを通していけば再現性が高くなる。

最初にルアーが着底するまでのカウントを数えておくと、今どのくらいのレンジを通しているのかイメージしやすい。

アジはフォールに反応しやすいという習性がある。タダ巻きにフォールを織り込んだ誘いで狙っていくとヒットに結び付き

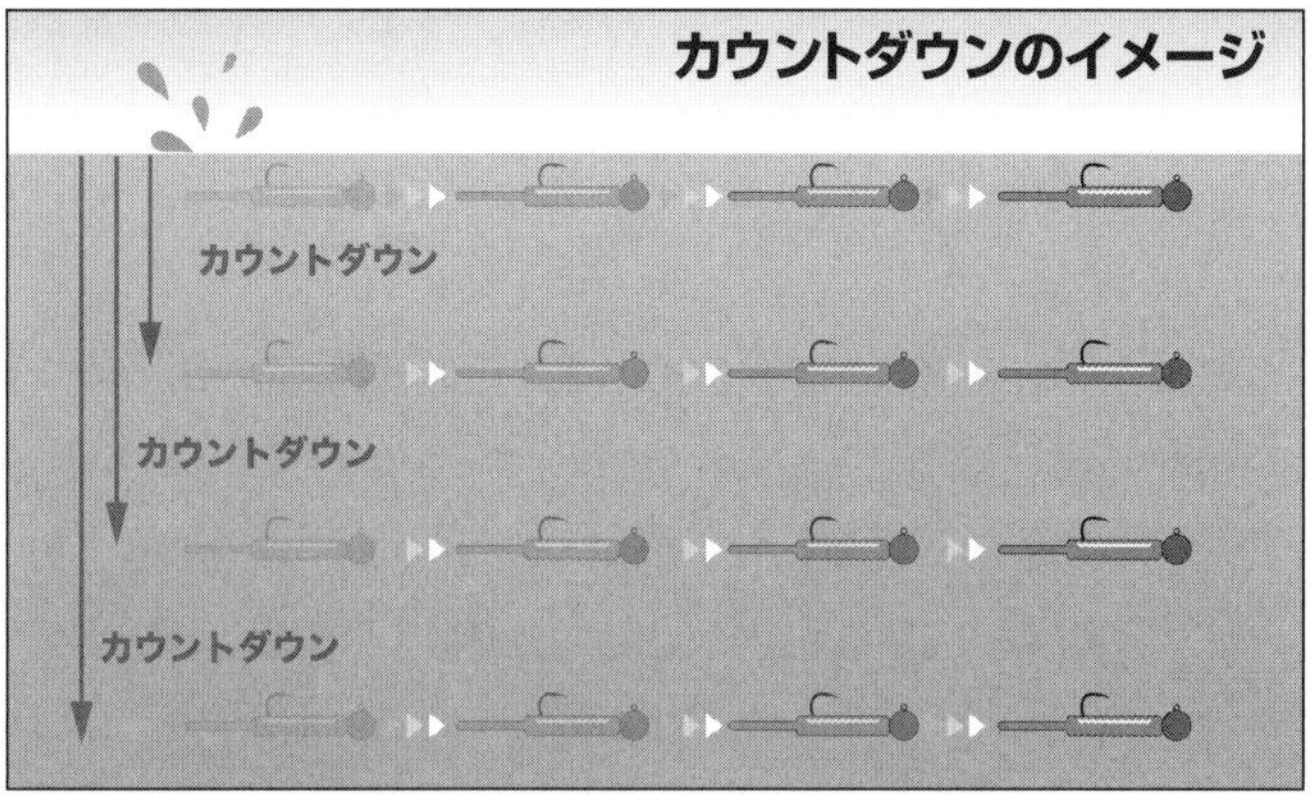

やすい。

　タダ巻きの途中で、2～3回ロッドをチョンチョンと軽く煽ってから手を止める。このとき竿先を下げると、フリーフォール、竿先を上げたままだとテンションフォールになる。

　フリーフォールはラインにテンションを掛けずにルアーを沈める方法で、フォールスピードが速い、垂直に落下するという特徴がある。

　一方、テンションフォールはラインにテンションを掛けた状態で沈める方法で、フォールスピードがゆっくりで、弧を描くように手前に落ちてくるため、ターゲットにじっくりとアピールできるという特徴がある。

　どちらに反応が良いかはそのときによって違うので、両方試してみるとよいだろう。

　底を探る場合は、ルアーを着底させてから、チョンチョンと軽くロッドを煽りながらルアーは跳ねさせるように誘っていくのも効果的だ。

　メバルは物陰に潜んでいることが多い。障害物となるものの周辺や陰影にルアーを通していくことが求められる。

　水平に移動するものに興味を示すと言われているので、カウントダウンでレンジを刻みながらタダ巻きするとヒットに繋がりやすい。

　また、ルアーを流れに乗せて、漂うように誘うのも効果的だ。

　ラインスラックを取る程度にゆっくりと巻きながらルアーを流れに乗せて障害物や常夜灯によってできた明暗の境目に近づけていく。そして狙ったポイントに近づいたらラインを巻き始める。明暗の境目では明るい方から暗い方へ近づけていくことがコツとなる。

明暗の境目の影の部分にターゲットが潜んでいる。常夜灯の光が海面に当たっているような場所は絶好のポイントとなる。また、海面に浮いた泡などが溜まっている場所も有望だ。そのようなところは潮がヨレているため、遊泳力の弱い小さな生物やプランクトンなどが溜まりやすい。アジやメバルはそのような生物を捕食している。

日中でも太陽の光によって影ができている場所は好ポイントになる。

釣れないときのもう一手

アタリがあるのにハリ掛かりしない、というような状況が続くときはルアーを吸い込みやすくするとよい。具体的にはジグヘッドの重量を軽いものに替える。また、ワームを短くする、柔らかいものに替えるなどを試してみるとよいだろう。

　逆に小型ばかり釣れるような状況でより大型を狙いたいのであれば、小型が食べれないようにワームを長いものに変更するなどが有効だ。

LT(ライト)アジ釣り

対象魚

メインはマアジ。群れで移動するため、釣れ始めると次々に掛かってくる。マアジによく似たマルアジ(アオアジ)も対象になる。アジの群れを狙って釣るためゲストは少ないが、サバやイワシが混じることもある。

食味と料理

アジは大衆魚と知られており、多くの料理で使われる食材。スーパーなどで売られている多くは、網を使った漁で獲られたもの。コレに比べて釣りものは1尾ずつ丁寧に輸送・処理されたものだから、身が潰れたり打痕がないためとても美味しく感じる。まずは刺し身で楽しみ、余ったらなめろうやフライにするとよいだろう。

主なシーズン

アジの産卵は1~7月と長く、南方ほど早い傾向にある。産卵期は浅場へと接岸してくるため、この時期をLTアジのメインシーズンとするエリアも多いが、一年を通していろいろな釣り方で狙える対象魚だ。対象となるサイズは15~30㎝で、水深30ｍくらいまでを効率的に探っていく。釣れるアジのサイズは同じエリアでも季節によって違い、夏場は小型が多くなる一方、ノマセ釣りなどのエサとしては丁度良い。

ライトアジの魅力は、なんといっても数釣り。写真のようにサイズが入り交じることもあるが、おおまかに群れでサイズが決まっているから、釣れ始めると同じクラスが掛かってくる。まれに青物やヒラメが掛かることも。

ライトアジ仕掛け

ライトテンビンを使うのが一般的。アジの口は柔らかいので強く引くと切れてしまう。テンビンに湾曲タイプを使ったり、クッションゴムをセットすることで防いでいる。

カゴの種類は使用するコマセの種類で使い分ける。

仕掛けは市販品から選んで大丈夫。慣れないうちは一番上のハリを切って２本バリ仕様としてもよい。

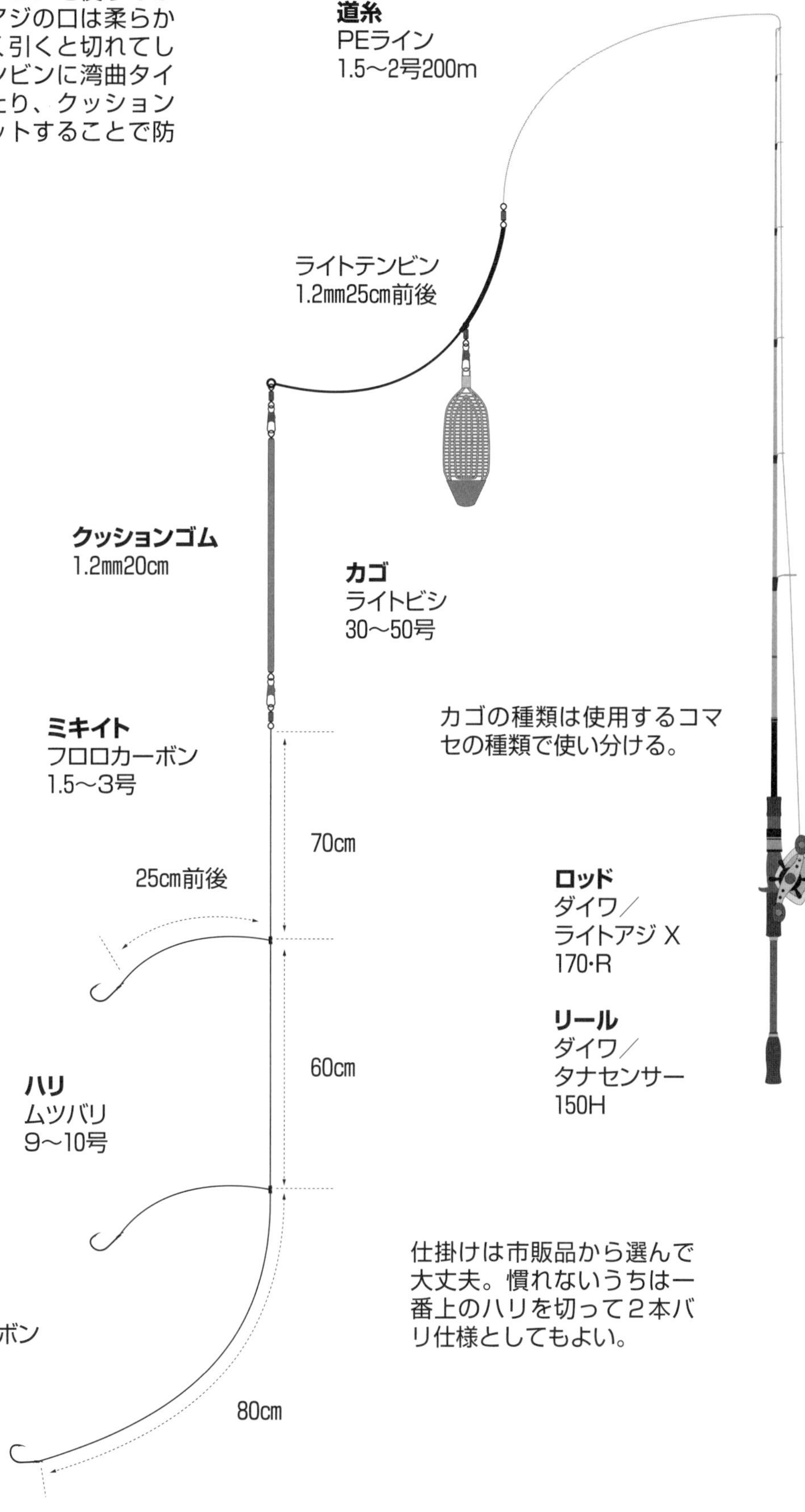

必要なタックルと装備

40号（150ｇ）くらいまでを使う仕掛けがLTタックルと呼ばれているが、オモリの重量は潮流の速さに大きく左右されるから、まずは船長に必要なオモリの号数を聞いてから準備しよう。船によってはそれ以上のオモリを使う海域にも行くので、LTタックルでは対応できない場合がある。

オモリの重量が決まったら、竿、道糸、リールを選択する。

竿はライトアジ専用のロッドがおすすめで、必要なオモリの号数に合わせてスペックを選んでいく。竿には「適合オモリ重量」が記されているから、その範囲内で選ぶ。

仕掛けは2本バリが標準なので、1度に2尾まで掛かってくる可能性がある。30㎝クラスが2尾同時に掛かると引きもそれなりに強くなってくるから、あまりにも胴が柔らかい竿だと取り込みまでに時間がかかったり、バラしてしまうので、穂先は食い込みが良く、胴は張りのあるものが最初は使いやすい。調子でいえば7対3くらいが理想ではあるが、ライトアジ専用竿ならどれを選んでも大丈夫だろう。適合オモリ重量が60号くらいまであると余裕が持てる。

道糸はPEラインの1～2号を使い、細いほど操作はしやすくなる。水深は30ｍほどとそれほど深いエリアは狙わないが、トラブルなどを想定し、最低でも200ｍは巻いておきたい。リーダーは必要なく、PEラインをテンビンに結ぶ。

カゴの種類は多く、どれが良いか悩みどころだ。選び方の基本は、カゴに入れるコマセの種類による。関東などではコマセにイワシのミンチなど魚を使う

コマセの効かせ方

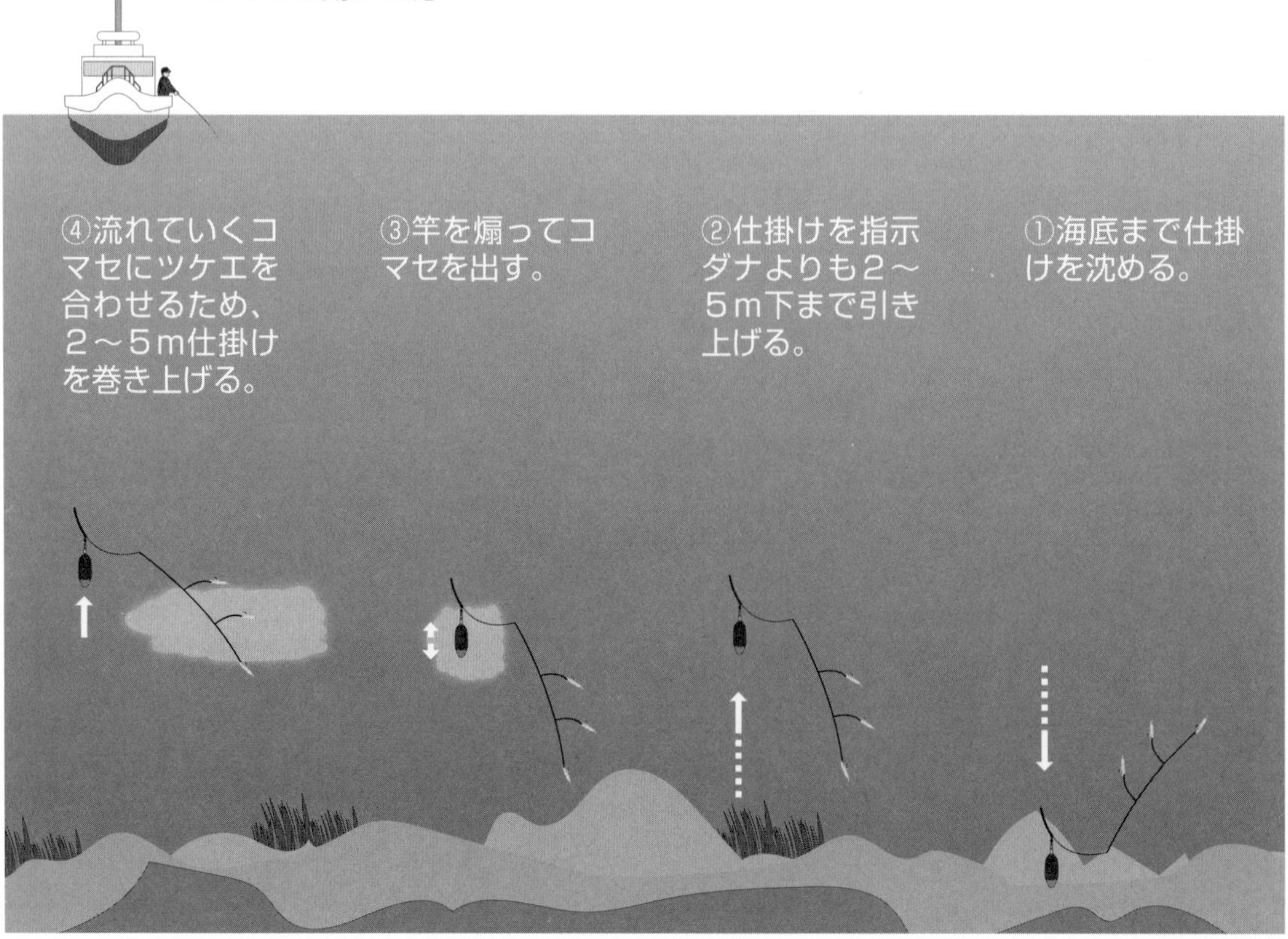
①海底まで仕掛けを沈める。
②仕掛けを指示ダナよりも2～5ｍ下まで引き上げる。
③竿を煽ってコマセを出す。
④流れていくコマセにツケエを合わせるため、2～5ｍ仕掛けを巻き上げる。

場合が多いから、目が細かいカゴは向いていない。逆にアミなどを使う場合は、目が大きいとすぐに放出されるため細かな目のアミカゴが必要となる。使用するコマセも、船宿が用意していたり自分で持っていく必要があったりと違うので事前に確認が必要。

イワシのミンチを使う場合は、アンドンカゴと呼ばれるステンレス製で下部にオモリがセットされたものがコマセの放出具合も良く、オモリと一体化しているため安定しており仕掛け絡みなどのトラブルも少ない。

アミやオキアミを使う場合でも同じアンドンカゴで問題ないが、網目の大きさに注意して購入する。

リールは両軸リールを使うのがベスト。最初はオモリが想像以上に重く感じるだろう。仕掛けを巻き上げる際も慣れるまではきついかもしれない。少しでも軽く巻き上げるためには、リールのギア比はノーマルか、パワーギアを選ぶ。その分巻き上げ速度は遅くなるが、途中で体力が切れてしまわないためだ。スタミナに自信がある人はハイギアタイプを選んで手返し良く狙うとよい。

できればカウンター付きリールが使いやすくおすすめ。狙っている水深が分かるので、何度も仕掛けを落とす際の目安となるし、必要以上に道糸が出ていることも分かりやすい。

仕掛けについては市販品も多く売られているので、まずは人気の仕掛け購入がおすすめだ。

コマセはオキアミやアミをよく使う地域と、魚のミンチをメインに使う地域に分かれる。最近はオキアミやアミが高騰しているため、魚のミンチの方が多いようだ。購入の際はコマセの種類に注意。

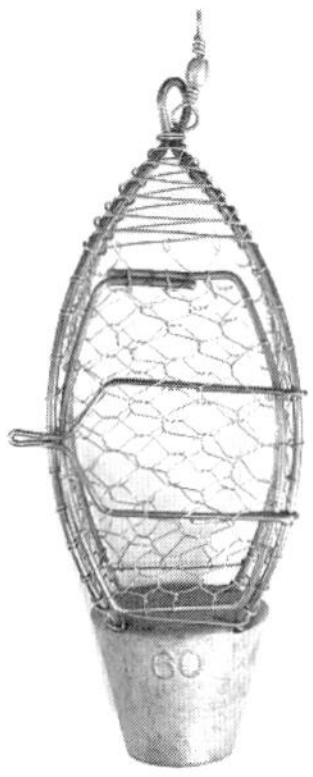

アンドンカゴ／網目が細かい

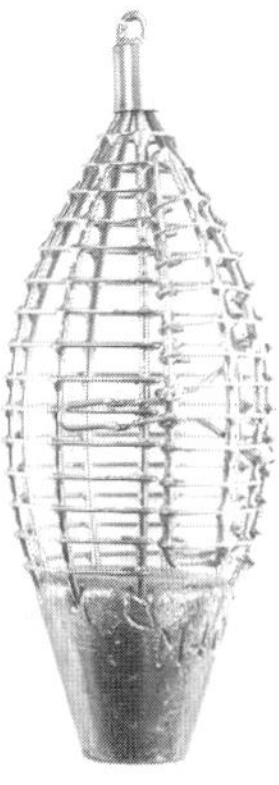

ステンカゴ／網目が大きい

釣り方の基本

釣り方は簡単で、まず海底まで仕掛けを落とし、着底したら根掛かりしないように素早く2mほど巻き上げる。もしくは、船長から狙うタナの指示があればそれに合わせる。

最初のタナを合わせたら竿を2、3度強く煽ってカゴに入っているコマセを放出させ、放出したコマセの中にツケエが入り込むように、1mほど巻き上げてアタリを待つ。20～30秒ほど待ってアタリがなければ、再度煽ってコマセを出し、1mほど巻き上げてアタリを待つ。

ここでもアタリがなければ再度海底まで仕掛けを落として同じことを繰り返す。

コマセのサイズやカゴの網目のサイズにもよるが、4、5回煽るとコマセの中身は出てしまう。コマセがないと釣れる確率はほとんどなくなるので、仕掛けを上げてコマセを詰めて再投入しよう。コマセがなくなるタイミングを知るのも、よく釣るコツだ。

釣れないときのもう一手

エサばかり取られる場合の多くは、エサの付け方を疑ってみよう。雑に付けると取られやすいので、他の人を参考にするか、船長に付け方を聞くとよい。

電動イカ釣り

対象魚

ツツイカ目に属するケンサキイカ、ヤリイカ、スルメイカがメインの対象。種類はエリアと時期によって変わる。

食味と料理

数が狙える船からのイカ釣りでは、釣行後はフルコースで楽しめるほど食卓を彩ってくれる。新鮮なものほど歯ごたえがあり、少し寝かせるとねっとりとした甘みで違った味わいが楽しめる。

冷凍保存しても食味が落ちないことから、シーズンになると、予備の冷凍庫まで満タンになる人も少なくない。

主なシーズン

船からのメインシーズンは、ケンサキイカは春から夏、スルメイカは夏から秋、ヤリイカは秋から冬というふうに釣れる時期は分かれているが、混じることはよくある。

ケンサキイカは西日本側に多く、春から夏にかけて産卵するため、20～40ｍの浅場に寄ってくる。秋ごろになると越冬のため水深60～１００ｍ付近へと落ちていく。

スルメイカは水深80～１５０ｍと幅広いエリアに生息するため、ケンサキイカとヤリイカ狙いのゲストとして釣れる意味合いが大きい。

ヤリイカは水深１００～２００ｍとかなり深いエリアに生息している。12月ごろになると産卵のため5～40ｍと浅い砂地エリアへと移動する。

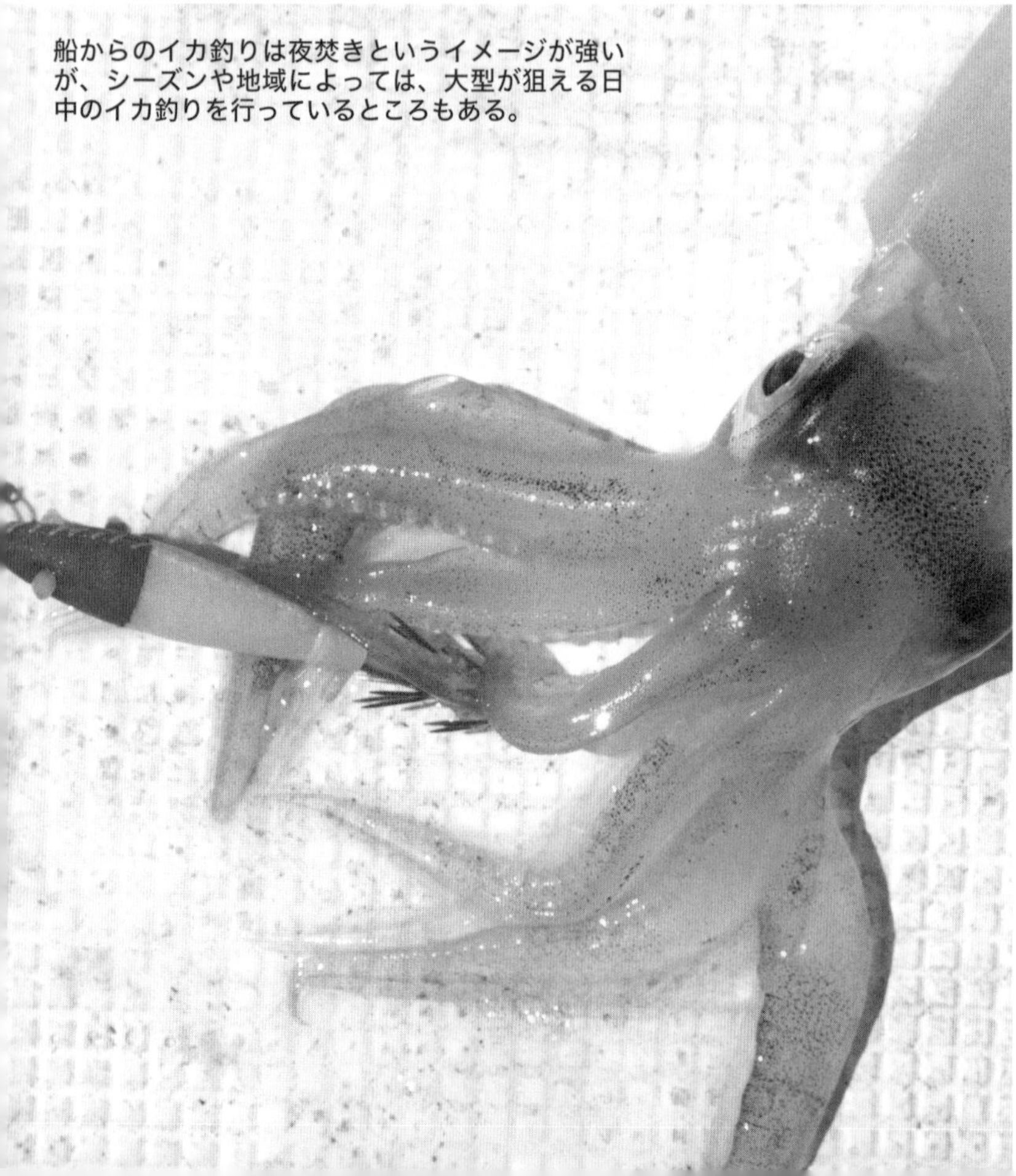

船からのイカ釣りは夜焚きというイメージが強いが、シーズンや地域によっては、大型が狙える日中のイカ釣りを行っているところもある。

イカ釣り仕掛け

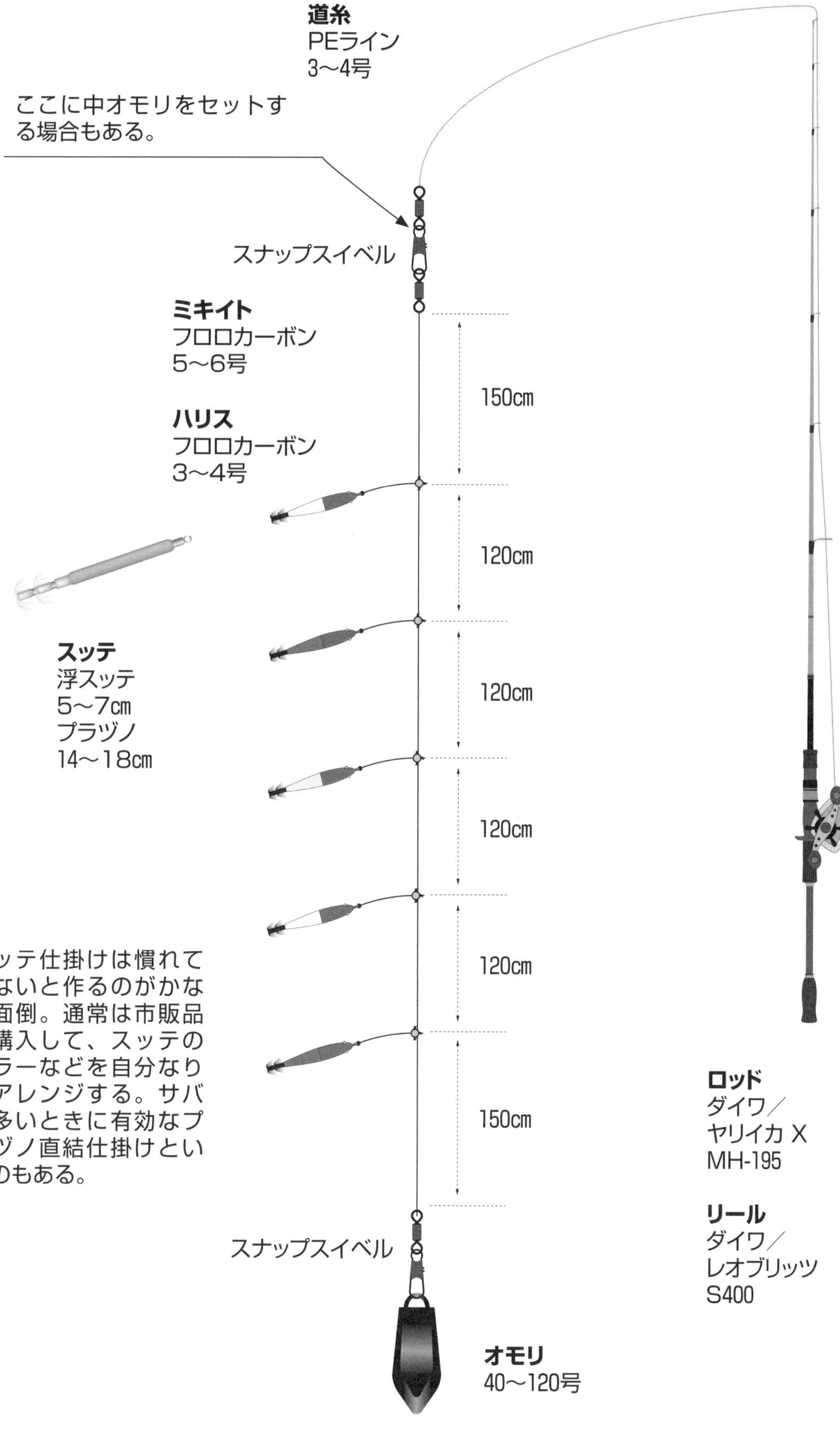

スッテ仕掛けは慣れていないと作るのがかなり面倒。通常は市販品を購入して、スッテのカラーなどを自分なりにアレンジする。サバが多いときに有効なプラヅノ直結仕掛けというのもある。

必要なタックルと装備

ケンサキイカもヤリイカも、基本的に電動リールで行う釣りとなる。最近では鉛スッテを使った一つスッテで楽しむ人も増えており、こちらは手巻きで行っている人が多い。

スッテ釣りに電動リールを使う理由は、オモリの重さにある。船から釣る場合、イカがいるエリアに船をアンカーで固定して狙う場合と、イカの群れを探して移動しながら狙う場合がある。どちらも潮流が強く流れることになるため、仕掛けが同じように流されないように、オモリもそれだけ重いものを使うためだ。ケンサキイカでは30～60号、ヤリイカでは１２０～１５０号を使う。

イカ狙いは各地で盛んに行われているから、専用ロッドが豊富に売られている。その中でも電動リール対応のものを使うと、操作しやすく掛かったイカもバレにくくなる。

使用する道糸はＰＥラインで、ケンサキイカはオモリが軽いため1・5～2号を２００ｍ以上、ヤリイカは3～４号を４００ｍ以上巻いておく。

イカは海底付近にいることが多いが、夜釣りで狙う夜焚きイカではライトを照らして釣るため、時間とともにイカが浮上し

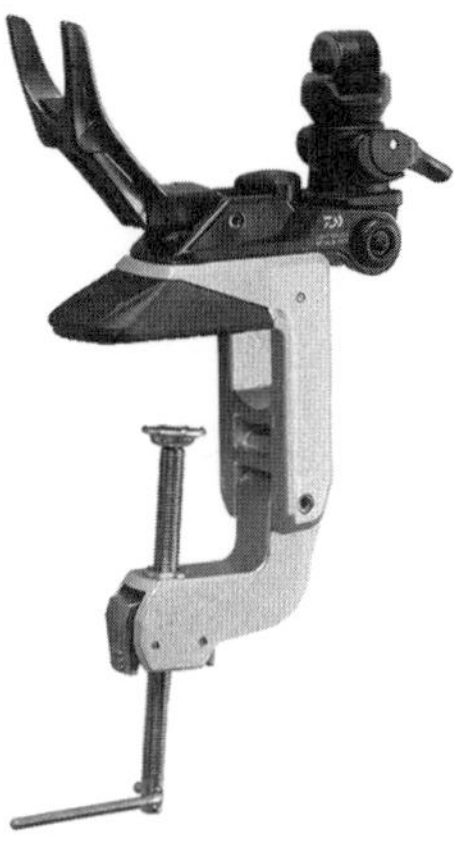

ダイワ／
ライトホルダーメタルα

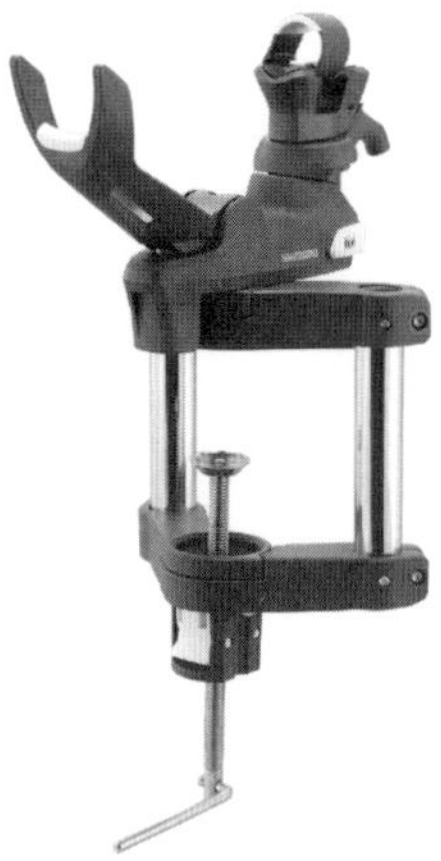

シマノ／
V-ホルダー

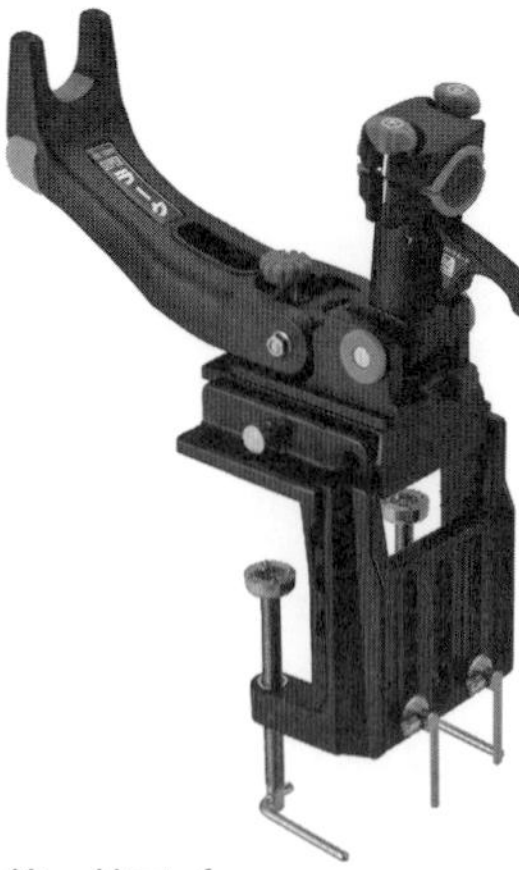

第一精工／
スーパーラーク

イカ釣りではロッドホルダーは必須だと思ってよいほど重宝する。ロッドホルダー購入時の注意点として、船べりの仕様は船によって違うためどの船にも設置できるわけではないということを知っておこう。自分がよく乗る船に合わせて購入するのがベスト。

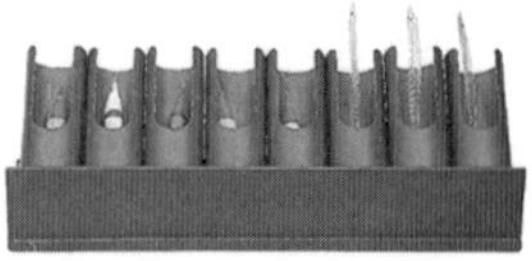

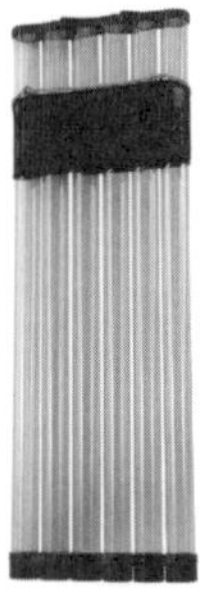

イカヅノ投入器は市販品は意外と高く自作する人も多い。使ってみてから判断するのもよいだろう。

スッテやプラヅノは船によって傾向がある。船長にまず聞いてから種類を決めよう。釣果にカラーの影響も出るから無視はできない。

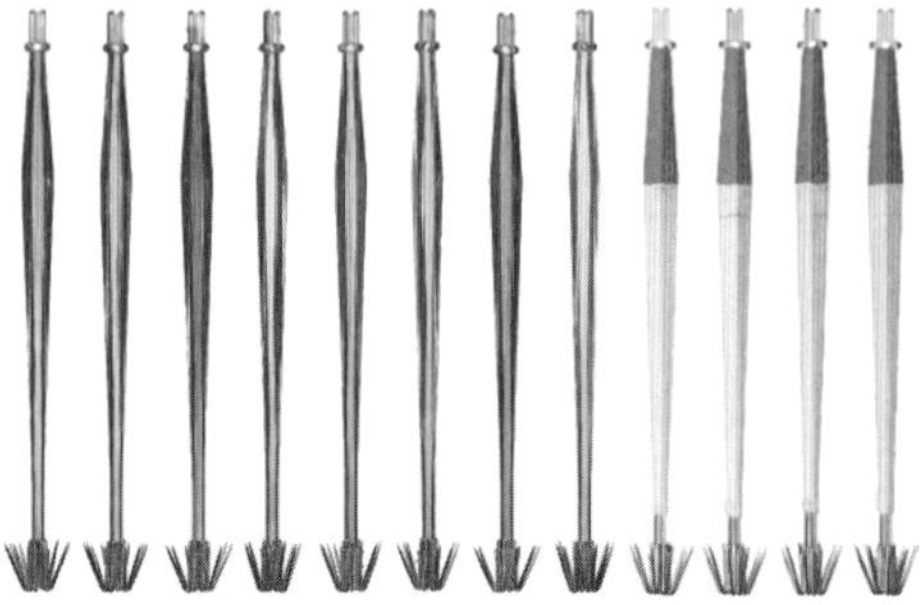

ヤマシタ／イカ釣セット

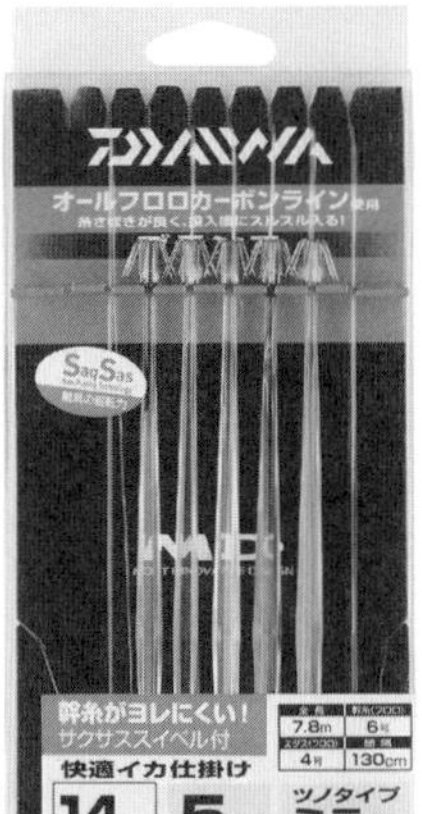

ダイワ／快適イカ仕掛け ミラーS

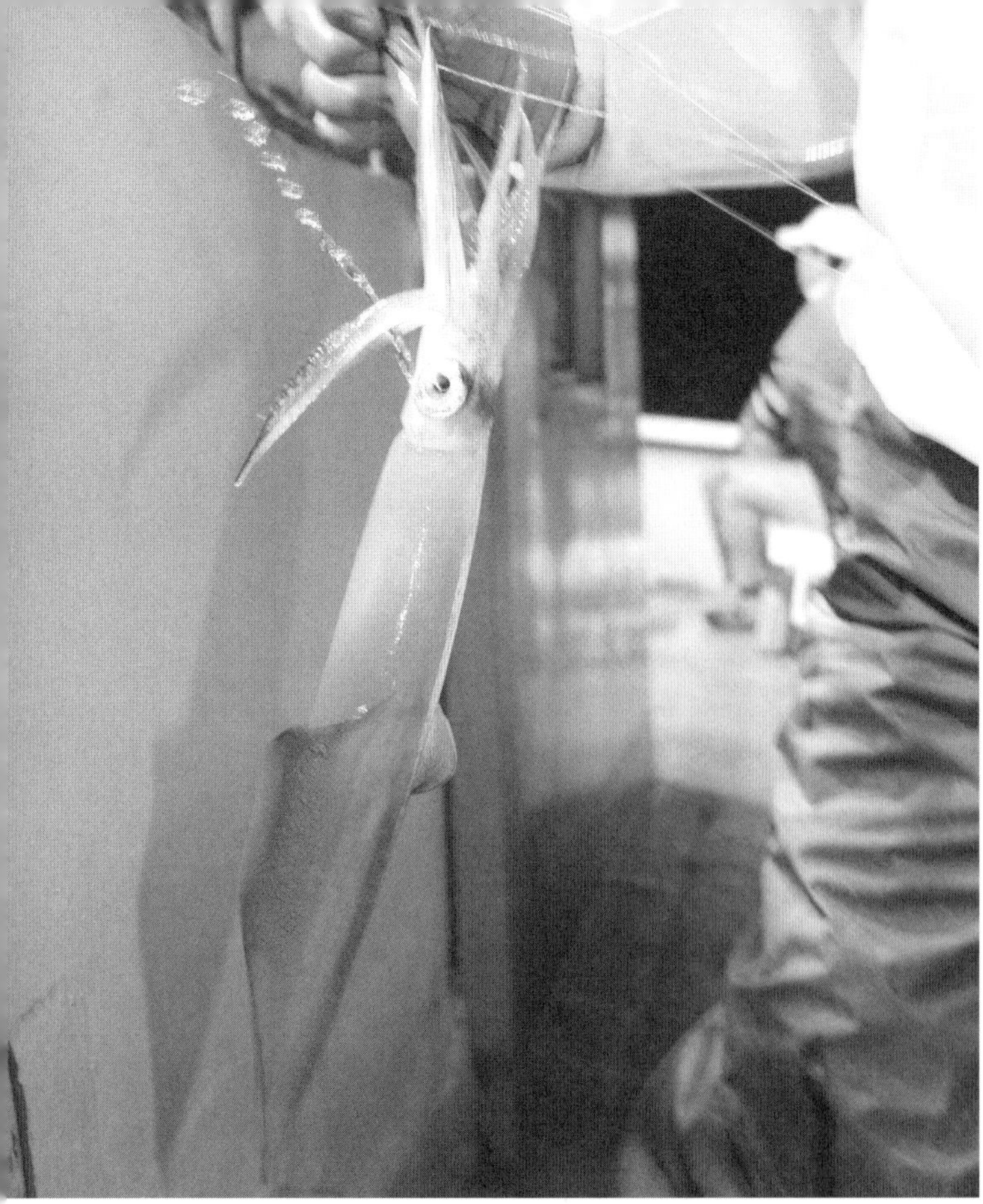

てくる。このため、釣れる水深が変わるため、狙うタナに的確さが要求される。その点電動リールなら狙っているタナがひと目で分かるため心配はない。

電動リールにはイカ狙いに適した機能が付加されているものも多い。自動誘いや自動巻き上げなど便利機能があるので、購入の参考にするとよい。

竿、リール、道糸、仕掛けの他に、ロッドホルダー(竿置き)があると手返しが断然違ってくるのでできれば用意しておきたい。船に設置されている場合もある。もしくは、船べりに置いておけるマグネットシート。専用品が売られているので、予算に合わせて選ぼう。

スッテやイカヅノは、まずは船長におすすめを聞くこと。乗船者全員が好き勝手なものを使うと仕掛け絡みが多くなりがちなので、できるだけ合わせたほうがよい。

仕掛けは絡んだり根掛かりしない限り使えるが、ゲストにサバなど魚が混じると仕掛けが切れたり絡むことが多くなるため、予備は必ず3セット以上持っていくこと。船やエリアによりよく釣れるカラーがあることも珍しくない。

釣り方の基本

イカ釣りの場合、船長からイカがいる指示ダナが告知される。それを基に狙うことになる。

夜焚きのイカ釣りでも、最初は底付近から釣り始めるのが一般的。着底後1mほど上げてアタリを待ち、釣れなければさらに5mほど巻き上げを繰り返す。ただアタリを待つのではなく、竿をシェイクさせたり大きく煽ったりしてイカの食い気を誘う。ただし、いつも動かしていてはイカがスッテに抱きつく暇がないので、ピタッと止めて抱きつく間を必ずつくること。

誘いを繰り返して船長の指示ダナまできたら、一旦スッテをイカの視界から消すため、一気に15mほど巻き上げ、再び落として同様に狙う。

釣れないときのもう一手

スッテやイカヅノの色で若干釣れ方が違ってくることもあるが、ゲストのサバが好む色というのもある。サバが多く邪魔するようなら、カラーを変更してみよう。

電動落とし込みサビキ

落とし込み釣りとは

落とし込み釣りは泳がせ釣りの一種で、サビキ仕掛けで中層のイワシやアジを掛けて、そのまま落として本命に食わせてしまおうという釣り方。ブリやヒラマサ、カンパチなどの青物をはじめ、ヒラメや根魚といった小魚を捕食する魚全般がターゲットとなり、北部九州の玄界灘や響灘、五島列島の周辺で盛んに行われている。

タックルを持ち替えることなくサビキ釣りと泳がせ釣りを行うことができる効率の良さが魅力で、自分の手を使ってハリにエサを付ける必要がないので、非常に手間のかからない釣りといえるだろう。

落とし込み釣りが誕生する以前は、船の上で船長が用意してくれたエサのイワシを泳がせ釣りの仕掛けに掛けて、本命がいる層まで落としていく方法が行われていたが、これだとすぐに弱ってしまうイワシをイケスで管理する必要があり、エサ付けの手間も面倒だった。

その一方でエサのイワシやアジを確保しようとした漁師のサビキ仕掛けにブリが掛かってラインを切られることがよくあったため、通常よりも太くしたサビキ仕掛けを考案。結果としてエサも本命も釣ることが可能になった。この釣り方が遊漁でも行われるようになると、釣り具メーカー各社が専用の仕掛けや道具を発売。落とし込み釣りとして今に至っている。

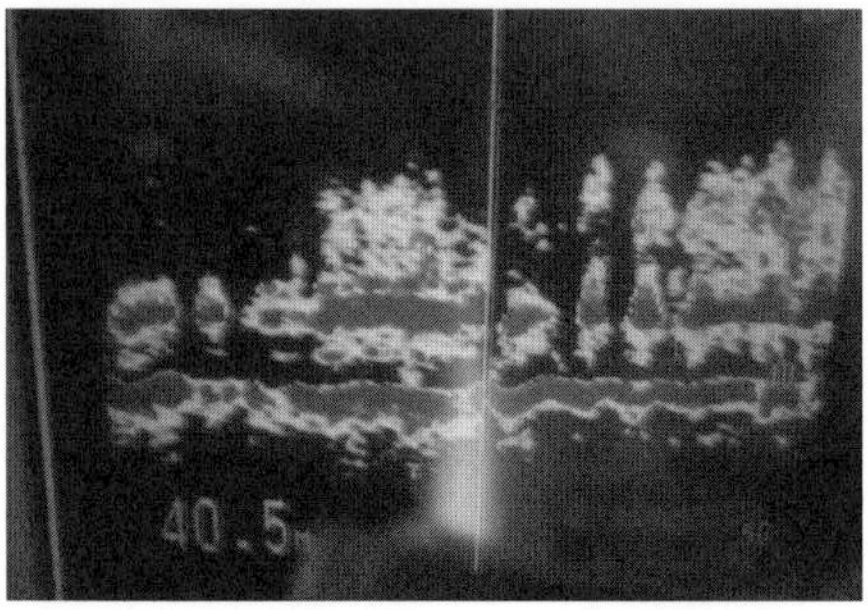

魚探にイワシの群れが映っていればチャンス。

釣れる時期

イワシの回遊状況次第だが、落とし込み釣りのベストシーズンは8月後半から1月半ばぐらいまでが目安。それ以外の時期でもエサが付くのなら釣果を期待できる。

落とし込み釣りにヒットしたブリ。ハリにはイワシも掛かっている。

大きなヒラメもうれしい獲物。

落とし込みサビキ仕掛け

がまかつ／パワーシリーズ 極太落し込みサビキ
強靭な落し込みサビキ専用設計バリ「管付くわせ」を使用。下向きに出したハリスは仕掛を落し込む際に広がり、小魚の乗りを誘発する。

ハヤブサ／落し込みスペシャル キツネ太地胴打 シルバー＆ホロフラッシュ フラッシャー6本鈎
最もポピュラーな仕掛のスペックに新鈎「キツネ太地胴打」をプラス。全長3.75m＆枝間55cmのスタンダードモデル。

ハヤブサ／落し込みトラップは、エサ付きの悪いときに有効な後づけサビキバリ。

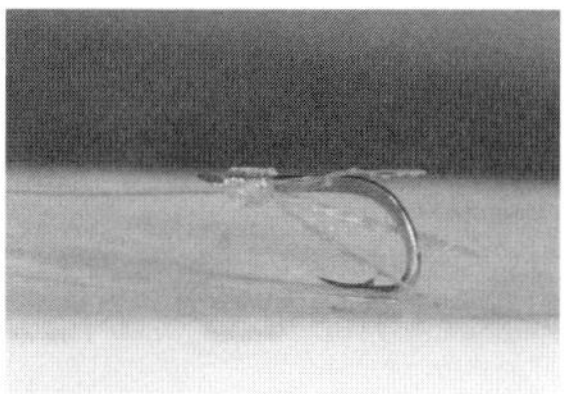

胴打加工されたハリ。イワシはフラッシング（光の反射）に反応する。

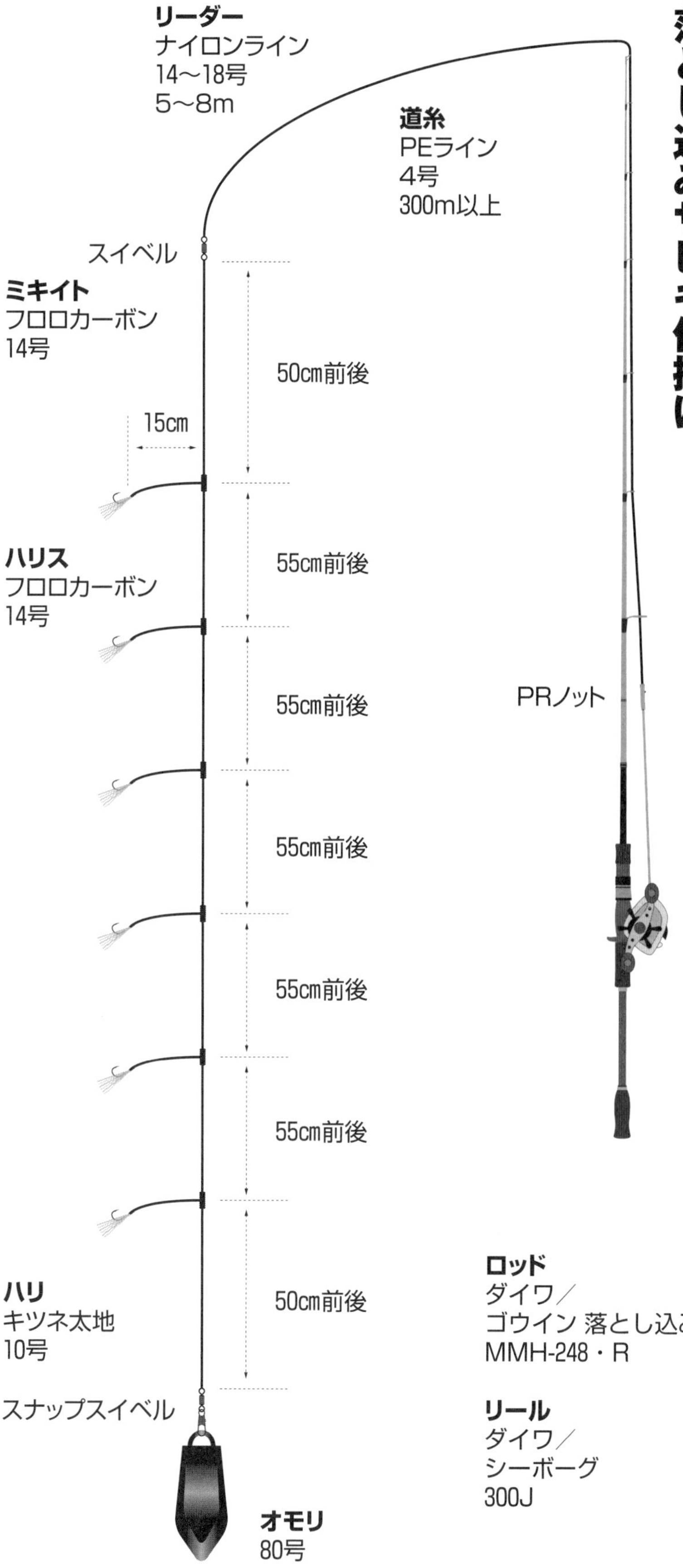

タックルと仕掛け

やはり落とし込み専用のロッドを使用した方がストレスなく釣りを楽しめる。汎用のロッドを使う場合は、150号程度のオモリが扱え、大きな青物の引きにも耐えられる胴がしっかりしている船竿を選ぶことになるが、穂先(竿先)は少し軟調の方が良い。硬すぎる穂先だとエサが付きにくく、なおかつエサの状態が分かりにくい。

落とし込み釣りはロッドを手持ちにしてエサを付けるので、セットする電動リールは小型の方が疲労が少なく、シマノなら2000〜3000番、ダイワなら400〜500番が選ばれることが多い。

リールに巻くPEラインは4〜6号で、クッションと絡み防止の役目を果たすリーダーはナイロンラインの14〜18号を5〜8mの長さで結ぶとよい。

仕掛けは6本バリがスタンダードで、ハリスは12〜16号。市販の落とし込み仕掛けが多数あるが、仕掛けの号数や種類によってエサ付きの良し悪しが出ることがあるので、空針(からばり)やケイムラといった複数の選択肢を用意しておきたいところ。基本は実績が高い仕掛けを使うことで、船長におすすめを聞くのもよい。

ベイトのサイズが小さいときは小バリにするか、後付けサビキと呼ばれるフックにセットできる小バリを活用するとエサ付きが良くなるだろう。

オモリのサイズは狙う海域の水深によって異なってくるが、玄界灘・響灘では一般的に70〜

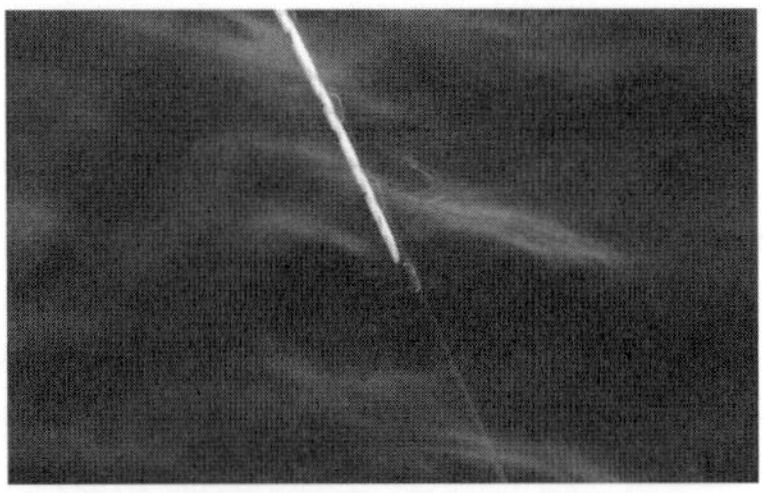
穂先が小刻みに揺れることでベイトとなるイワシの動きを把握することができる。

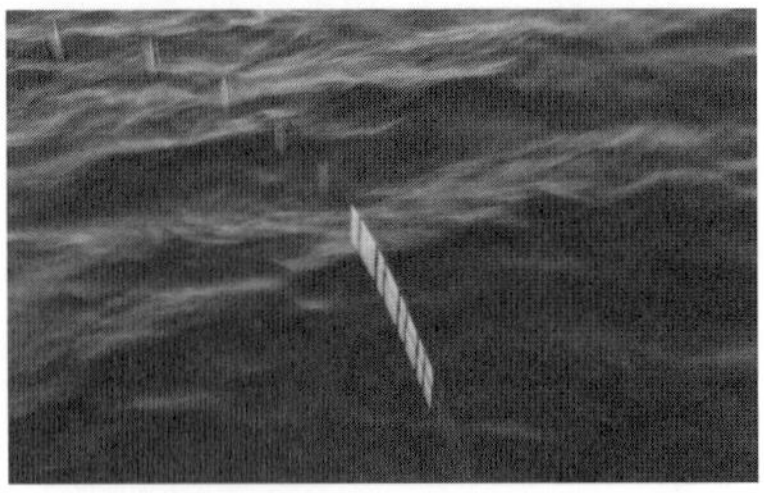
食い込ませるテクニックは不要。本命がアタってきたらロッドが一気に抑え込まれる。

船の下にアジの群れ。青物に対してはアジよりもイワシの方が期待度は高いが、ヒラメや根魚の釣果を期待できる。

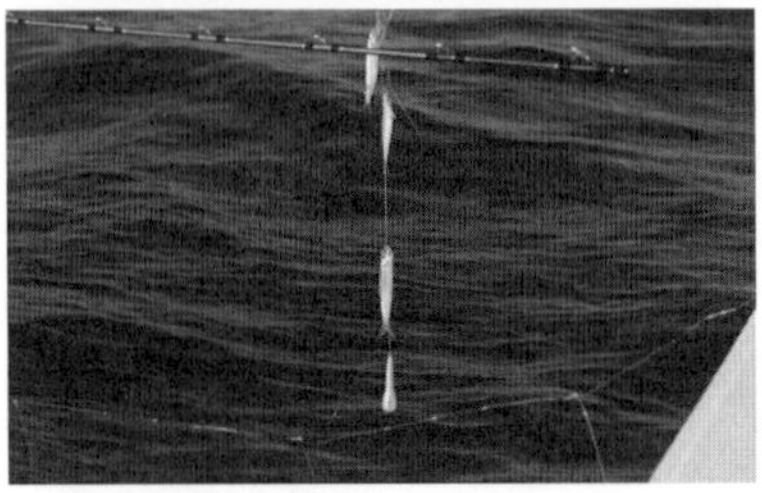
イワシが弱ってきたら一度仕掛けを上げてみる。改めて活きの良いエサを付けよう。

仕掛けの上げ下げを頻繁に行う落とし込み釣りには電動リールを使用する。

80号が目安とされる。

基本的な釣り方

船長が魚探の表示を確認し、ベイトの群れが映っているレンジをアナウンスしてくれる。その群れの頂上から仕掛けを落としていき、オモリがボトムに達するまでにエサが付かなければ、再度ベイトの10ｍほど上まで仕掛けを巻き上げて、先ほど同様に落とすというのが最初のステップ。

落とし込み釣りの釣果を左右するエサ付き。まずは確実にイワシを掛けたい。

バックラッシュに気をつけながら、指示ダナ付近まで素早く仕掛けを落とし、そこからはサミングで落下速度を調節してエサを付ける。

カゴにマキエを入れて釣るサビキ釣りや、ジャークで誘うジギングとは違うので、ここで余計なアクションを与えたり、沈下をストップするのはＮＧ。あくまでも自然に落としていくことで、ベイトを散らさないようにしよう。

ポイントを移動した場合、船長の合図が出る前に仕掛けを落とすのはご法度だが、合図が出たらすぐに仕掛けを投入した方がエサが付きやすい。

穂先が震えだしたらエサが付いた合図なので、そのまま海底まで仕掛けを落として本命を狙う。オモリが着底したら、素早く１ｍほど底を切って、その状態でアタリを待てばよい。

アタリとやり取り

穂先の動きを見ることで、ベイトの状態を想像することができるのも落とし込み釣りの面白さで、ベイトが弱ってきたように感じたら回収してエサを付け直す。元気なベイトはフィッシュイーター(魚を食べる魚)が近づいてくると暴れだす。竿先がブルブルと振動を始めたら、本命がアタってくる前触れかもしれない。

早アワセは禁物で、本命がベイトを食い込めば竿先が海面に突き刺さるようなアタリとなる。ここで思い切りアワセを入れて、電動リールで巻き上げを開始する。根に向かって走る性質を持ったヒラマサがアタってきた可能性もあるので、まずは素早く底を切ることが肝心。その後は竿尻を腹にあててファイト。電動リールの巻き上げ機能と手動の巻き上げを併用して、終始主導権を握ったまま浮かせてくるようにしたい。多少強引に浮かせた方が、オマツリの回避にも繋がるが、きっちりとドラグの設定をしておくこと。

あまり難しいテクニックを求められず、大型魚がアタってくる可能性が高い落とし込み釣り。人気の釣りだけに船の予約は早めに入れておきたい。

ジギングやタイラバなどと比べても、釣果の確率が高いのが落とし込み釣りの魅力。

電動コマセマダイ

対象魚

百魚の王と呼ばれるマダイがメイン。目標は80cmを超す大物だ。ゲストは四季により違い、イサキや青物、他のタイ科などが食ってくる。

食味と料理

日本人にとってマダイは縁起物として知られており、食べるだけではなく飾りやお供え品として使われている。

そのため養殖も盛んに行われ、いまでは天然のマダイを凌駕するほど味わいの良いマダイが販売されている。

船釣りでは人気の高い魚種でもあり釣り方もルアー釣り・エサ釣りと多くある。釣趣が高いのもあるが、それだけ料理法が豊富で、釣れすぎておすそ分けしても喜ばれるからだろう。

天然マダイの釣りたてを刺し身で食べた際、養殖に比べて淡白に感じるようなら、数日熟成させてから食すとよい。これも新鮮な釣りものならではの加工法だ。大勢で楽しみたいなら塩釜がおすすめ。手間はかかるが見栄えが良く、楽しみながら食べられる上にマダイの美味さを高く引き出せる料理だ。

マダイは歳を重ねると頭でっかちになり黒っぽくなってくる。乗っ込み時期のマダイも同様な色になるが、そういった個体は食味があまり良くないので、リリースをおすすめする。

主なシーズン

おおまかに分けて三つのシーズンがある。

大型が狙いやすいのは産卵期となる乗っ込みシーズンの春で4～6月。マダイ狙いで出船する船が一番多い時期で、比較的水深の浅いエリアでも大型が出やすい。

次は10～11月の秋で、水深が浅いエリアでの釣りがメインとなり、小型も多く混じるが数狙えることで手返しの良い釣りが面白い。

12～2月の寒い時期は悪天で出船は限られるが、深場に落ちたマダイを狙うと大型が出る。

ほぼ一年中狙えるのも人気の要因だ。

80cmを超えると引きは格段に強くなる。ムーチングロッドを使ったコマセマダイの醍醐味は、大ダイを乗せて竿を曲げるところにもある。

マダイを狙うコマセ釣り仕掛け

エサの付け方

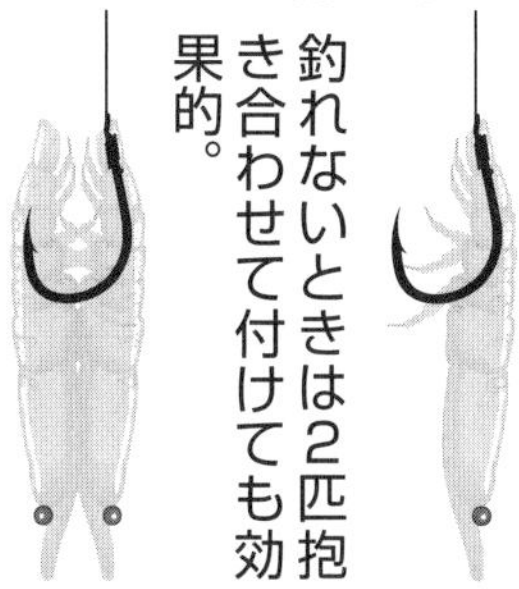

丸く付けると海中でクルクル回りやすいため、オキアミは真っすぐになるようにハリに1匹付ける。

釣れないときは2匹抱き合わせて付けても効果的。

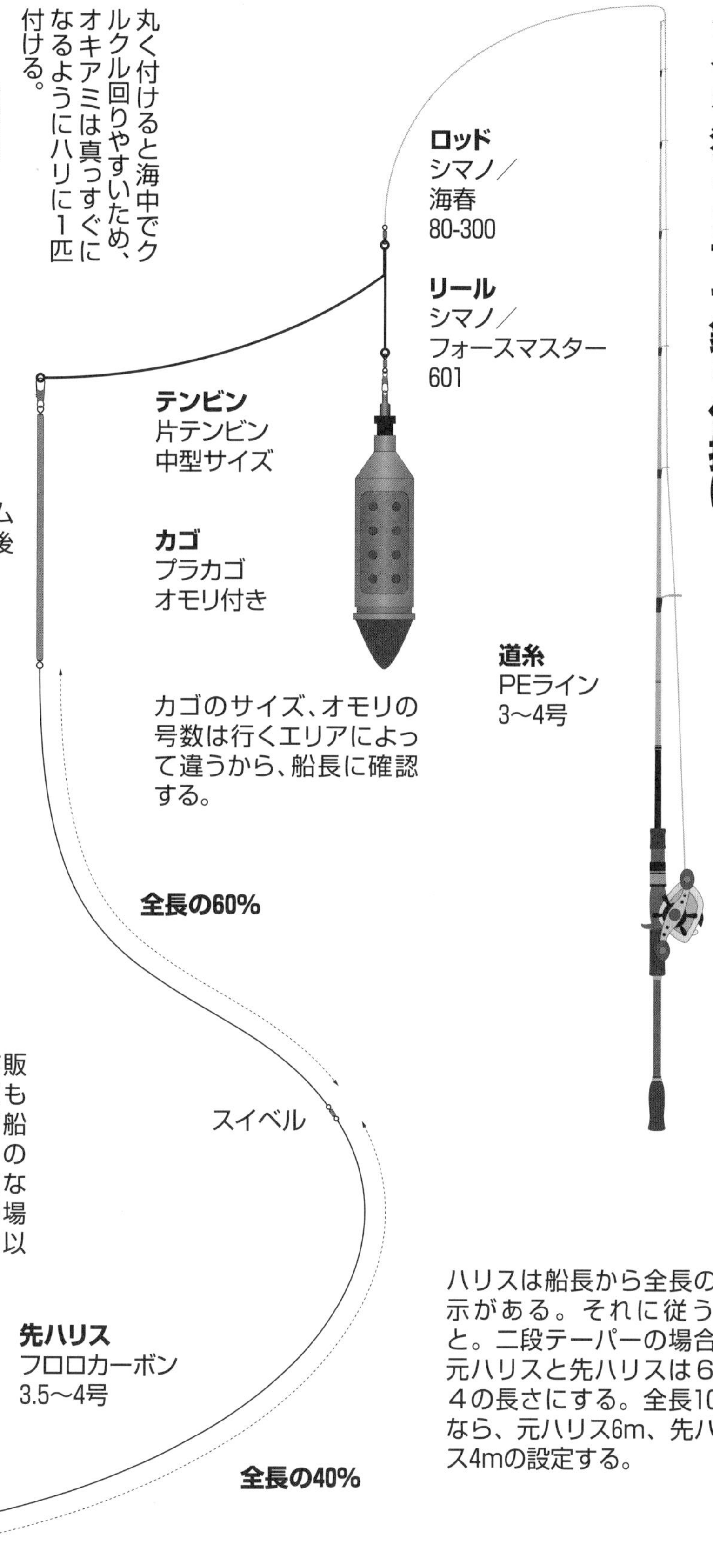

ロッドが柔軟だからクッションゴムを使わない人もいるが、慣れるまではあった方がバラシは少なくなる。

カゴのサイズ、オモリの号数は行くエリアによって違うから、船長に確認する。

二段テーパー仕掛け。市販品があればそれを使ってもＯＫ。ただし、長さなど船宿によって指定があるので、自分で結べるようになっていた方がよい。その場合、ハリスは各号数50m以上は持っていくこと。

ハリスは船長から全長の指示がある。それに従うこと。二段テーパーの場合、元ハリスと先ハリスは６対４の長さにする。全長10mなら、元ハリス6m、先ハリス4mの設定する。

必要なタックルと装備

コマセマダイの醍醐味は、なんといっても軟調の竿を使った粘りのある釣り方。満月のように曲がる竿にハラハラしながら、大型のマダイを確実に仕留めていくのはとても痛快だ。

このため、使用する竿はコマセマダイ専用以外はおすすめしたくないほどだ。

竿の調子は5対5と6対4があり、素材にグラス含有率が高いものもある。マダイ釣りは敷居が高い部分もあるが、ビギナーにもやさしく竿は安くて使いやすいものも多い。硬くても調子は6対4までにしておこう。満月のように曲がる竿はムーチングアクションと呼ぶ。

適合オモリ重量は、１００号クラスまでが多い。

コマセを入れる容器はプラビシやステンレスカゴが使われる。コマセにはアミ、オキアミ、魚のミンチがあるので、当日使用する種類でカゴを選ぶ必要がある。アミやオキアミなら出方が細かく調整できるプラビシやアンドンカゴ、魚のミンチならステンレス製のカゴが一般的に使われている。当日のコマセは船によるので、必ず船長に確認してからカゴを用意しよう。

電動リールは大型のマダイを狙うから大型というわけではなく、どちらかというと操作性が良く軽量の小型が好まれる。使用するＰＥラインは2〜4号だから、それが２００ｍ以上巻けるものを選ぶ。

リールの機能として、自動誘いがあると便利で、低速巻きやちょい巻き、シャクリなどの他に、海面からと海底からのそれぞれが表示できる機能があると重宝する。

仕掛けも船によりけりではあ

釣れる人はこうしている

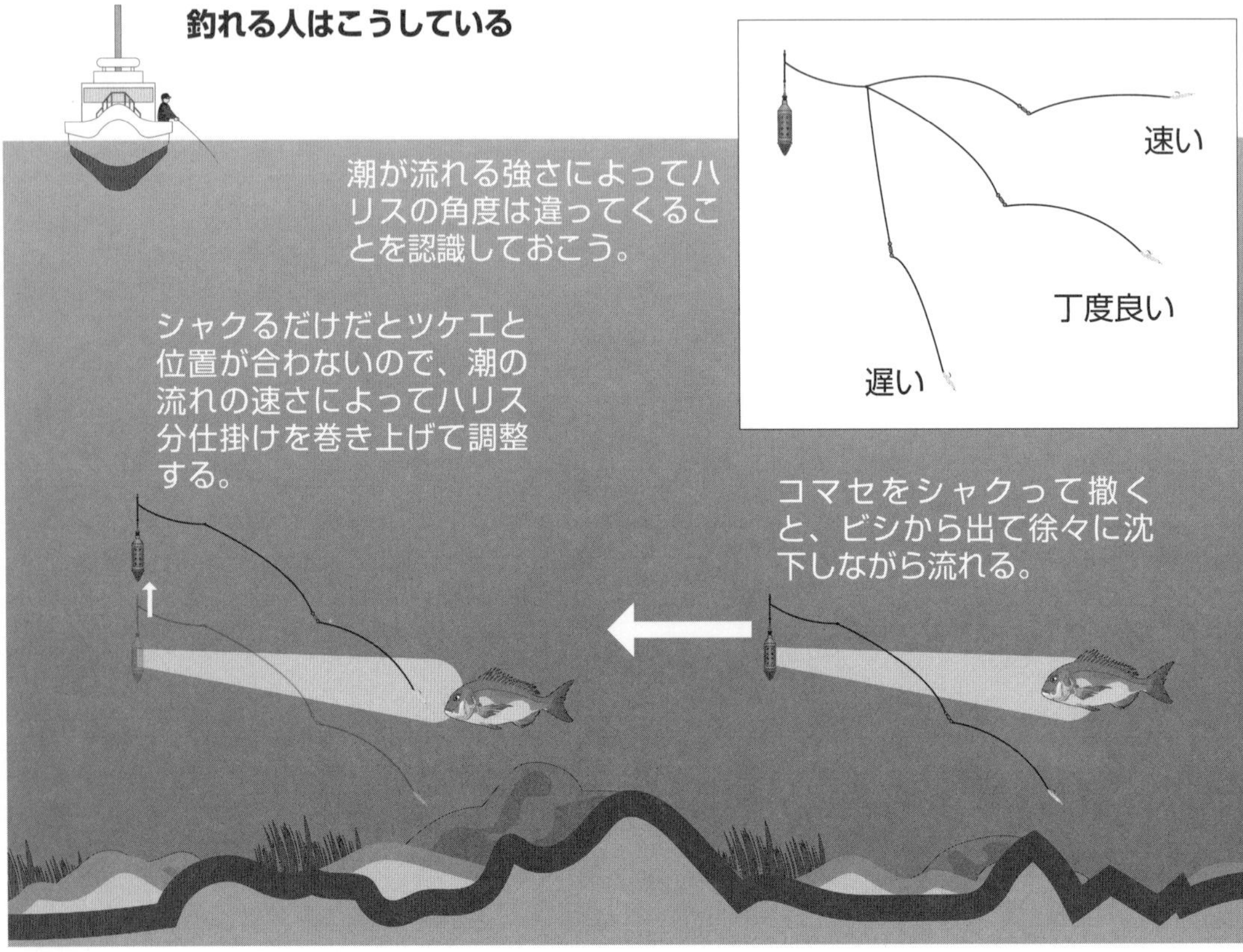

潮が流れる強さによってハリスの角度は違ってくることを認識しておこう。
速い
丁度良い
遅い
シャクるだけだとツケエと位置が合わないので、潮の流れの速さによってハリス分仕掛けを巻き上げて調整する。
コマセをシャクって撒くと、ビシから出て徐々に沈下しながら流れる。

るが、ハリスの長さは6～12ｍで、最近の主流は二段テーパー仕掛けだ。本来は1本の長いハリスを使用していたが、途中にスイベルを取り付け、エサ落ちを早くしたり、ハリスの交換を行いやすくしたもの。ハリスの長さや太さは船中で統一をしている船も多いので、船長の指示に従うこと。

釣り方の基本

ポイントにより、海面から◯ｍ、海底から◯ｍという船長の指示ダナがアナウンスされる。

海面からの場合は、電動リールのカウンターの数字を確認しながら指示ダナプラス５ｍほど落とし、１、２度シャクってコマセをカゴから放出した後、船長の指示ダナまで巻き上げてアタリを待つ。

海底からの場合は、一旦着底させてから指示ダナマイナス５ｍ付近まで巻き上げ、シャクってコマセを放出させた後指示ダナまで巻き上げる。

この５ｍというのは参考値で、要はハリスの長さ分を計算していることになる。シャクったコマセがツケエと同調するように計算するのが大切。ハリスの長さはもちろんだが、潮流が速ければもっと狭く、緩ければもっと広く取る。

このコマセとツケエの同調具合で釣果が大きく分かれるので、常に潮の流れを意識して計算してみよう。

釣れないときのもう一手

タナも合っている、コマセも適正に出ている、でも釣れない場合は、手返しの数に比例している場合が多い。慣れた人の手返しの頻度を参考にしてみよう。コマセを効かせて釣るというのをもっと意識して挑んでみよう。

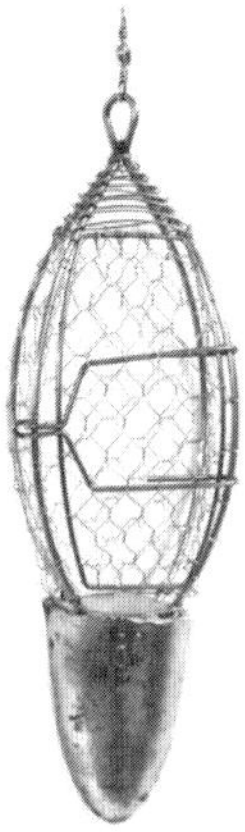

アンドンカゴ（目が細かいものが多い）

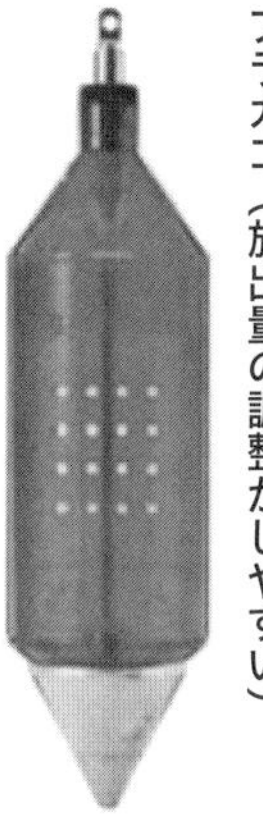

プラカゴ（放出量の調整がしやすい）

ステンカゴ（ミンチ使用時はこれ）

カゴは使用するコマセの種類で使い分けないと、コマセが出ないというトラブルになる。網目のサイズを確認して購入しよう。またコマセを詰める際はしっかりと入れると出にくいから、８割くらいにしておく。

ダイワ／
レオブリッツ 200J

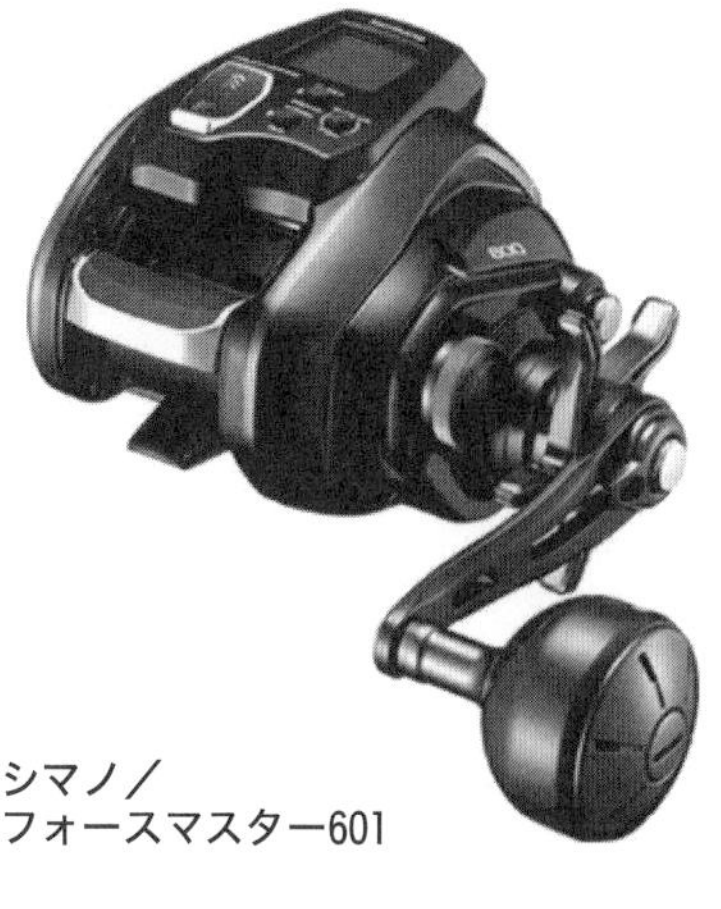

シマノ／
フォースマスター601

電動リールは高価な部類に入る釣り具だ。だからといって知らないメーカー品を購入するとアフターケアがしっかりしていない場合が多い。アフターケアが万全な国内有名メーカー品をおすすめする。

電動イカの泳がせ釣り

対象魚

クエ、青物、マダイ、根魚と豊富であるが、メインはクエ狙いだ。エサにするイカが大きいため、対象魚のサイズも大きい傾向にある。

食味と料理

クエといえば魚の中でも1、2を争う高級魚だ。刺し身よりも鍋料理での評判が高く、1尾釣れたら数人分の胃袋では処理しきれないほど身の量が多い。

食べられない部位はないといわれるほどで、皮や内臓も料理次第で絶品となる。

特に10～2月は上品な脂が乗り格別に旨い。

主なシーズン

クエは一年中狙うこともできるが、船からのメインシーズンは長く9～2月だ。その中でもエサとなるイカが狙えるシーズンは地域によって限られているので、イカ釣りのシーズンと同じと考えてよい。

船宿でエサのイカを用意してくれている場合もあるが、夜焚きのイカを釣った後、リレー船で早朝からクエを狙う船もある。疲労は大きくなるが、イカが確保できるためギャンブル的なクエ釣りではボウズとなる日も多いが、お土産のイカが確保できるのでありがたい。エサのイカが釣れないときは、冷凍のサバやイカでも狙うこともある。

クエ狙いのイカの泳がせ釣り仕掛け

とにかく使用するラインが太いため、普通に結んでも解ける可能性が高い。結ぶのではなくスリーブで留めるか溶着させる。

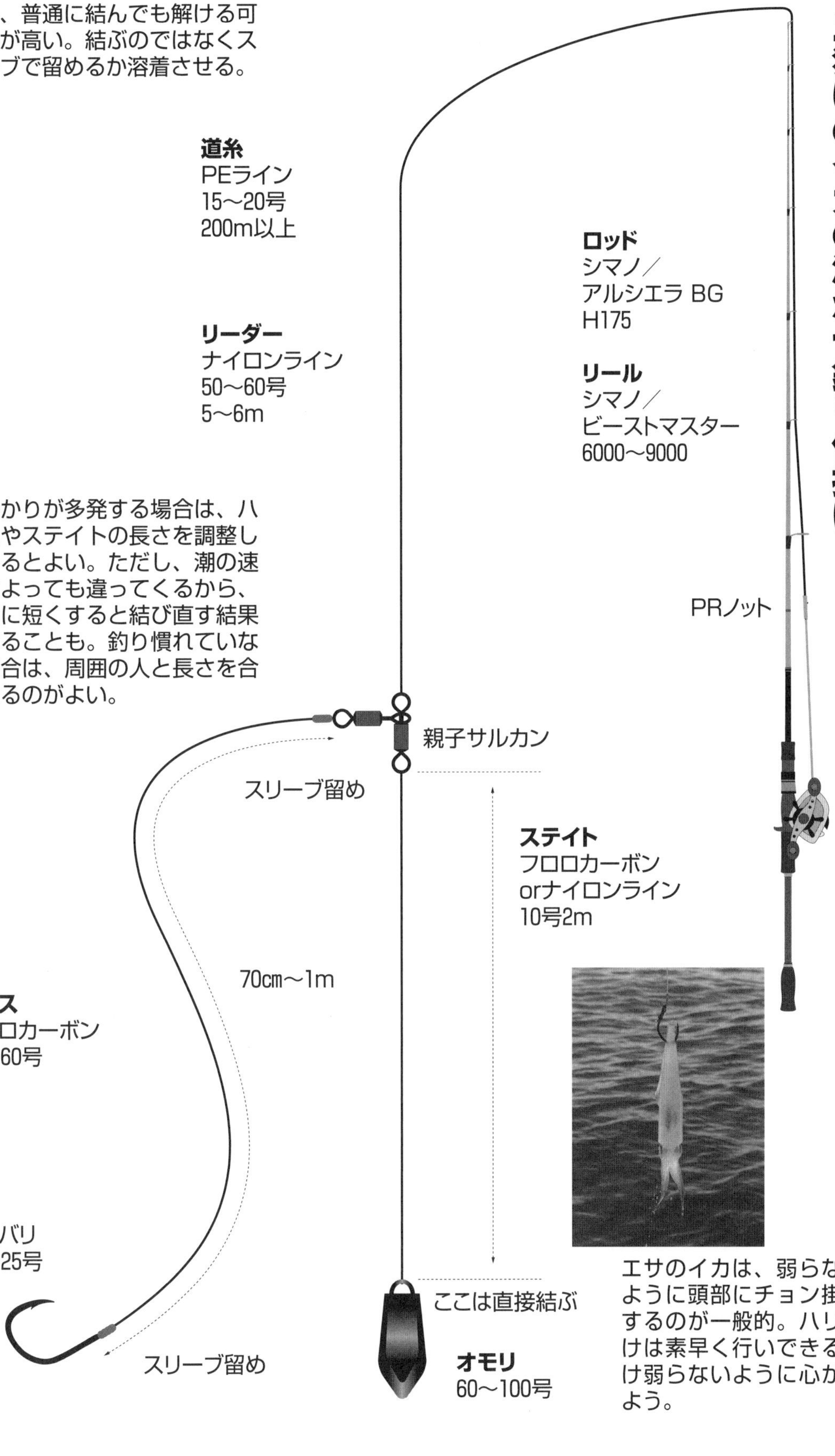

根掛かりが多発する場合は、ハリスやステイトの長さを調整してみるとよい。ただし、潮の速さによっても違ってくるから、安易に短くすると結び直す結果となることも。釣り慣れていない場合は、周囲の人と長さを合わせるのがよい。

エサのイカは、弱らないように頭部にチョン掛けするのが一般的。ハリ掛けは素早く行いできるだけ弱らないように心がけよう。

必要なタックルと装備

なんといっても、他の釣りには流用できないクエ竿が圧巻。人を持ち上げることができるほど強靭な竿もある。

ただし、値段もそれなりにするので試しに買ってみるというようなことはできないだろう。できれば、レンタルタックルで様子をみたいところだ。

シマノ／ビーストマスター 9000

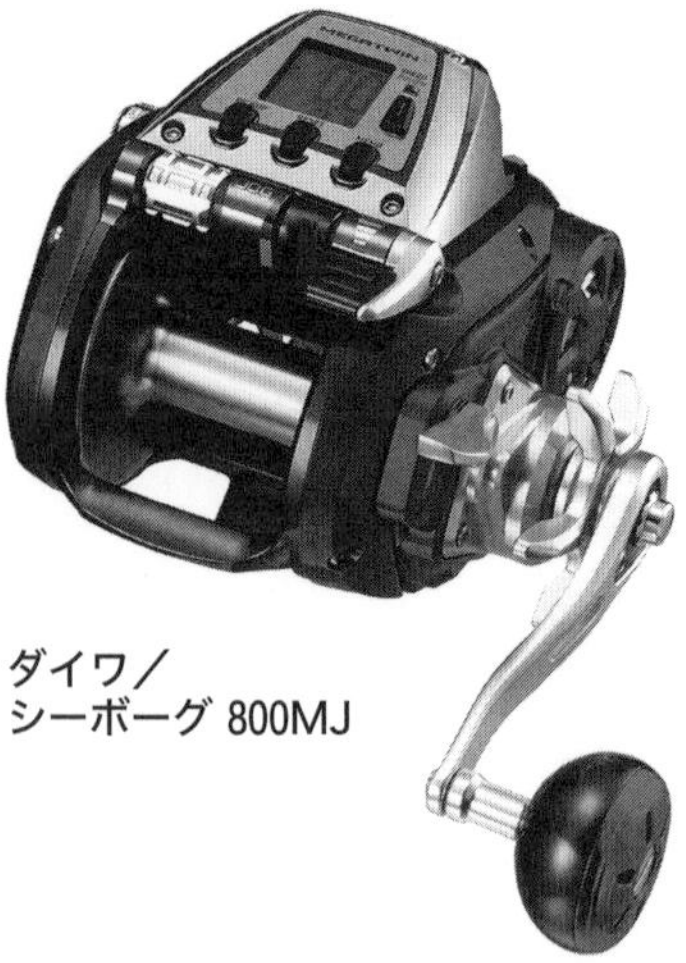

ダイワ／シーボーグ 800MJ

このクラスの電動リールになると、他の釣りに流用はできないから、大物釣り専用として考えた方がよい。マグロ釣りでも使えるリールだ。

代用できるとしたら、ジギングロッドであるが、硬すぎるものは仕掛けを跳ね上げてしまうため、逆に使いにくい。市販されているクエ用船竿は、選ぶのに迷うほど多くはないので、予算との相談になるはずだ。

リールも大切で、手巻きでも電動でも負荷に耐えうるものでないと、掛かってから巻くことすらできない状態になる。おすすめは電動リールで、掛けた後の巻き上げ初速が稼げるし、大物以外は電動で巻き上げられるから体力を温存できる。

その中でも、ハイパワーを持つ上位機種の電動リールでは、使い方次第で手巻き不要で巻き上げることができるものもあるので、長く釣りをするなら選択候補にするとよい。ドラグ強度も重要なので、低い設定のものは向かない。

こんなゴツいリールが壊れるわけないと思う人もいるが、パワー負けして壊れるのは珍しくないほどだから、掛けた大物を逃さないためにも、妥協はしない方がよい。

道糸はＰＥライン5～8号を３００ｍ以上はリールスプールに巻いておきたい。よほどでないとＰＥラインが途中から切れることはないが、絡みなどのト

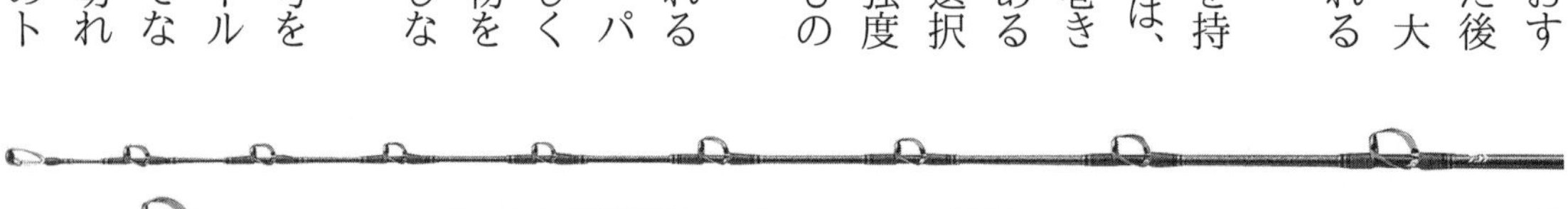

ダイワ／ゴウイン ブル GS

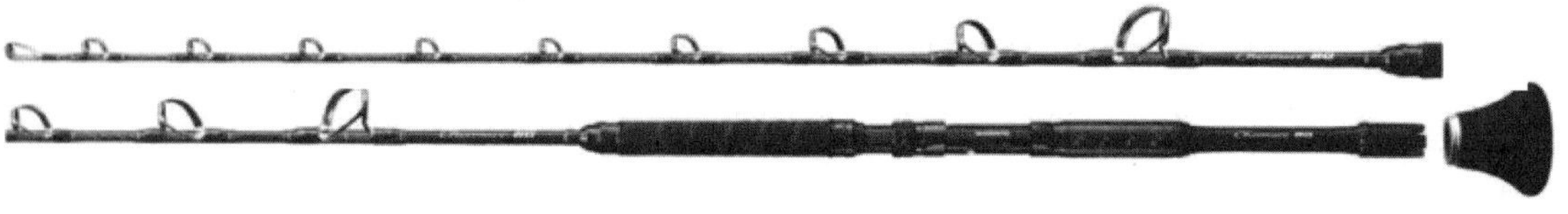

シマノ／チェルマーレ BG

大物竿は少しくらいスペックをオーバーしても大丈夫ではあるが、できるだけ自分が行くエリアに合わせたタックルバランスが望ましい。

ラブルがあると仕掛けが重いためすぐに結び目がきつく締まって修復不可能になる場合も多いから、余裕を持っておきたい。

　オモリは狙うポイントによりけりで、60～200号と幅広いが、同じエリアならそこまで幅広く使わない。ただし、根を狙う釣りだから根掛かりは多くなる。オモリと仕掛けの予備は5個以上持っておきたい。

　また根掛かりした際にラインを切るのも太くて強度があるため大変だ。慣れるまでは船長に任せるか、根切り棒を用意しておこう。手や衣類で行うと怪我をするのでやめておくこと。

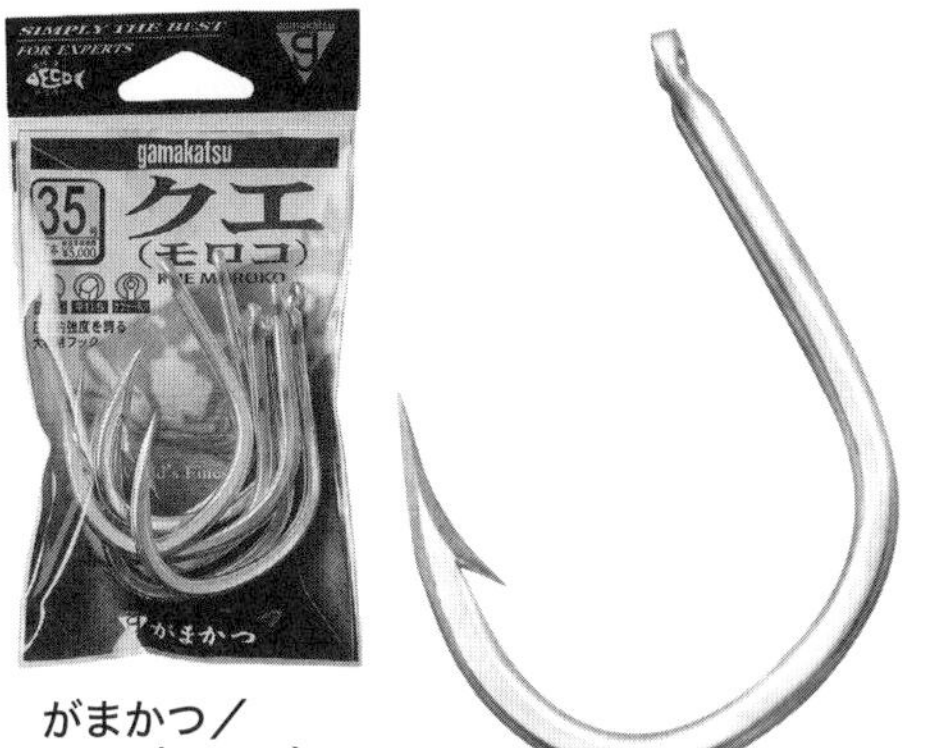

がまかつ／クエ（モロコ）

エサ釣りはハリにこだわる人も多い。写真は30号のクエバリの原寸大。これだけの太さのハリを掛けるので、刺さりはいつも万全にしておきたい。

釣り方の基本

　クエは根に潜んでいるため、底付近を丁寧に探る必要がある。エサを見つけると巣穴から出てきて追いかけて食べることもあるが、まずは見つけてもらうことが大切。

　エサを見つけたクエは食べた後すぐに根に戻ろうとする。このときに一気に底から引き剥がさないと根に潜られてしまい出てこなくなる。10ｍも浮かせればだいたい大丈夫で、途中からはすんなり上がってくることが多い。これに対応できない場合は、最初のひとのしで格闘が終わってしまうから注意。ただでさえ少ないアタリなのに、掛けたとたんのバラシは通常以上に悔しく感じるだろう。

　置き竿で狙うのが一般的ではあるが、根掛かりしそうだと感じたエリアでは手持ちに切り替え、根の起伏に応じて操作すること。そういった根の荒い場所や、急に変化があるところでアタリが集中したりするから気が抜けない。

釣れないときのもう一手

　エサの付け方や、エサへの加工など秘策としている人も多く、こっそりと行う人もいるが、仲良くなれば気楽に教えてくれる人が多い。そうやって釣れるコツを少しずつ積み上げる釣りでもある。

カワハギ釣り

対象魚

メインは本カワハギと呼ばれる標準和名「カワハギ」。ゲストとして、ウマヅラハギやベラ、フグなどが釣れる。

主なシーズン

通年釣れるが、船から大型がよく釣れるのは9~1月。そのころは肝が大きくなっており、食味も良い季節だ。身だけでいうと、初夏の産卵シーズンが終わり体力を取り戻した頃が雑味がなく美味しい。

カワハギは水深100m以浅に生息する。船から狙う場合の水深は、エリアによって大きく変わるが、50mくらいまでが対象となる。

食味と料理

説明するまでもないほど、カワハギの美味しさは庶民に広まっている。特に刺し身と鍋物に人気が高く、冬に獲れたカワハギの肝を和えた刺し身は独特の甘さが加わり絶品。

ただし、小型や尻ビレ側は骨が多く感じるので、鍋物などに入れる場合は注意。

熟成させても旨く、透き通るような白身は見た目も良い。

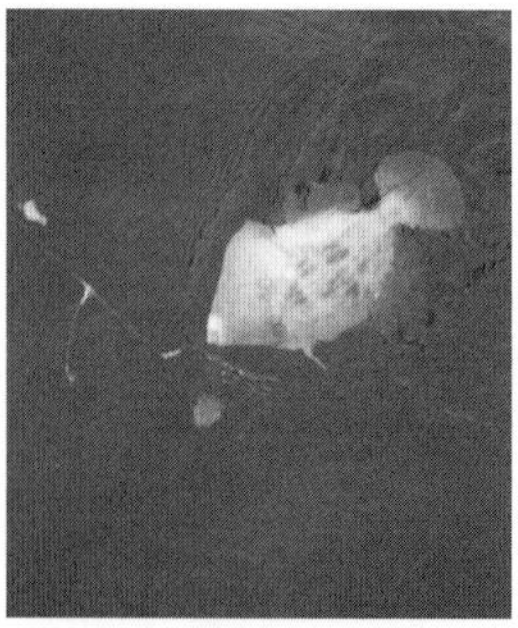

平たい魚は総じて引きが強い。カワハギも同様にパワーがあり力強く引く。

カワハギは岩礁帯に生息しており、釣った場所により模様や色が変わる。背ビレに長い糸状のものがあるのがオス。

船からのカワハギ釣り仕掛け

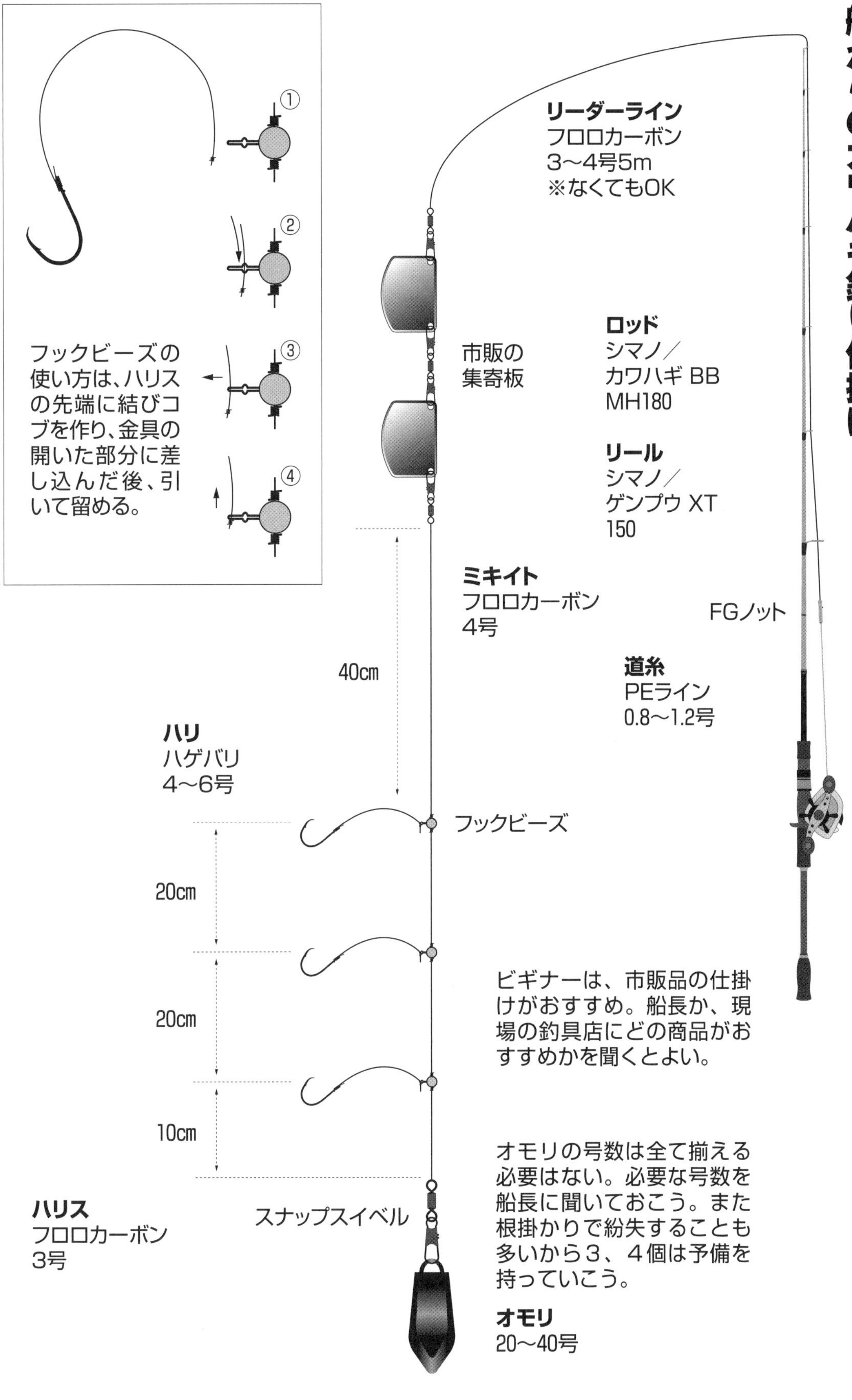

リーダーライン
フロロカーボン
3～4号5m
※なくてもOK
ロッド
シマノ／
カワハギ BB
MH180
リール
シマノ／
ゲンプウ XT
150
市販の
集寄板
ミキイト
フロロカーボン
4号
FGノット
道糸
PEライン
0.8～1.2号
40cm
ハリ
ハゲバリ
4～6号
フックビーズ
20cm
20cm
10cm
ビギナーは、市販品の仕掛けがおすすめ。船長か、現場の釣具店にどの商品がおすすめかを聞くとよい。
オモリの号数は全て揃える必要はない。必要な号数を船長に聞いておこう。また根掛かりで紛失することも多いから3、4個は予備を持っていこう。
ハリス
フロロカーボン
3号
スナップスイベル
オモリ
20～40号
フックビーズの使い方は、ハリスの先端に結びコブを作り、金具の開いた部分に差し込んだ後、引いて留める。
①
②
③
④

必要なタックルと装備

　アタリが繊細なため竿の感知能力が重要なこともあり、竿はカワハギ釣り専用がおすすめで、他の釣り竿の流用はできるだけ避けた方がよい。購入に迷うなら、船のレンタルタックルを貸してもらおう。

　用意するものはカワハギ専用の船竿と、1号のＰＥラインが１５０ｍ以上巻ける両軸リール。2～3号のフロロカーボンラインとカワハギ狙い専用の「ハゲバリ」、それとオモリだ。

　タックルはいたってシンプルだから、そう迷わずに購入することができる。

　竿の選び方は、胴調子や乗せ調子と呼ばれるものがビギナーには向いているとされる。しかし、他の釣りで慣れた人なら、先調子や掛け調子でも積極的に掛けていけるだろう。

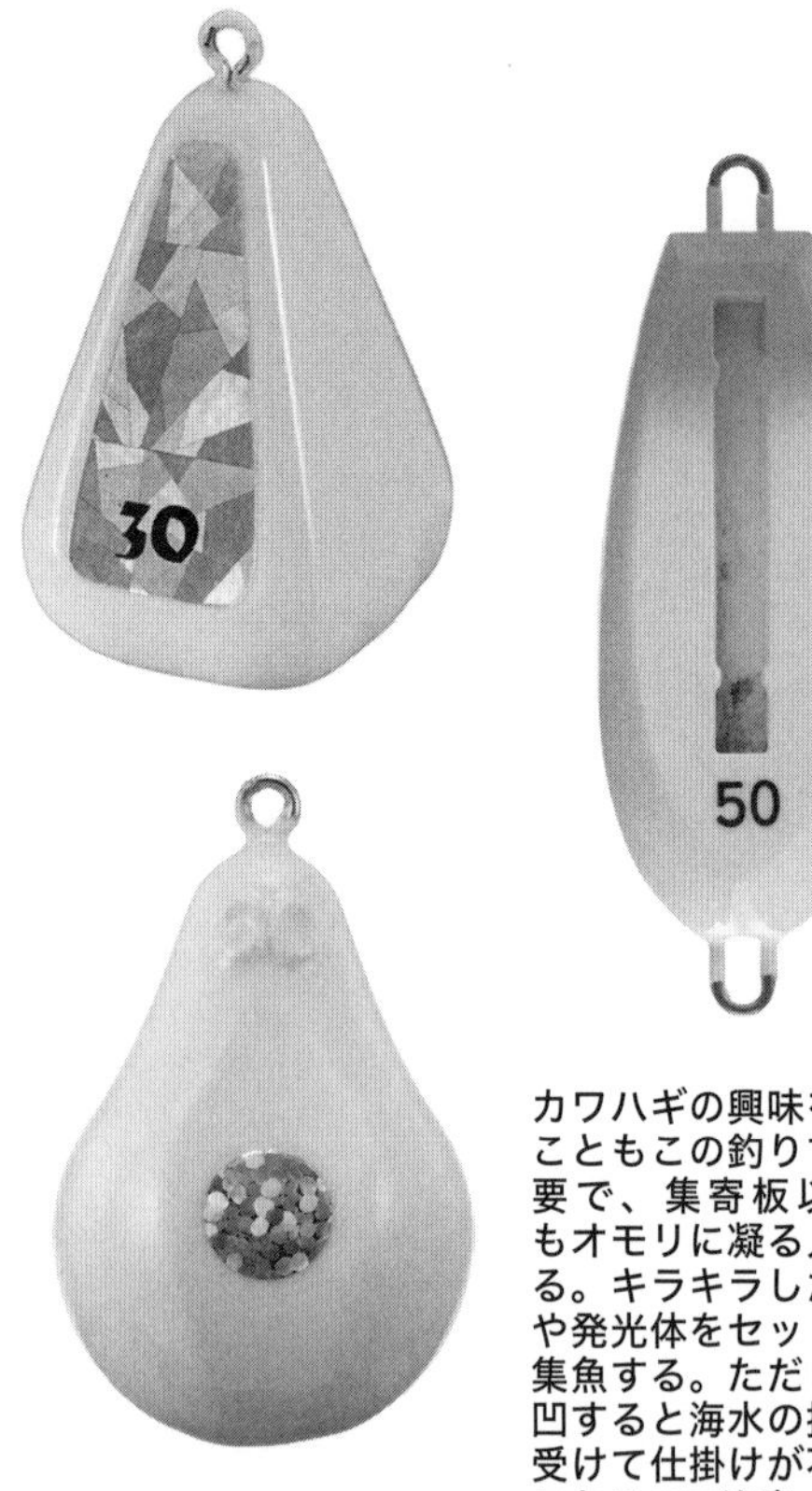

カワハギの興味を惹くこともこの釣りでは必要で、集寄板以外にもオモリに凝る人もいる。キラキラしたものや発光体をセットして集魚する。ただし、凸凹すると海水の抵抗を受けて仕掛けが不安定になるので注意。

アサリのムキミの付け方

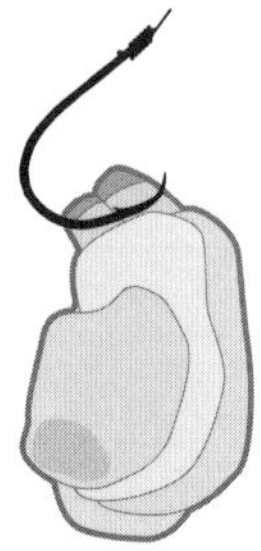

①水管を横から縫うように刺す。

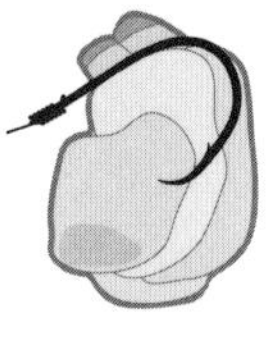

②ハリを返しベロ部分にハリを刺し通す。

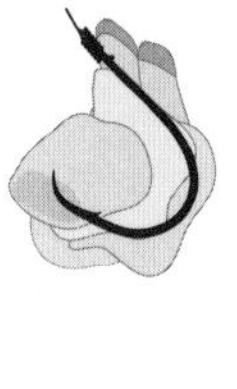

③最後に腹わた側へハリ先を刺して完成。

アサリのムキミをハゲバリに装餌するのは結構難しい。途中で適当にならず、ハリとアサリの身がしっかりと外れないように、丁寧に行おう。カワハギから引っ張られてもすぐに外れないように最後は丸まるような感じで仕上げる。

　オモリは20～40号がだいたいの基準だから、カワハギ専用竿はそれに対応したものが多い。

　リールは、海底しか狙わないので、カウンターは付いていなくても大丈夫だ。

　ＰＥラインは細いほど釣りが有利になるが、トラブル率も上がるので、使い慣れていないなら1号が丁度よい。

　ハリはハゲバリの他に、セイゴバリやチヌバリなども使われるが、エサがアサリのムキミならハゲバリがおすすめ。

釣り方の基本

　仕掛けが着底したら、すぐにたるみを取って仕掛けを張った状態にする。この瞬間に食ってくることも多いから、着底直後は特に注意しよう。

　すぐにアタリがない場合は、アクションを起こす。もたもたしているとすぐにエサが取られるので気を抜かずに行おう。

タタキ釣り

オモリが海底を叩くように素早く数秒間竿先を上下に細かく揺さぶり操作する方法。小型のカワハギやエサ盗りが多いときなど、シーズンを通してスタンダードな釣り方だ。叩いた後は食わせるチャンスを与えるため、仕掛けを止めて待つ。食わなければこれを繰り返す。

タルマセ釣り

仕掛けを海底に這わせるなど、緩めて食わせる釣り方。ツケエが自然な状態になるため、食いが悪いときに有効なアクションよ。タタキ釣りとセットで行ってもよい。

待ち・フォール

タタキ釣りのあとの食わせタイムもそうであるが、アクションせずに海底から数cm浮かせてアタリを待つ方法もある。また落ちてくるエサに好反応を示すから、たまに腕を大きく上げて仕掛けを持ち上げ、ゆっくりと海底まで落としてもよい。

釣れないときのもう一手

エサばかり取られる場合の多くは、エサの付け方を疑ってみよう。雑に付けると取られやすいので、他の人を参考にするか、船長に付け方を聞くとよい。

仕掛けは市販品がおすすめ。ただし替えバリなどは自分で結んで用意しておくと手返し良く狙える。

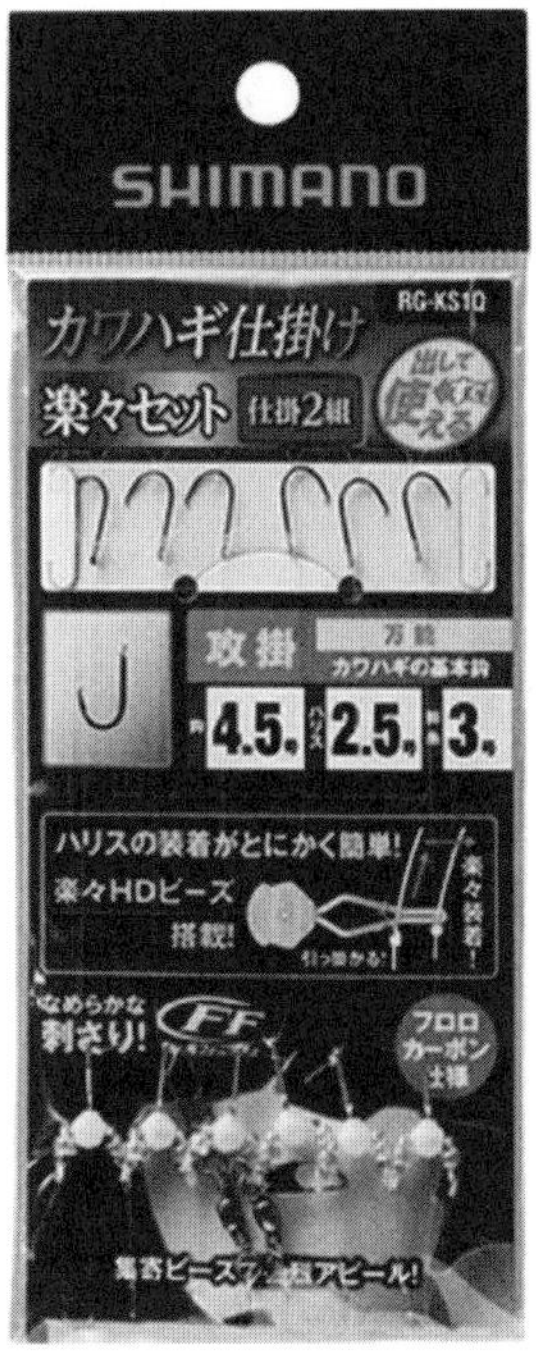

シマノ／カワハギ仕掛け楽々セット

がまかつ／船カワハギ4本仕掛

カワハギ釣りのエサは、人気もあって釣具店で手軽に入手可能だ。パック入り加工エサは使わなければ再度保管が効くので使い勝手が良く予備のエサとしてもおすすめ。

アジの泳がせ釣り（ノマセ釣り）

対象魚

魚をエサとするものは全て対象となるが、船釣りでは主にブリやヒラマサ、カンパチなどの青物と、ヒラメをメインに狙う船が多い。その中で、ゲストとして根魚やマダイなどが掛かってくる。ヒラメ釣りは別の項で紹介しているので、ここでは青物狙いに絞って紹介しよう。

食味と料理

青物が嫌いという人は少ないだろう。期待を裏切らない味で、刺し身に煮付け、唐揚げなど多くの料理法がある。ただし、食味は養殖に比べて脂の乗りが少ない分淡白となる。できれば、数日寝かせて熟成した刺し身もいただきたい。

自然界では、一番美味しい季節は脂の乗った個体が多く釣れる産卵前で、寒ブリや春ヒラマサ(夏いっぱいまで美味しい)が好まれている。

主なシーズン

青物は通年狙うこともできるが、よく釣れるシーズンはある。またアジの泳がせ釣りでは、エサとなるアジをまず釣ってから青物を狙うため、近郊でアジも釣れているシーズンに限られてくる。アジの群れに寄ってきた青物を狙う釣りといった方が分かりやすいだろう。

各地でシーズンは異なるが、小アジの群れに寄る夏季と、大きめのアジをエサとする冬季に大別される。さらに、アジが接岸する量によって毎年時季が違っている。

エサはアジだけではなく、イワシやコノシロなどでもよいから、アジがあまり釣れないときは代用のエサとして保管しておこう。

エサとなるアジを釣るのは朝一番のみ。乗船者全てがある程度釣れたら、すぐに青物釣り場へと移動するから、あまり釣れないと途中で釣りができなくなる可能性がある。そんなことがないように、スタートダッシュが大切。アジ釣りの仕掛け準備に手間がかからないように下準備をしておこう。

アジのサビキ釣り仕掛け（エサ釣り）

エサとなるアジを最初に釣るため、アジ釣りの仕掛けが必要。ロッドは泳がせ釣りと同じものでも大丈夫。多く釣りたいなら別途適したものを用意しておくとよい。竿の穂先が軟らかく、アジのアタリが分かりやすいものが適している。

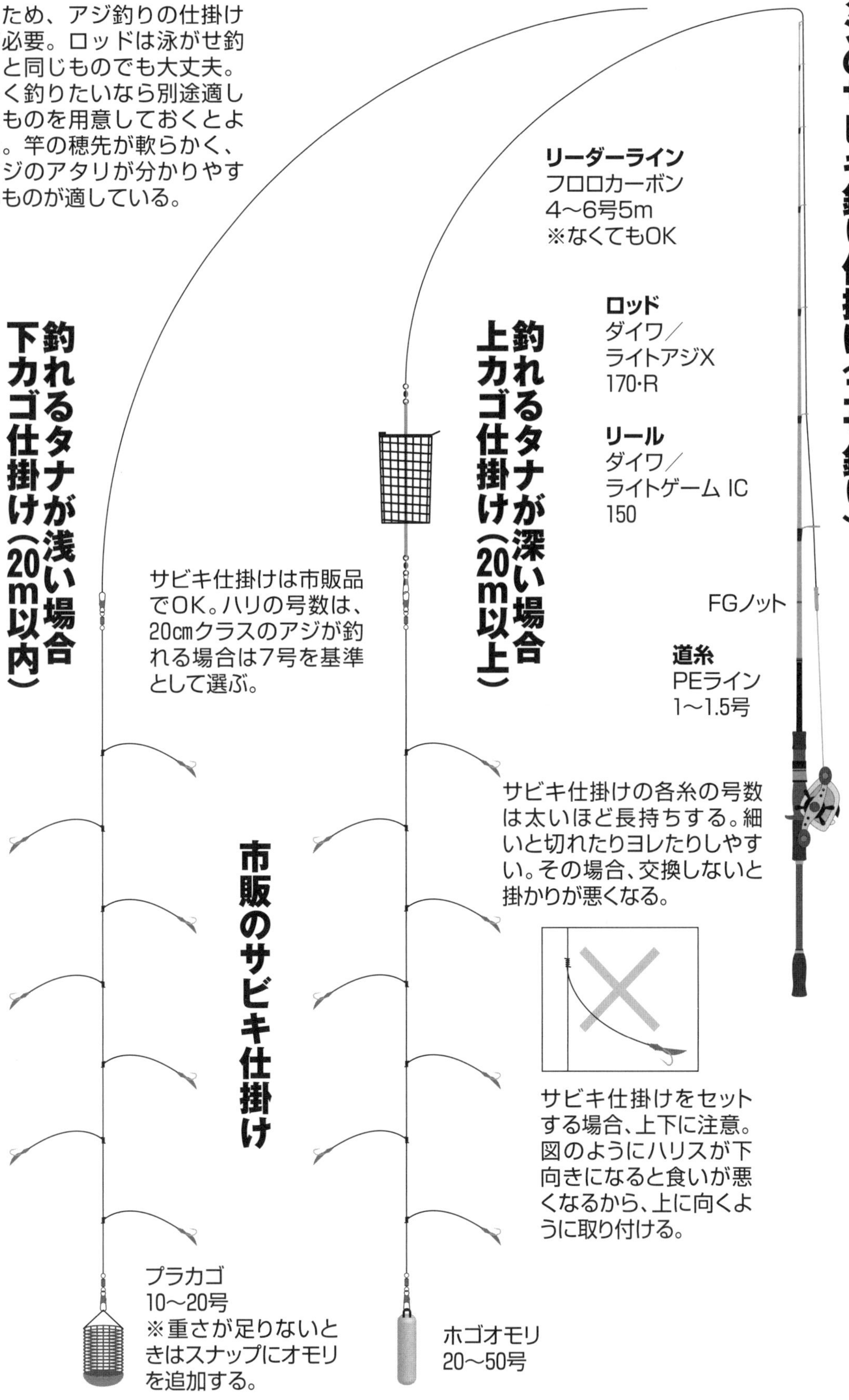

サビキ仕掛けは市販品でOK。ハリの号数は、20㎝クラスのアジが釣れる場合は7号を基準として選ぶ。

サビキ仕掛けの各糸の号数は太いほど長持ちする。細いと切れたりヨレたりしやすい。その場合、交換しないと掛かりが悪くなる。

サビキ仕掛けをセットする場合、上下に注意。図のようにハリスが下向きになると食いが悪くなるから、上に向くように取り付ける。

アジの泳がせ釣り仕掛け（テンビン仕掛け）

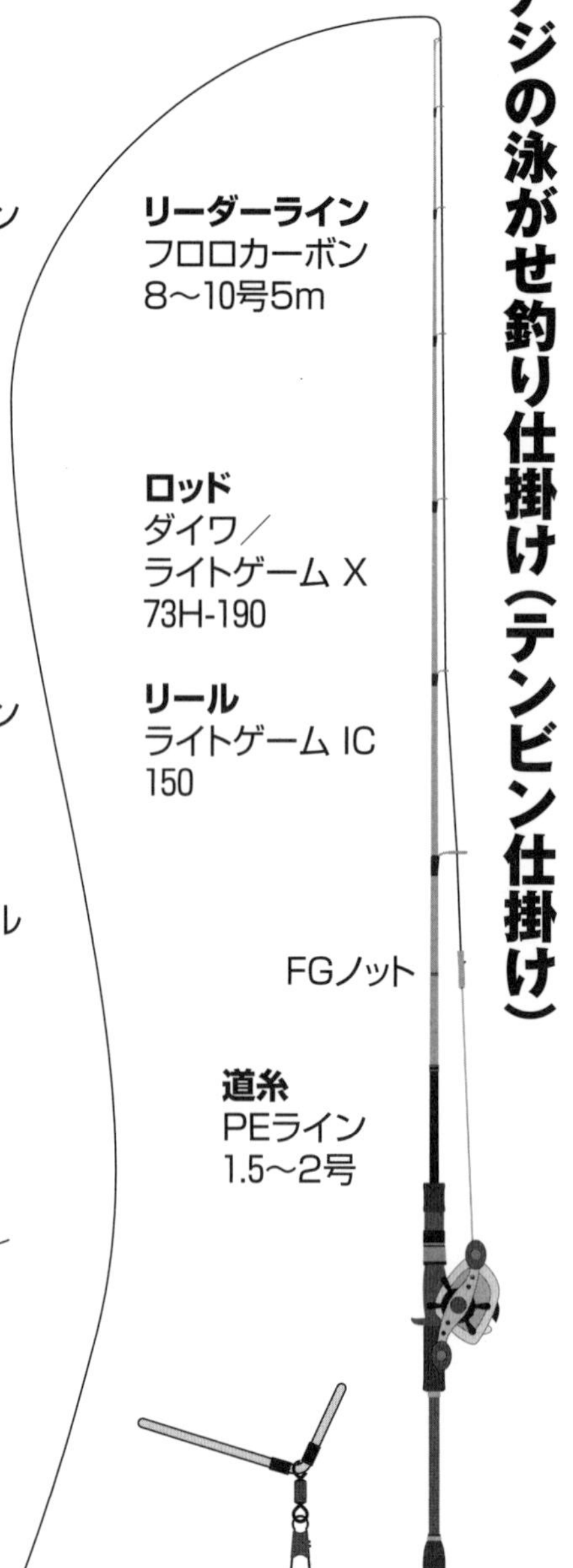

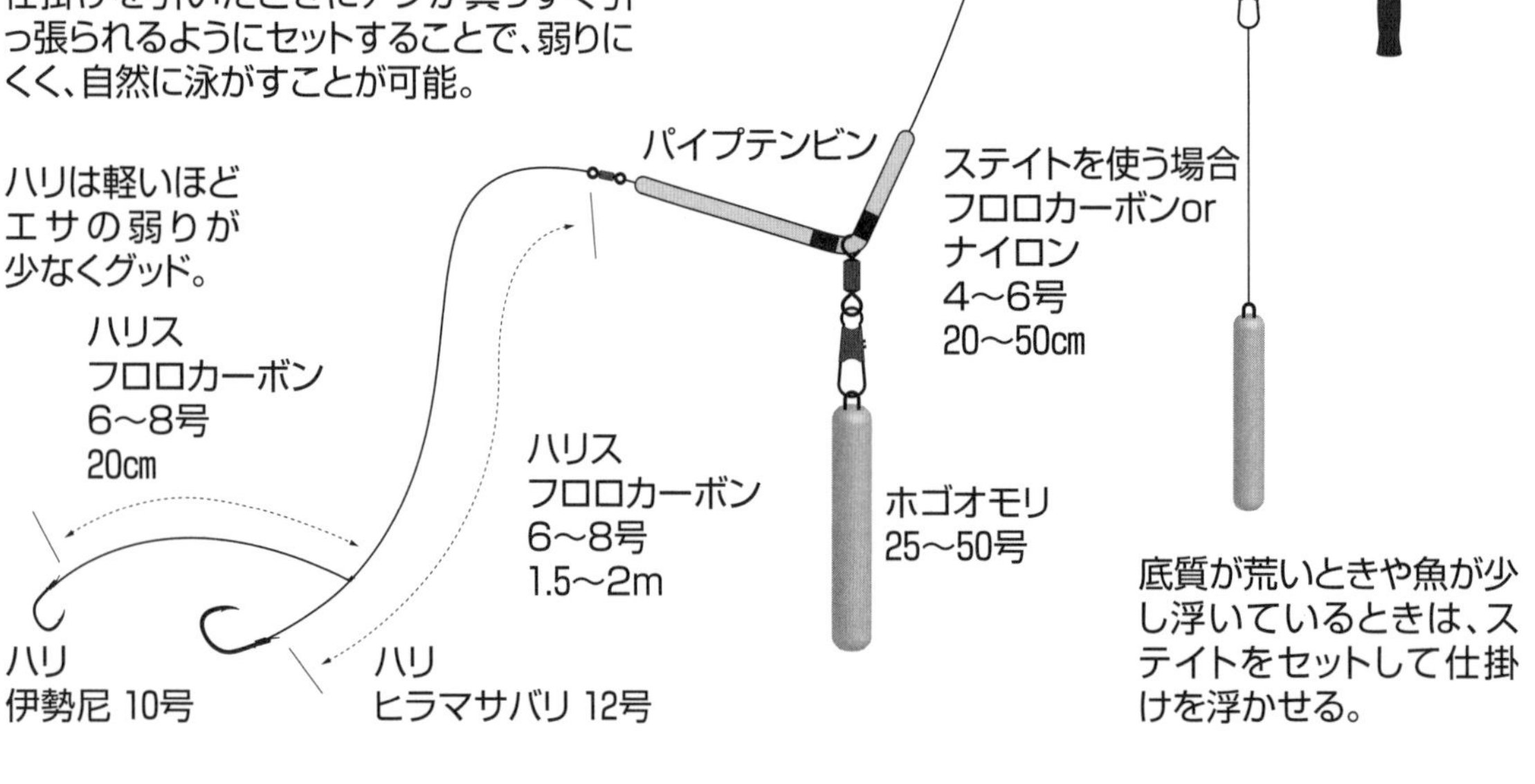

底質が荒いときや魚が少し浮いているときは、ステイトをセットして仕掛けを浮かせる。

エレベーター仕掛けにする場合

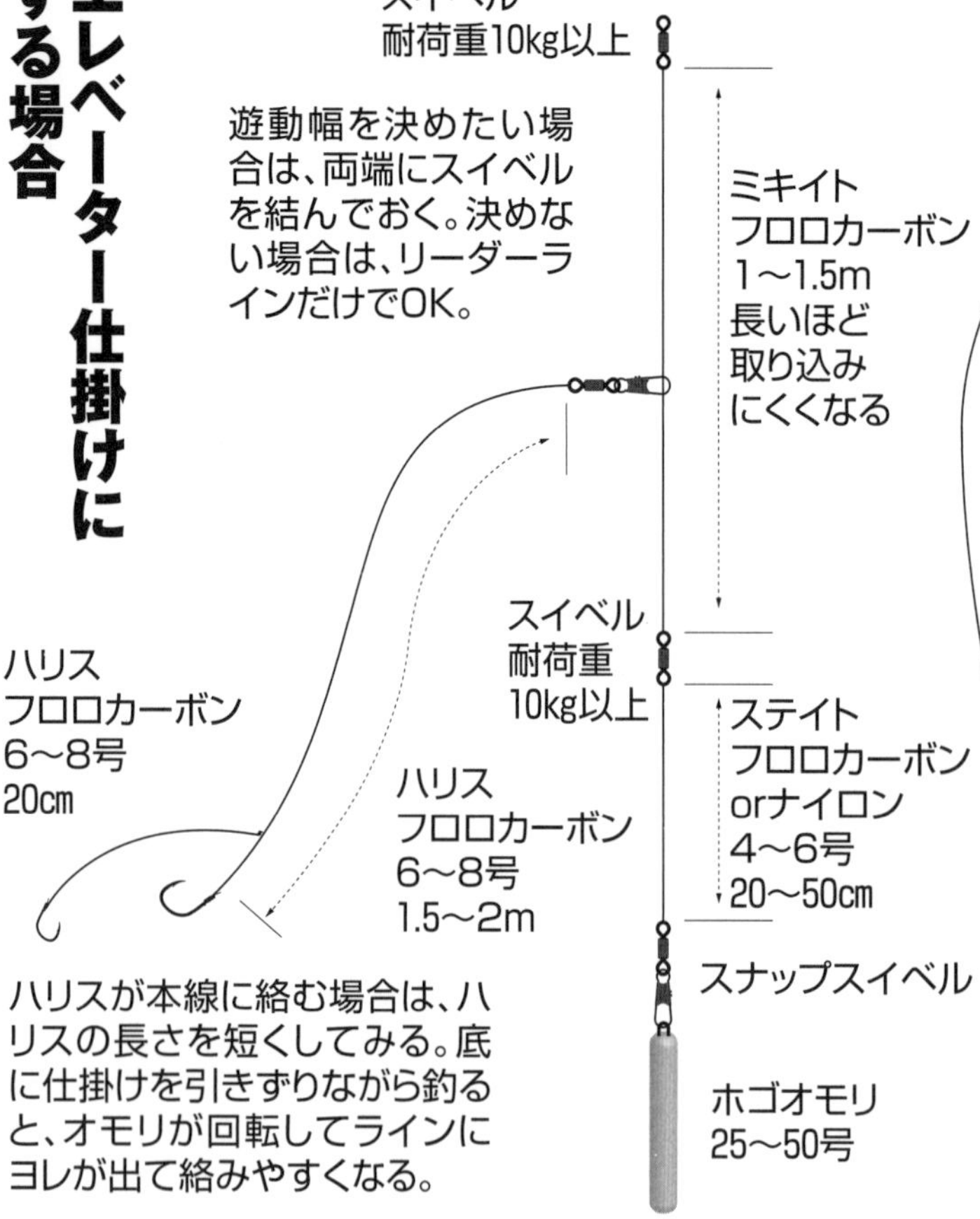

ハリスが本線に絡む場合は、ハリスの長さを短くしてみる。底に仕掛けを引きずりながら釣ると、オモリが回転してラインにヨレが出て絡みやすくなる。

アジの付け方

親バリは上顎に、孫バリは背中に掛ける。仕掛けを引いたときにアジが真っすぐ引っ張られるようにセットすることで、弱りにくく、自然に泳がすことが可能。

必要なタックルと装備

アジ釣り

アジ釣り用のタックルは、ベイトでもスピニングでもどちらでもよいが、狙う水深が深い場合はベイトタックルが有利。泳がせ釣りと別のタックルを持っていないなら、同じものを使っても大丈夫だ。

別に用意する場合は、エサ釣り用のライトアジロッドがおすすめ。アジ釣りに適したもので、アジからのアタリが分かりやすく、釣り上げる際に口切れが起こり難い軟らかさを持っている。オモリに対してロッドが硬すぎると、アジからのアタリが分かりにくくチャンスを逃しやすい。

アジ釣りの仕掛けはサビキ仕掛けが基本で、船によりこだわりがあるのでまずは船長に聞くこと。特にない場合は、サビキ仕掛けは地域で売れているものを選ぶとよい。

青物釣り

大型のヒラマサを狙う場合、図のタックルでは心もとない。各ラインの号数をもっと太くして対応する。適切な号数は船長に聞いて合わせよう。

１m級のブリまでを狙う場合は、図中の仕掛けで大丈夫だ。仕掛けに関しては市販品でもよい。ただしオモリの号数は乗船者で合わせる必要があるから、船長に聞いて用意しておく。

釣り方の基本

アジ釣り

ポイントに着いたら船長の合図を待って仕掛けを投入する。船長からどの辺りにアジがいるかアナウンスがある場合は、そのタナ（水深）に合わせる。ないときは、一旦海底まで仕掛けを落とし、１mほど巻き上げて狙ってみる。

上カゴ仕掛けの場合は、ロッドをシャクった後、２mほど巻き上げてアタリを待つ。下カゴ仕掛けの場合は、ロッドをシャクった後、元の位置までロッドを下げてアタリを待つ。

青物釣り

アジを仕掛けにセットしたら、まずはアジとオモリを海面付近に落として様子を見る。アジが正常に泳ぐことを確認したら、潮の流れでハリスが張るまで待ってから、リールのクラッチを切って仕掛けを沈める。

投下中はリールスプールに軽く手を添えてバックラッシュを防ぎ、着底したら即座にハンドルを回してクラッチを戻してラインを張る。まずはオモリが底に着くか着かないかくらいに設定し、ロッドを水平か少し上くらいに構えてアタリを待つ。１分ほどアタリがなければ、着底させてタナを調整して同じように狙う。

アタリが出た場合、すぐにアワせるのではなく、グッと引き込んだらそれに合わせてロッドを下げ、海中に穂先が強く引き込まれたときに竿を持ち上げるようにアワせる。

釣れないときのもう一手

釣れない原因の多くは、タナが合っていないかエサが弱っているかであるが、エサの付け方が悪い場合もある。

アジが海中でうまく泳げないような付け方はあまりよくなく、アジが楽に泳げるように、ハリを掛ける場所と孫バリのハリスの調整をしよう。仕掛けを引っ張りすぎるのもよくない。

ヒラメ釣り

対象魚

頭を左に向けて目が上にくるのがヒラメ。一部カレイにもいるが、歯の鋭さでヒラメと認識しやすい。日本で釣れるヒラメは数種類おりタマガンゾウビラメやテンジクガレイなどいるがほとんどが本種のヒラメで、体長1ｍ近くまでに成長する。また天然ものは腹側に模様がないことも知られている。

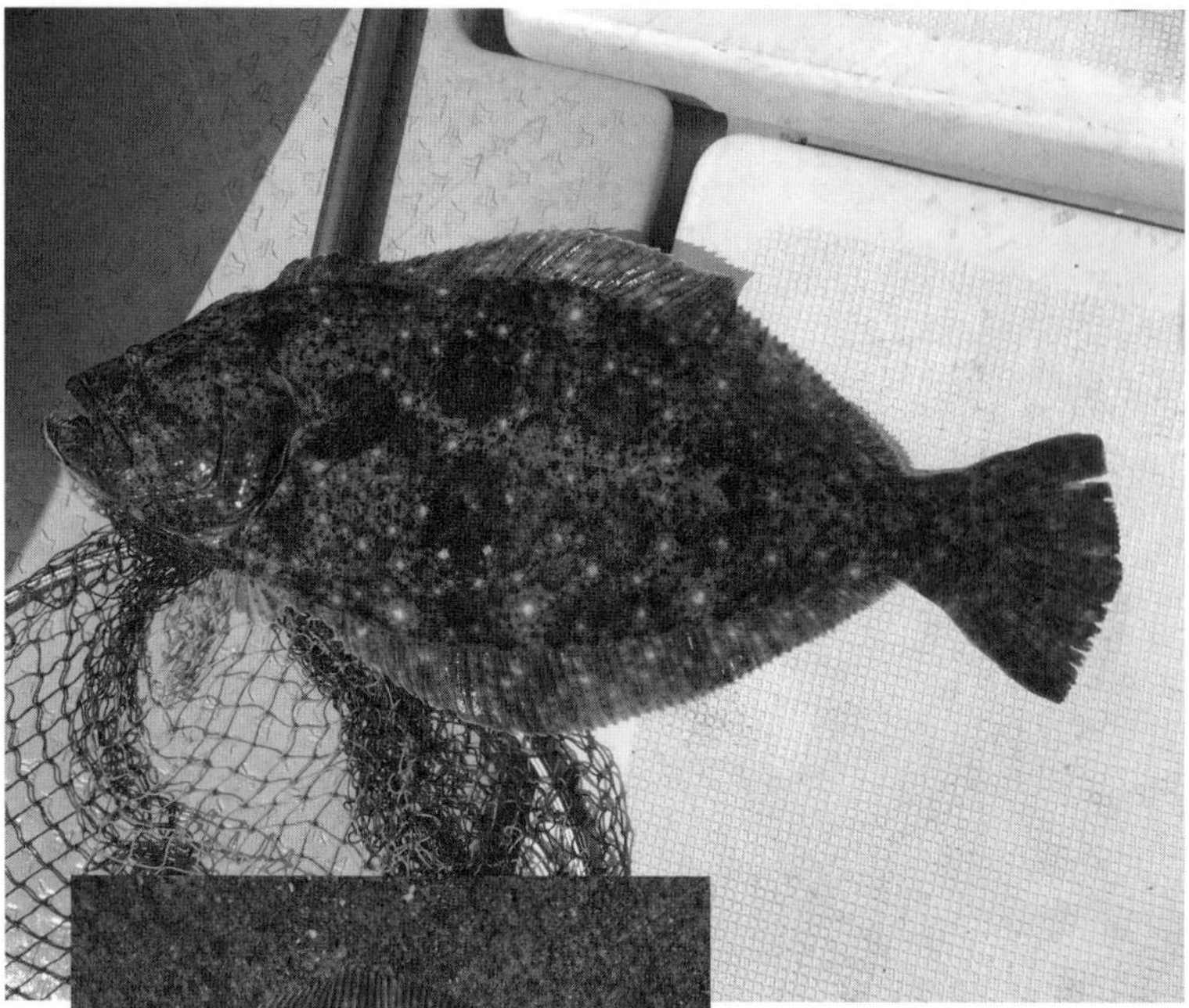

ヒラメの歯は鋭いから、釣り上げたら噛まれないように注意。フィッシュグリップがあると安全に掴めるのでおすすめ。

食味と料理

薄造りの刺し身が有名。味は淡白で上品な味わいから高級魚として扱われやすい。養殖も盛んに行われているため手に入りやすくなっているが、天然物は高値で取引されている。

主なシーズン

船・陸合わせると通年狙うことができるヒラメ。意外と簡単に釣ることができる。しかし、美味しい時期や大型を求めると、それなりに限られてくる。

一番美味しく大型が狙えるのは冬ヒラメで、11～2月ごろまでの沖の深場で出るとされているが、九州など産卵時期が早い地域では冬季に比較的浅い場所でも大型が出る。

5～7月は浅場へと接岸するシーズンなので最も釣りやすいハイシーズンとなるが、陸からがメインで、船からは食味が落ちるシーズンなので専門に狙う船は少ない。

産卵は12～8月と長く、西日本から始まり徐々に北上していく。エリアごとにおおまか3カ月ほどが産卵期間となる。適水温は15～18℃。

ヒラメ釣り仕掛け

ビギナーは、市販品の仕掛けがおすすめ。船長か、現場の釣具店にどの商品がおすすめかを聞くとよい。

船によっては先イトを付けない場合もある。これがあると取り込み時に手で引き上げる一手間が増えるためだ。

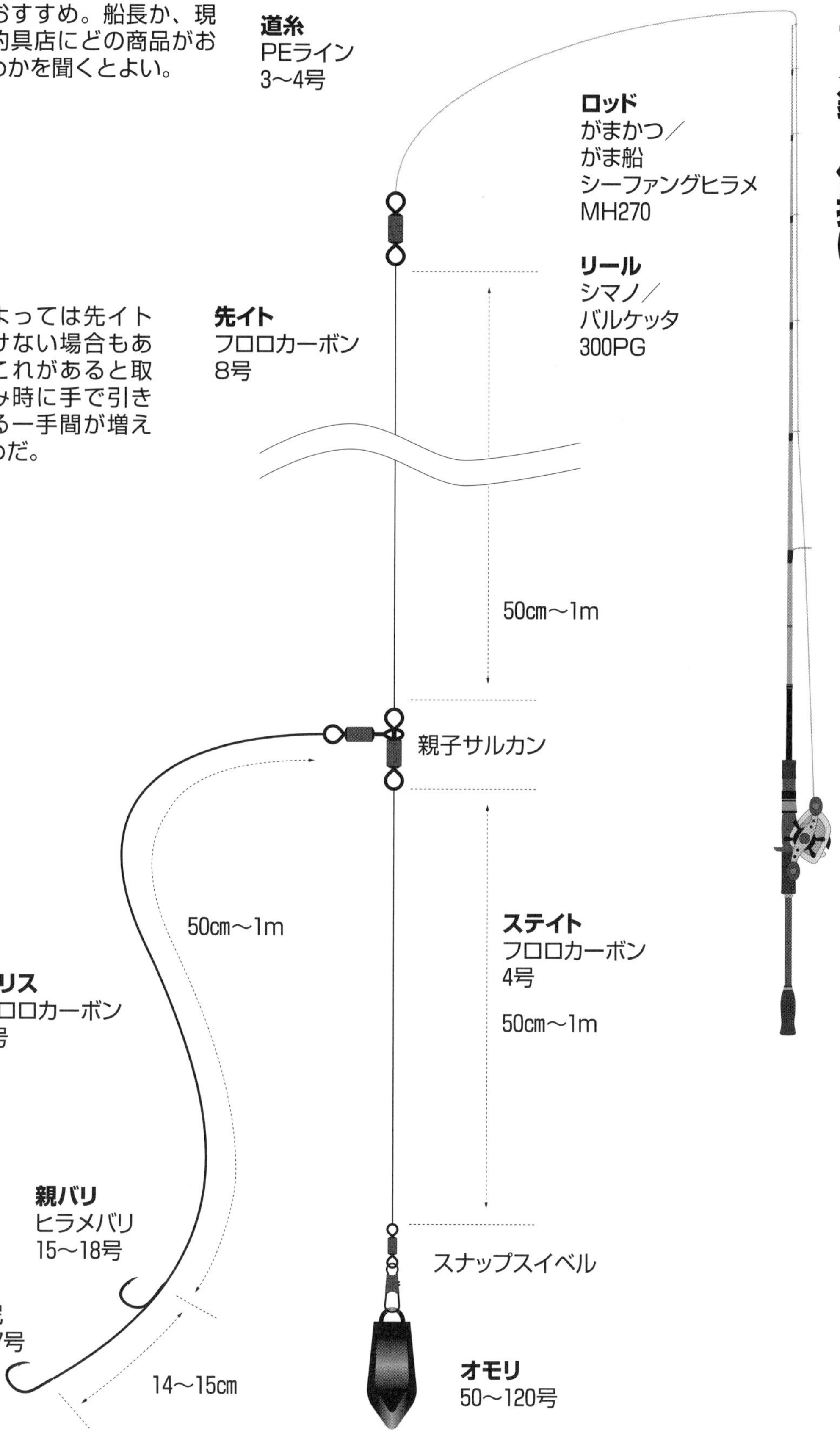

必要なタックルと装備

ヒラメ狙いの前に泳がせ釣り用のエサを釣りに行くが、ヒラメタックルのままでも大丈夫だ。ただし仕掛けはサビキを使うため、サビキ仕掛け、アミカゴ、アミなどが必要。エサは船宿で用意してくれる場合もあるので確認しておこう。

イワシやアジがメインのエサとなるが、使用するサビキにこだわっている船も多い。あれこれ購入する前に船長におすすめを聞いておこう。

泳がせ釣り全般にいえることであるが、繊細なアタリを穂先で取り、食い込みを良くするため穂先から胴までを軟らかくしておき、アワセを確実にするためと強い引きに備えて胴からバットまでのパワーを備えるというのが理想だ。しかし、ヒラメは青物ほど引きは強くないから竿のパワーはそれほど重要ではなく、食い込みが悪いヒラメに対しては、食わせ重視のセッティングが望まれる。つまり、全体的に軟調の竿でも対応できるということだ。

しかし、ビギナーにはその加減が分からないだろうから、あれコレ悩むよりも迷わずヒラメ専用竿を選ぼう。多くの意見から生まれた専用ロッドほど、釣りやすいものはない。

通常、沖のヒラメを狙う場合は60～80号のオモリを使う。これに対応したヒラメ竿を選ぶが、ライトヒラメと呼ばれる20～50号を使った比較的浅いエリアを狙う釣り方もあるから、自分が乗る船はどちらかを知っておく必要がある。

食い込み重視なら、竿は6対4調子がおすすめ。船の揺れも吸収してくれるのでビギナーには使いやすい。

PEラインは2～3号で、通常は2号で大丈夫。リールはそれが200m巻ける両軸タイプを選ぼう。底べったりを常に狙うので、カウンターはなくても大丈夫だ。

仕掛けは自作も楽しいが、市販品の方がコストパフォーマンスは良い。

釣り方の基本

イワシなど活エサを確保した後、ヒラメ釣りのポイントへ移動する。ときにはポイントが同じ場合もある。

まず、仕掛けに活きエサをセットするが、特にイワシは弱りやすいため、できるだけ触る時間を短くしてサッとハリにセットすること。取り付け後もできるだけ空気中にさらすことなく、海水に泳がせておいた方が弱りにくい。

投入時は、ハリスが長いので何も考えずに仕掛けを落とすと

エサのイワシが釣れないと大変ということもあり、サビキ仕掛けを厳選している人も多い。船によっては商品を決めている場合もあるので、どれがよいか聞いてみよう。

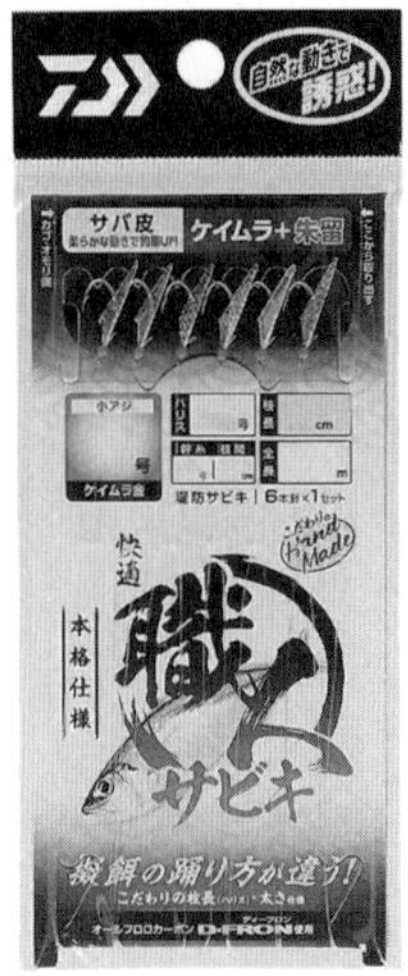

絡まりやすいので、仕掛けを海中に入れたら活エサが流れに乗りハリスがある程度伸びるまで待ってから落とそう。

着底するとコツンという合図が伝わってくる。底からオモリを1mくらい上げた状態でアタリを待つ。よく分からない場合は、竿を下げた状態で着底を感じ、竿を水平位置まで上げて構えアタリを待つとよいだろう。

この水平位置で竿を構えるスタイルがアタリを取りやすく操作しやすい姿勢だ。

最初のググッというアタリがあってもいきなりアワせず、引き込まれたらそれに合わせて竿先を追い掛けるように下げよう。さらにググッとアタリがあった場合も竿先を下げて対応し、海中にググッと引き込まれたら大きく竿を持ち上げてアワセを入れる。ヒラメはエサを食い込むまでに少し時間がかかるから、アタリがあってもすぐにはアワせないのが基本だ。

この釣りは底取りも大切だ。船を流しながら釣ることが多いため、海底の地形変化にも対応しなければならない。いきなり深くなったり、浅くなったりするからオモリが海底から1m付近をキープするように、1、2分ごとに海底まで仕掛けを落としてチェックしよう。

急に浅くなった場合はラインがたるむからすぐ分かるはずだ。慌てずラインを巻き取り、根掛かりしないように、海底から1mほど仕掛けを巻き上げる。

釣れないときのもう一手

皆には釣れているのに自分だけ釣れないときは、底取りが不十分なことが多い。本文では海底から1mと伝えたが、当日は底スレスレが良かったりもするから、釣れた人に設定を聞くとよい。

エサの元気具合でも釣果は変わってくる。噛まれた後があった場合は新しいエサに付け替えた方がよい。付け方にも注意。イワシが真っすぐに泳げないようなハリの付け方をしていると、海中ではクルクルと回ってしまう場合がある。そうなると違和感を与えるなどヒラメの食いに影響がでるばかりではなく、仕掛け絡みの原因にもなるので、ハリのセットは丁寧に素早く行おう。

また取り込み時、ヒラメに空気を吸わせると暴れるので注意。

イワシの付け方

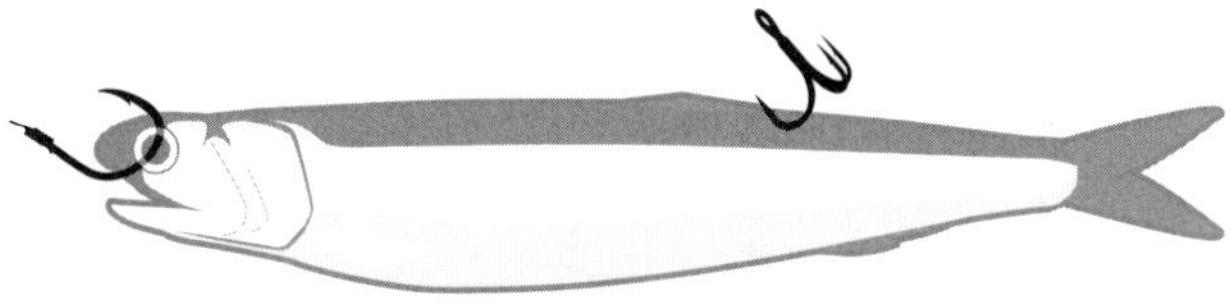

孫バリにトレブルフックを使う場合は、親バリを上アゴに掛け、孫バリを背ビレの後ろ付近に掛ける。深く刺すとイワシが弱ってしまうのでハリが外れない程度に浅く刺し通す。

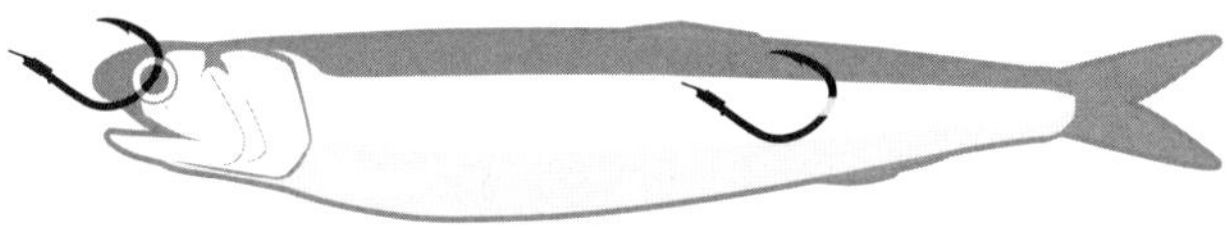

孫バリにもシングルフックを使う場合は、親バリはトレブルフックと同じで、孫バリを側面に刺し通す。ヒラメは後部から襲ってくるので、イワシの尾ビレ側にハリをセットすると掛かりやすい。

根魚釣り

対象魚

根魚（もしくはロックフィッシュ）は岩場の周辺を好んで生息する魚の総称で、中でも主役となるのは北海道南部以南の各地に生息しているカサゴ類（カサゴ、ウッカリカサゴ、アヤメカサゴ、イズカサゴなど）。そのほかにキジハタ、アカハタ、マハタといったハタ類、メバルも根魚と呼ばれ、いずれも人気のターゲットとなっている。

釣りの対象としての根魚はエサとなる甲殻類や小魚などを丸飲みにするのでアタリが明確。しかも狙い所が岩場の海底付近に限定されるため、初心者でも釣果を得やすい。仕掛けがシンプルでライトなこともあり、初心者向きの釣りといえる。

アヤメカサゴとキジハタの好釣果でクーラーが埋まっていく。

自分で釣り上げたカサゴの煮付けは絶品。

食味と料理

良型のカサゴは刺身が絶品で、煮付け、ブイヤベースなど、どんな食べ方でも美味。小型でも唐揚げや、みそ汁で食べることができる。ハタ類もメバルも上品な白身の高級魚で、お土産にすればきっと喜ばれるだろう。

主なシーズン

カサゴは1年を通して市場に出回る魚だけに、全く釣れない時期はないが、関西や関東では水温が上がってくる春以降に盛り上がりを見せる。本州と九州の間にある関門海峡では冬場がベストシーズンとされ、身が締まったカサゴは食味が良い。

ハタ類は産卵時期に接岸するため岸釣りでは夏場がチャンスとなるが、船から狙えば1年を通して良型が釣れる可能性がある。冬に産卵するメバルは産卵前と産卵後からが好期。

タックルと仕掛け

絶えず誘いをかけるために、

タックルは軽量なものがおすすめ。竿は２ｍ前後のライトゲームロッドで、食い込みの良さと底の取りやすさのバランスが取れた7対3または6対4調子のものを選びたい。これに1〜2号のＰＥラインが１００ｍ以上巻ける小型のベイトリールを組み合わせる。

　仕掛けは胴突きの２本バリが標準で、市販の根魚用仕掛けの中からハリス３〜４号のものを選べばＯＫ。オモリは25〜40号を釣り場の水深によって使い分ける。根掛かりはつきものなので、仕掛けとオモリは予備を多めに用意しておくこと。

　エサはサバやサンマ、イカの短冊のほかにイワシやキビナゴといった小魚を使う。短冊のエサは水中でクルクルと回らないようにすることが肝心で、ハリは必ずセンターに刺す。

根魚釣り仕掛け（エサ釣り）

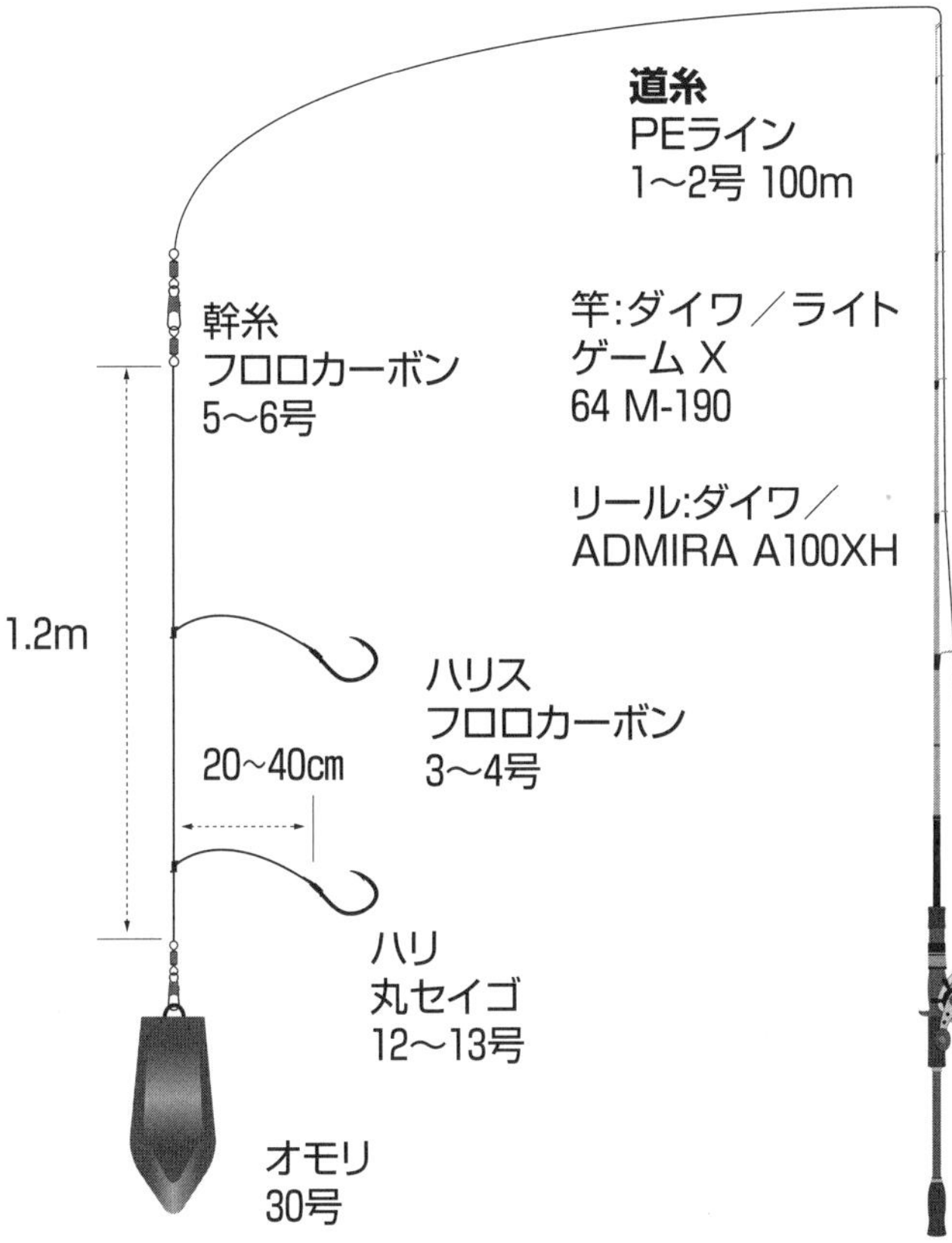

釣り方のコツ

　オモリが海底に着いたら糸フケを取り、竿を上下させる。オモリで海底をトントンと叩きながら釣っていると、ゴツゴツと竿先を揺らすアタリが出るが、ここで慌てないこと。しっかりとエサを食い込ませ、グーっと引き込まれてからアワセを入れるのがコツ。ただし根の中に逃げ込まれてしまうとキャッチできないのでアワセを入れたら一気に浮かせにかかること。竿先を下に向けたまま食い込みを待つのはご法度で、竿の弾力を利用することができない。

　大事なのは水深や地形の変化を告げる船長のアナウンスをよく聞いておくことで、持ち上げたオモリが落ちていく距離を感じることができれば、海底の起伏をイメージでき、根掛かりも軽減させられる。

　根魚たちは海底で、上から落ちてくるものを見ているので、仕掛けを大きく持ち上げてから落とす誘いも有効。

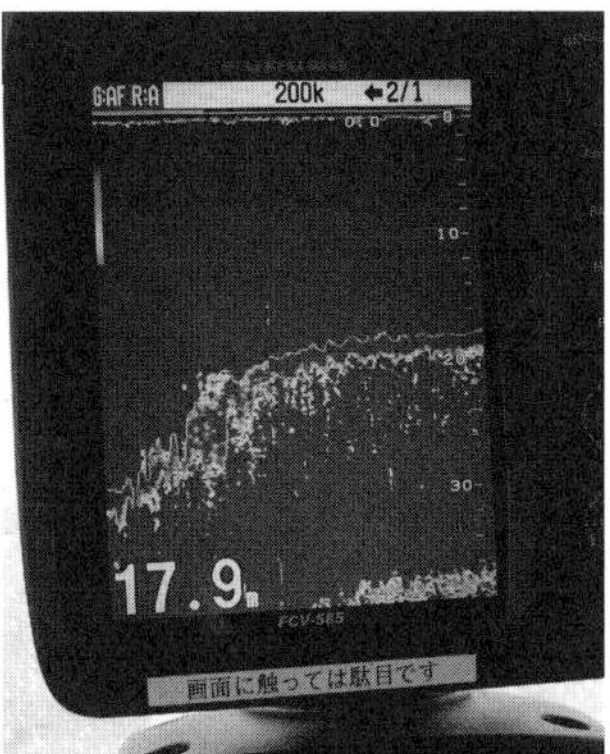

根魚のポイントは海底の起伏が激しく、しっかりと底を取ることができるかで釣果に差が出る。

アマダイ釣り

狙う魚

超高級魚として広く知られているアマダイは、本州中部以南の比較的暖かい沿岸に生息する魚。アカアマダイとシロアマダイが釣りの対象となるが、シロアマダイは幻と称されるほど希少で、アマダイ釣りといえば通常はアカアマダイ狙いのことを指す。大きなものは60㎝ほどになり、北部九州一帯では50㎝級の良型を期待できる。

アカアマダイは水深30～150mの砂泥底を好み、主なエサは小魚や甲殻類。海底に穴を掘って身を潜め、潮が動けば巣穴から出て捕食を行う。お腹が黄色いアマダイは巣穴から出てきたばかりだという。

年間を通して釣れる可能性はあるが、産卵期の夏場は食い気が乏しくなるので、秋から春までが狙い目。水温が14℃以下になると活性が下がる傾向にあるが、高水温期のように他魚の猛攻に手を焼くこともなくなるため、繊細な大型アマダイのアタリを楽しみたいなら寒くなってからの釣行がよい。

身に甘みが感じられる超高級魚として名高いアマダイ。

釣り方

アマダイ釣りは誘って食わせる釣りで、関東では40号のオモリを使って繊細に誘うライトタックルアマダイと、80号のオモリを使うノーマルアマダイの両方が行われている。

標準的な仕掛けはテンビン仕掛けの2本バリで、ハリスの全長は2mほど。基本的な釣り方は、いったん着底させたオモリ

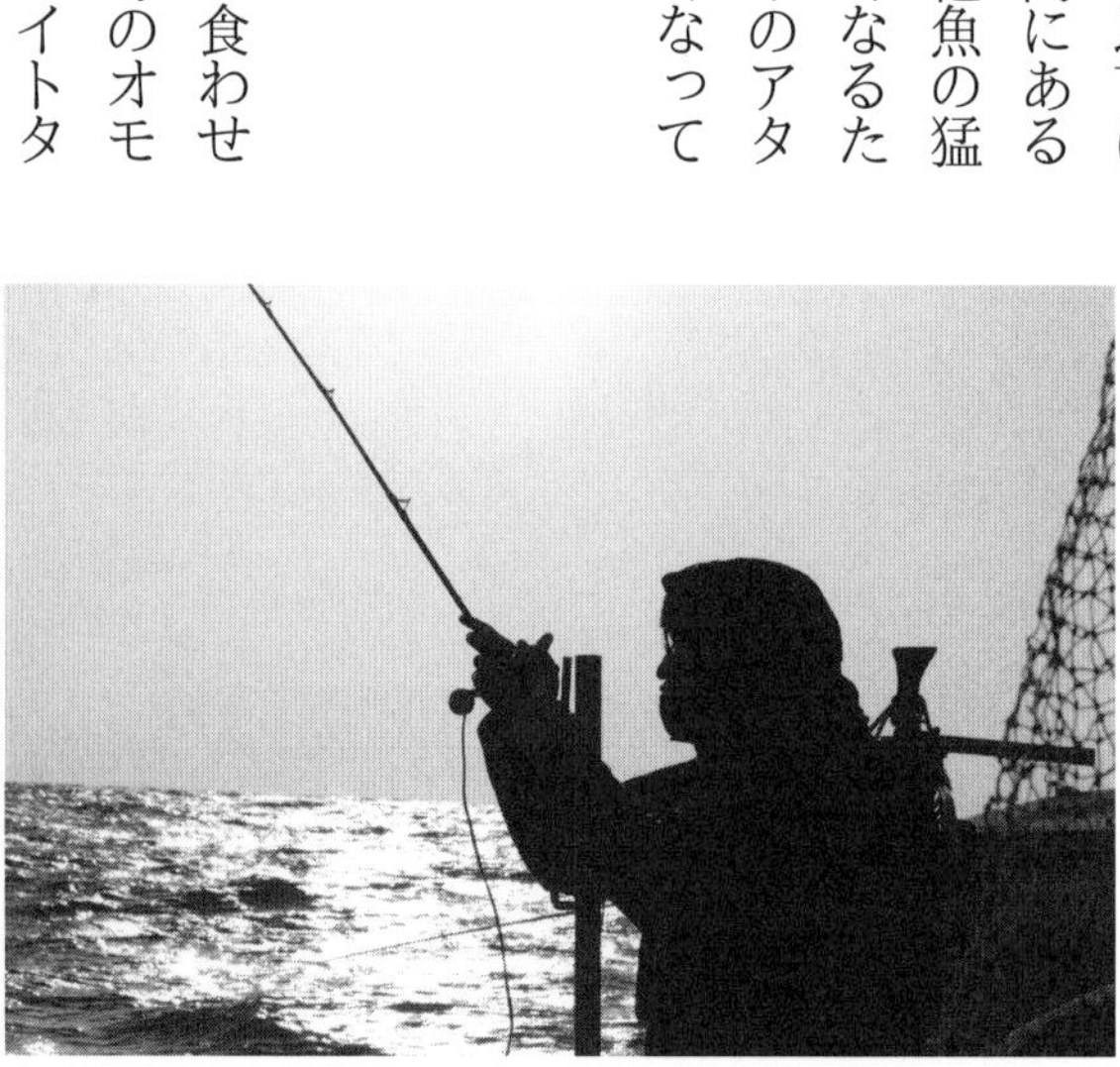

アマダイは上から落ちてくるものに興味を示すので、大きく竿先を上に向けてエサを持ち上げる。

アマダイ釣り仕掛け（エサ釣り）

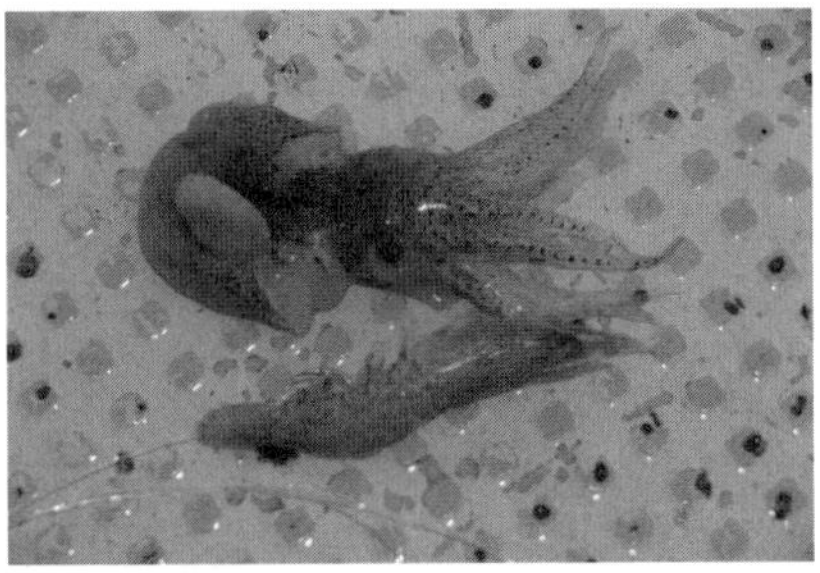

ミミイカとアカエビ。これ以外のエサとしてはオキアミが入手しやすい。

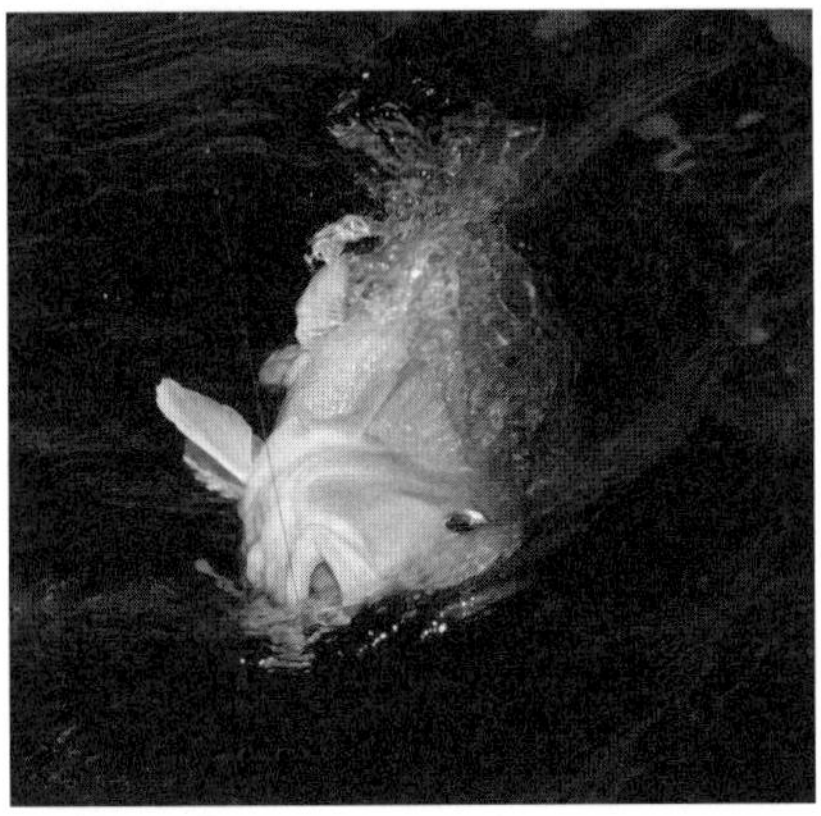

せっかく掛けたアマダイをバラさないためには、急いでリールを巻くことは避けたい。

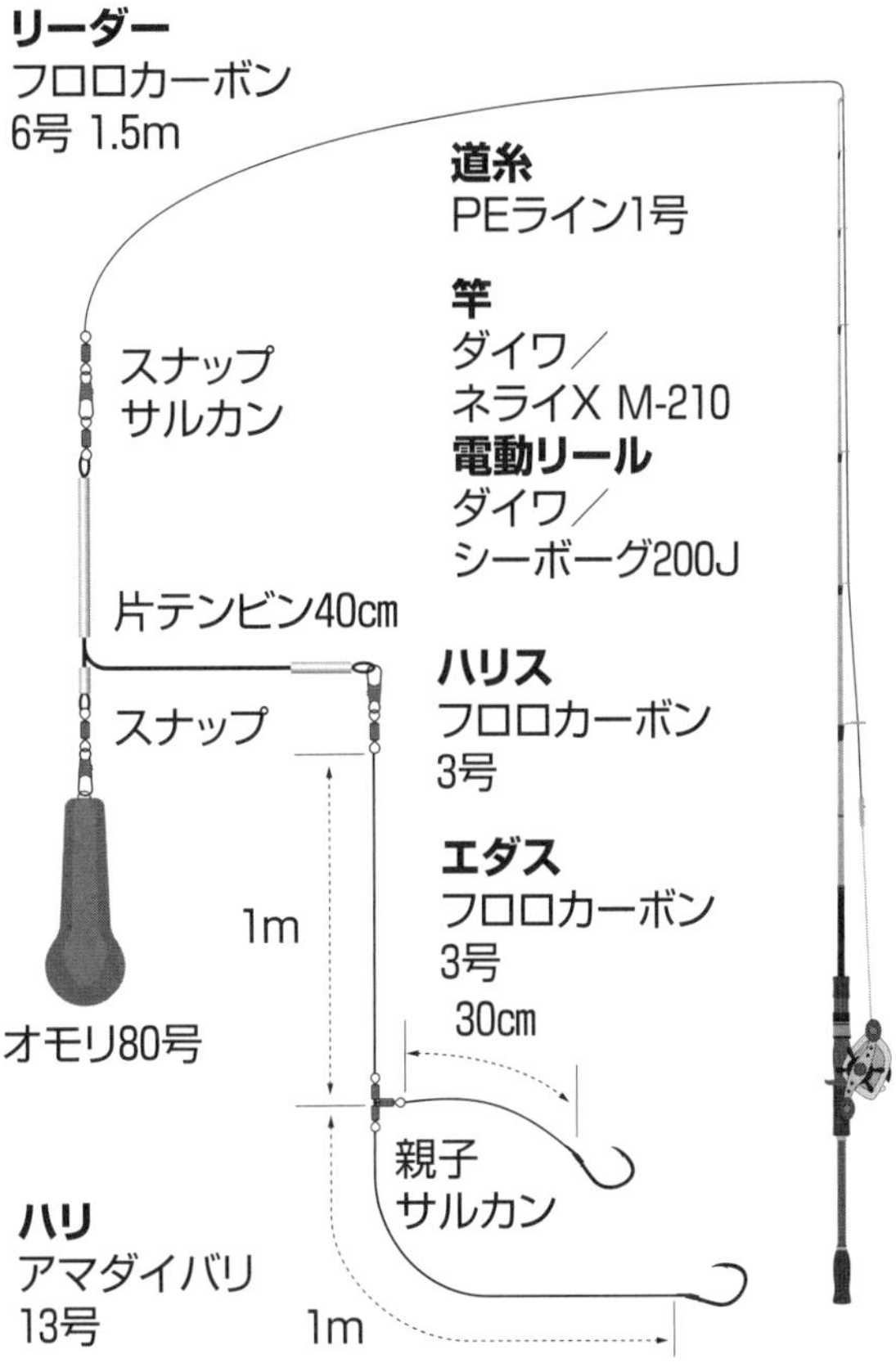

を1mほど上げ、その後はロッドの操作で底を叩く。オモリで砂煙を上げることでアマダイにエサの存在をアピールするわけだが、ボトム狙いだからといってオモリを底に置いてしまうのはオマツリの元で、小さなアタリを取ることもできない。

誘い方は大きく竿先を上げて、ゆっくりと下げる動作の繰り返しで、エサを食ってくる魚の種類や潮の速さを見ながらおよそ50cm刻みでタナを調整する。キスやベラといった海底にいる魚と、イトヨリダイなど中層にいる魚を上手くかわすテクニックが求められるため、釣果には差が出やすい。

エサはオキアミの他、地域によってはエビやミミイカが使用される。これらのエサにはレンコダイやイトヨリダイ、ハタ類やカサゴがアタってくるが、根魚ばかりが食ってくるようなら、底を叩くアピールは控えめにしたほうがよいだろう。

アタリとやり取り

アタリはコツンと明確に出るが、食いが渋いとチョンチョンという小さなアタリしか出ない。本来はそのまま引き込まれるのを待って、向こうアワセとするのが基本だが、穂先を持っていかない相手に対し、アワせるべきか待つべきか、それともそっと竿で聞いてみるかの判断が難しくて面白い。

掛けたアマダイは上げてくる途中でいったん大人しくなり、中層まで浮かせたところで再び暴れだす。そのため、やり取り中の巻き上げスピードが速いとバレやすい。特に水温が低い時期はハリ掛かりが浅く、電動リールユーザーであっても手巻きで上げてきた方が無難だ。

キス釣り

狙う魚

北海道南部から沖縄、東インド諸島の沿岸にまで生息するシロギスは、パールピンク色と表現される美しい魚体を持つことから海の女王と呼ばれ、痛快なアタリで多くの釣り人を魅了する魚。10cm未満の当歳魚はピンギス、25cm以上は肘たたきと呼ばれ、成魚では30cmに達する。

海底の砂の中にひそむ環形動物を主なエサとするシロギスは、機敏で警戒心が強く、小さな集団で回遊を行う。水温の低下や荒天によって濁りが入ったときなどは海底でじっとしているので、釣果は天候に左右されることとなる。

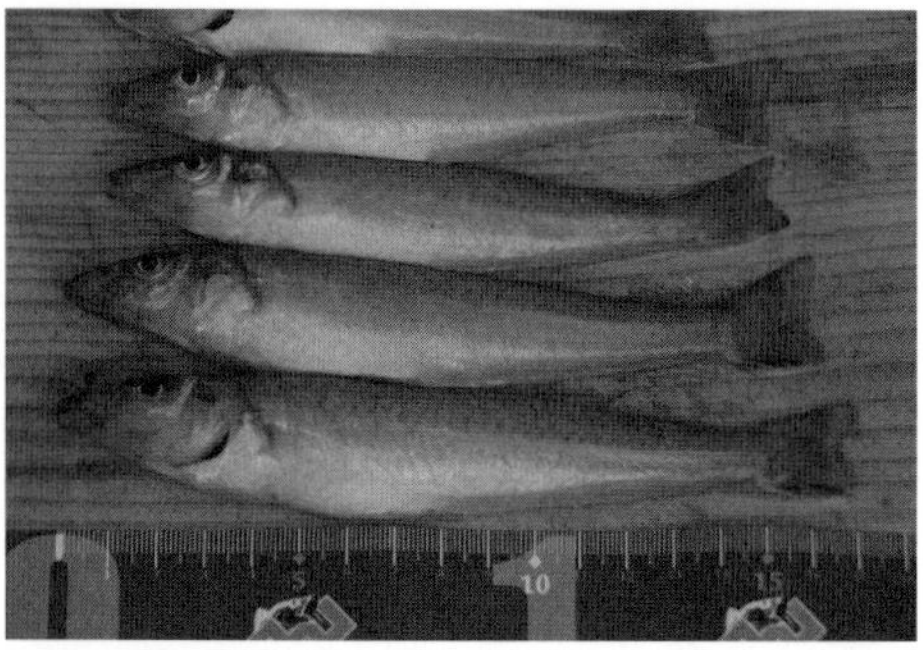

キスは塩焼きや天ぷらで美味しい魚として鮮魚店で見かけることも多い。

釣り場となるのは砂地の湾内。船が揺れにくいので、船釣りの初心者にもおすすめ。

キス釣りの好期は水深10m以内の浅場で狙える5月上旬から9月上旬までで、この時期には1人100尾の釣果に恵まれることがある。冬に水深50mラインに落ちたキスを狙う遊漁船もあり、狙い方さえ工夫すれば1年中狙えるターゲットでもある。

穏やかな砂地の湾内がポイントとなり、狙う水深もせいぜい30mほどとあって、船釣り入門に最適なターゲット。乗り合い船で狙うほか、手漕ぎボートやカヤックから手軽に楽しむこともできる。

食べ方は、天ぷらのほかに塩焼き、大型は刺身も美味い。

タックルと仕掛け

竿は仕掛けを投入しやすいスピニングロッドで、２m前後の8対2調子。できれば感度の高いキス専用竿で、カーボンソリッドの穂先が搭載されたモデルがおすすめ。汎用ロッドを使うならオモリ負荷30号に対応していれば、深場狙いや急潮が流れていても状況に対応できる。リールは２５００番のスピニングリールが使いやすい。

この釣りには主にテンビン仕掛けと胴突き仕掛けが使用される。テンビン仕掛けのメリットは食い込みが良いことと、向こうアワセで掛かること。オモリが下に取り付けられた胴突き仕掛けは、キスがエサを吸い込むときの前アタリを取りやすく、比較的根掛かりが少ない。テンビンは小さいアタもキャッチできる遊動式の片テンビンがおすすめ。

　オモリはナス型オモリか六角オモリやの10～20号を水深や潮の流れの速さによって使い分ける。魚へのアピール力を高めるために夜光や赤色などの塗装をしたオモリもある。

　道糸はPEラインの1号前後で、ハリスは船上での扱いやすさを考慮して1m前後。幹糸はフロロカーボンの1・5号を10cm、ハリはケン付きの流線の7号やキスバリ7号を2本バリにする。3本バリでもよいが、慣れないうちはトラブルの少なさを優先した方が良い。

　ハリのチモトに夜光玉を付けることでキスへのアピールが強まるが、メゴチが食ってくることも多くなる。エサはイシゴカイ(コケブ)や、細めのアオイソメを用意すればOK。エサの垂らしは2～3cmを基本とするが、活性が低いときや良型狙いでは垂らしを長くする。

キス釣り仕掛け（エサ釣り）

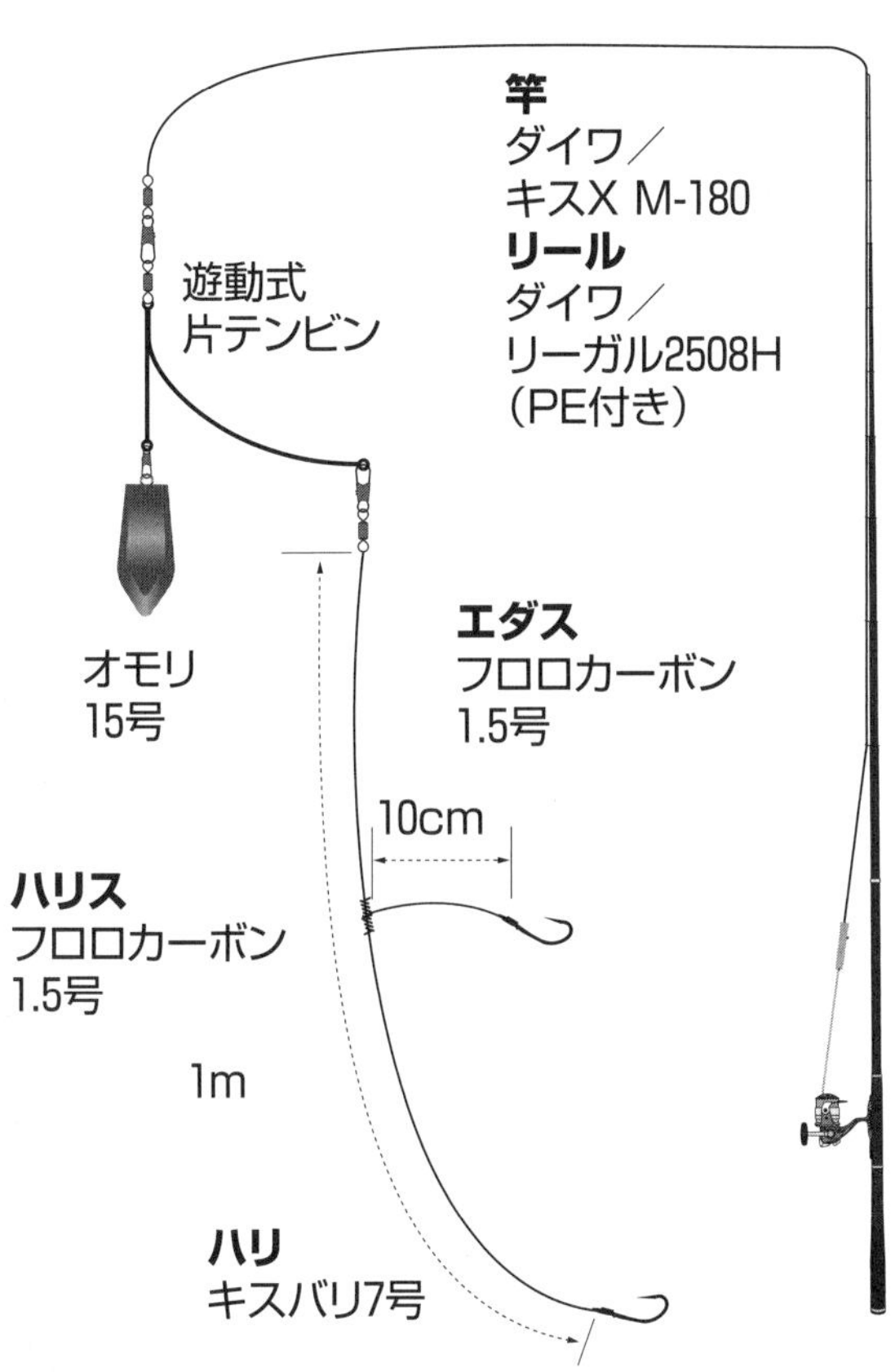

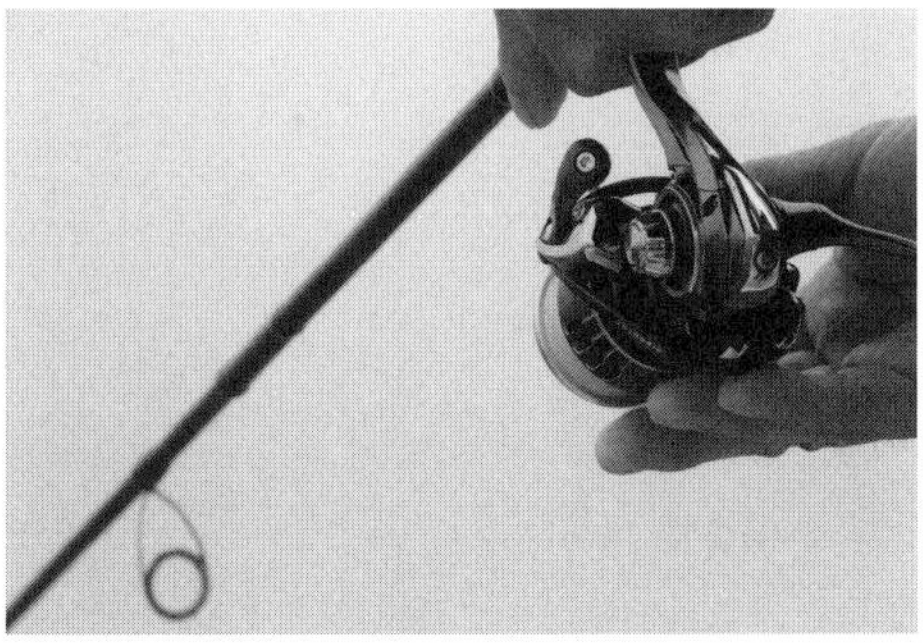

スピニングリールで素早く着底を察知するために、リールのスプールを指で押さえるサミングというテクニックが有効。

釣り方

　広範囲を探れるようにキャストをした方が有利だが、ほとんどの乗合船ではオーバーヘッドキャストはNGなので、アンダースローで投げる。仕掛けの着底を確認したら、素早く竿で道糸の緩みを取って仕掛け絡みを防ぐ。誘い方の基本は竿をゆっくりと上下させ、エサを漂わせること。仕掛けを止めているとフグなどにエサを食われてしまうので、仕掛けを引きずりながら巻いてくる。キスは泳ぎが速いので、高活性時には引くスピードは速めでもOK。

　アタリはブルブルと竿先が震えるが早アワセの必要はなく、竿先を小さく鋭くシャクってアワセを入れる。そのまま待っていると、もう1本のハリにもキスが食いついて、ダブルで釣れることがある。

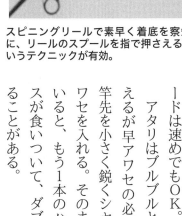

ハゼ釣り

ターゲット

ハゼは北海道南部から九州まで分布する魚で、塩分の濃い外洋より汽水域や湾内の泥底を好む。腹ビレは吸盤状になっており、海底を這うように泳ぐため行動範囲は狭く、ゴカイなどの環形動物多毛類や小型の甲殻類、動物性プランクトンを食べて成長する。

初心者の釣り入門に最適なターゲットとされるハゼ。

ハゼの釣り期は夏から初冬までがメインで、浅場で過ごす9月ぐらいが岸釣りでのピーク。晩秋には15cmを超えるケタハゼ、もしくは落ちハゼと呼ばれる良型となるが、深場へと移動するため船から狙うターゲットとなる。産卵を控えて口の周りが黒くなったハゼを「お歯黒ハゼ」と呼ぶこともある。

東京湾の湾奥では江戸前釣りのターゲットとして古くから人気。鯊船(はぜぶね)は秋の季語として俳句で用いられている。

白身の魚で食味は非常に良く、大型は刺身にすると美味しく頂ける。三枚おろしにできるサイズのハゼは天ぷらのネタとして人気が高いが、小型は小骨が多いので唐揚げがおすすめで、二度揚げすると頭まで食べられる。雑煮の出汁として焼きハゼを用いる地方もある。

タックルと仕掛け

繊細なアタリを楽しむ江戸前伝統のハゼ竿(中通しの和竿)にはリールは付けないが、仕掛けを投げて探るなら穂先の感度が良いオモリ負荷5～8号の1・5～1・8mの竿にPEライン1号を巻いた小型のスピニングリールを組み合わせる。

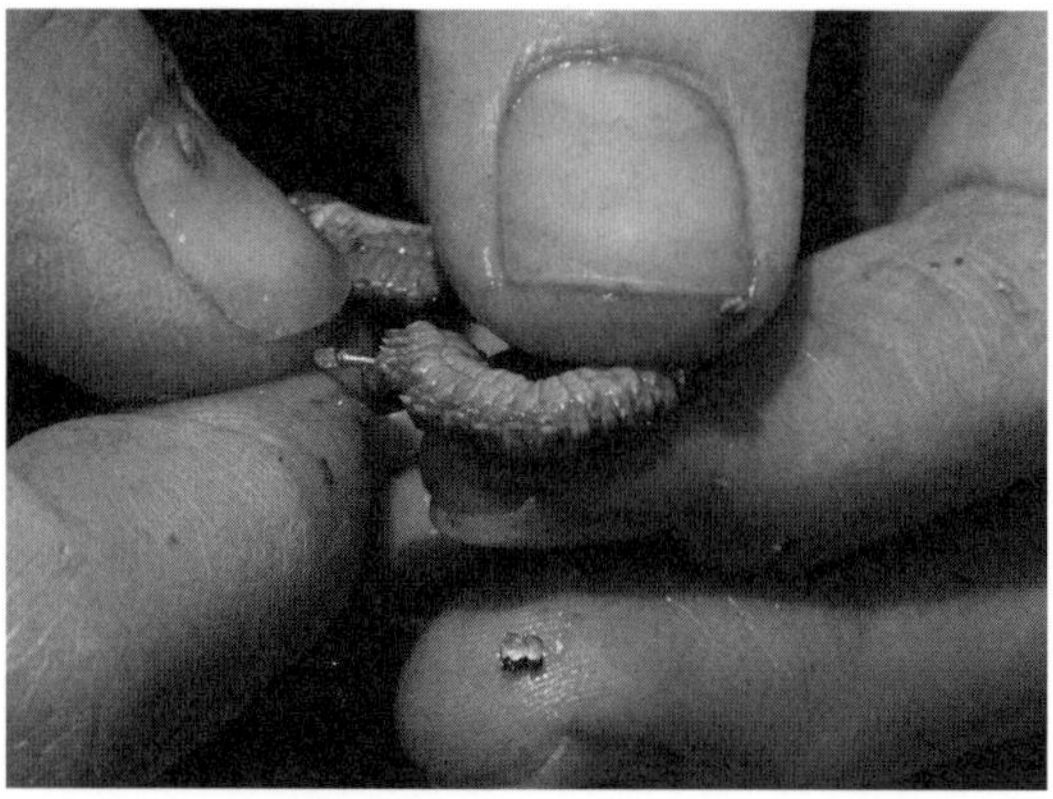
エサはハリの長さより1cmほど長めにタラすのが基本。

基本は片テンビン仕掛けの2本バリで、浅場で食いが良いときはハリスの長さを30cmほどに、晩秋の食い渋るときには50cmほどにする。ハリは赤色の袖バリが定番で、サイズは6～8

号。アピール度アップのためにハリのチモトに夜光玉を付けるのも効果的。エサはゴカイかアオケブで、頭を切り取ってタラシは1㎝ほど。食いが渋いときにはタラシを長めにする。

釣り方

仕掛けを底まで落としたら糸フケを取って、張らず緩めずの状態でアタリを待つのが基本。船は潮の流れや風の影響を受けて一カ所には留まらないので、仕掛けが底を切らないように注意すること。

食い気があるハゼがいれば竿先がブルブルと揺れる元気なアタリでハリ掛かりするが、アタリが鈍い場合は一呼吸おいて聞きアワセをするとよい。シーズン序盤の浅場のハゼに比べると深場に落ちたハゼは動きが鈍く、居食いすることが多いので、竿先にもたれるようなアタリを見逃さないこと。

ハゼ釣り仕掛け（エサ釣り）

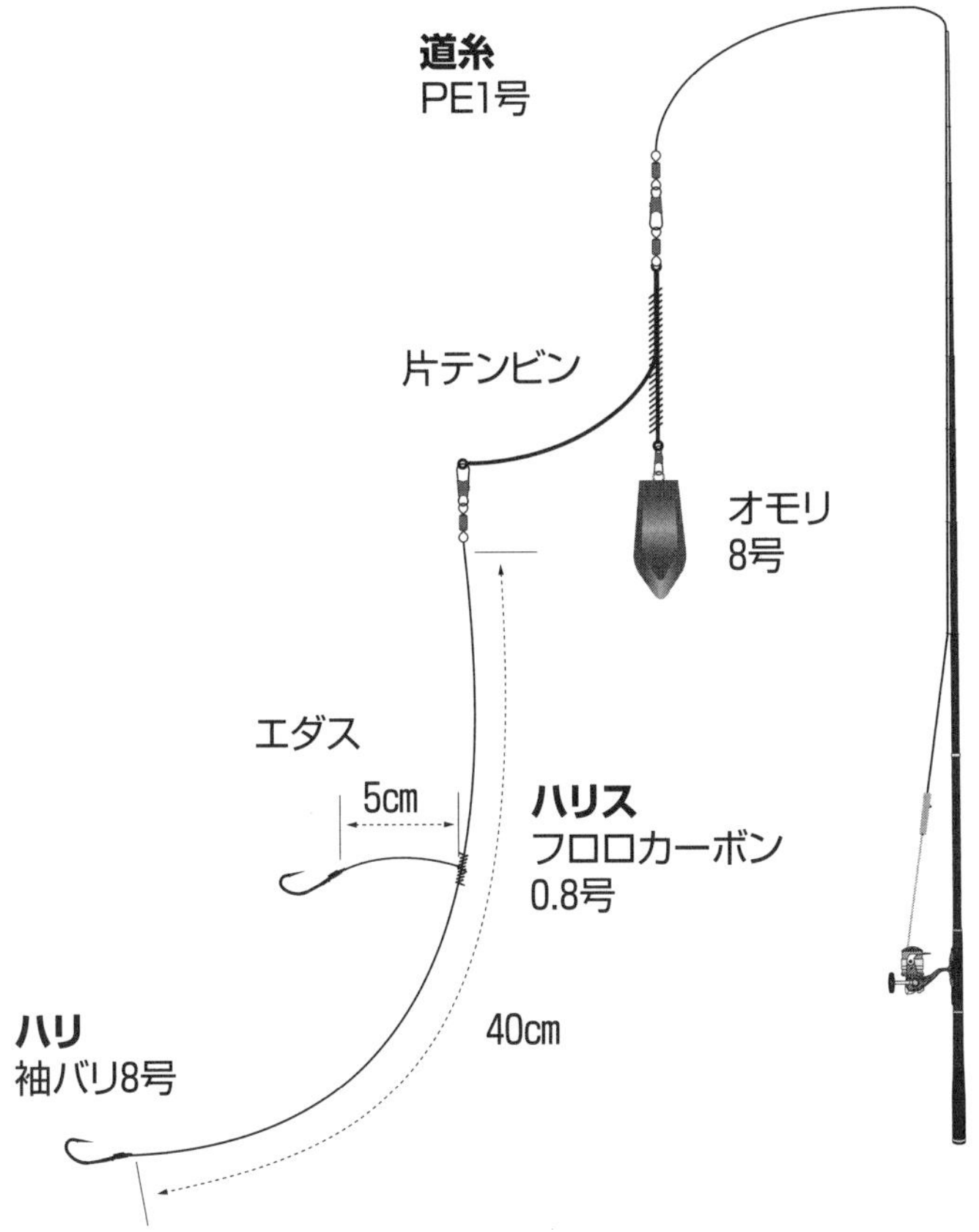

釣果を伸ばすコツ

手返し良く釣るためにはハゼがエサを飲み込む前にアワセることが肝心で、竿先がわずかに押さえ込まれる瞬間を見逃さないようにしたい。アワセは軽く竿を起こす程度のソフトなアワセを心掛ける。

アタリがなければ、オモリを持ち上げてエサを動かすか、仕掛けを回収して入れ直す。真下でアタらなくなったら、仕掛けを投げてみるとよい。アタリがあるのにハリ掛かりしない場合はエサやハリが大きすぎる。

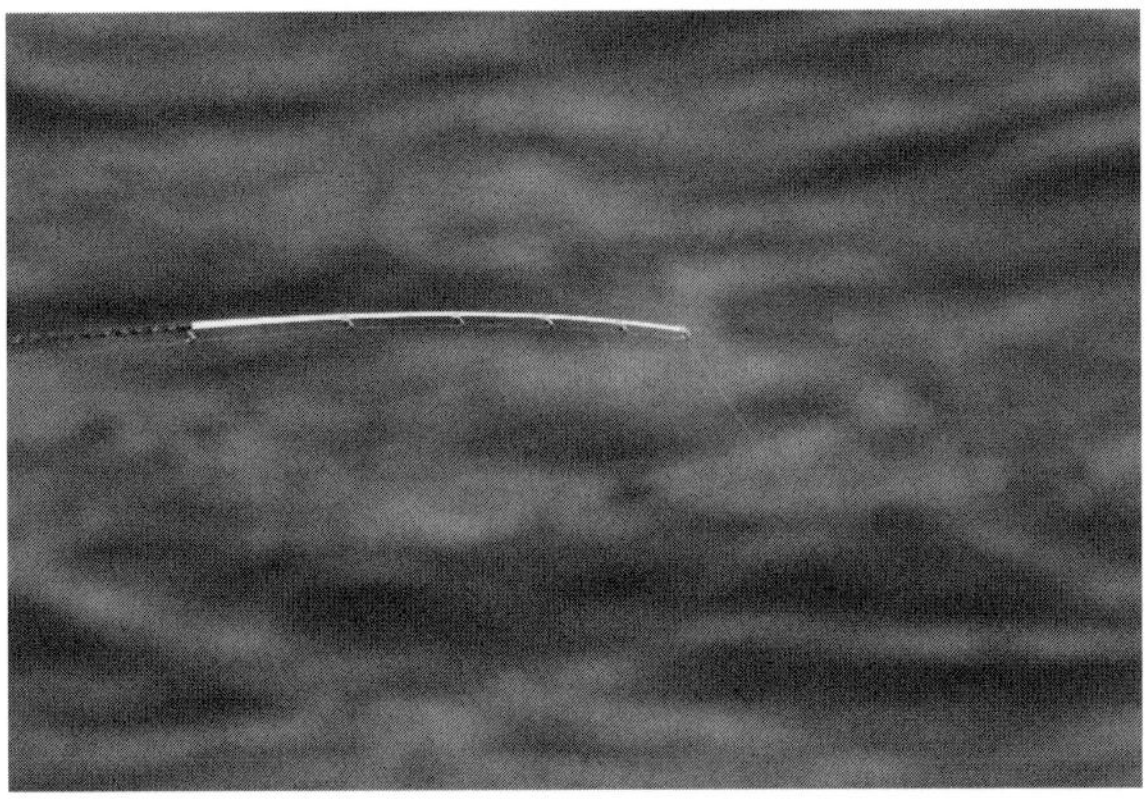

ブルブルと穂先が揺れる大きなアタリに発展する前の、わずかな変化を察知しよう。

マダコ釣り

ターゲット

マダコは東アジア沿海の熱帯・温帯海域に広く分布し、単に「タコ」といえばマダコのことを指す。船でのタコ釣りは各地で盛んに行われていて、現在はタコエギという釣り方の人気が高まっている。

タコはひと潮で見違えるほど大きく育ち、梅雨明けごろから1~2kg級の釣果を期待できる。一般的にタコ釣りのベストシーズンは数釣りを期待できる夏場とされるが、冬場にアタってくるタコは大型。最大サイズは4kgで、大きなタコは浮かせてくる途中でエギを離すことが多いため、なかなかその姿を見ることはない。

ちなみに吸盤の大きさが揃っていてきれいに並んでいるのがメス。メスの方が大きく成長するが、オスの方が身がしっかりしている。

釣り上げたタコをクーラーボ

夏の好期には初心者でも簡単に釣れるマダコ。

特殊なスナップを介して２本のタコエギとオモリをセットする。

抜き上げでの取り込みは船べりに張り付くことがあるので要注意。タモで掬うのが確実。

ツクスに入れても、フタを完全に閉じていないと這い出してしまうほどの脱走の名人。これを防ぐためには、洗濯ネットに閉じ込めるという手がある。

基本の釣り方

典型的なポイントは砂地にゴロタ混じりで、狙うのは海底。船長は釣り人のラインの角度を見ながら操船し、タコエギを真下に落とせるようコントロールしてくれる。

タコエギを投入したらまずは底を取り、その後は底を叩くようにして誘う。リフト&フォールやシェイクでのアピールが有効で、ときどき誘うのを止めて、タコがエギに乗ってくる間を与えるとよい。

タコがアタってきたら最初はコツコツと穂先が叩かれ、やがて押さえ込まれるような重量感に移行するので、タコを底からはがすように大きくアワセを入れる。小さいアタリが続く場合は触腕で触っているだけのこともあるので完全に乗るまで待つか、さらに誘いを入れる。

通常のタコエギにはカエシが付いていないため、ラインのテンションが抜けると外れやすいので一気に巻き上げよう。大型の取り込みはタモで掬うのが確実だが、小型はリーダーを掴んで抜き上げてもよい。

なかなかアタリが出ない場合は、軽くキャストをして手付かずのポイントを探るか、自分のエギを他の乗船者よりも目立たせるために、ブレードチューンや、ティンセルをプラスしてボリュームアップする。

タックルとエギ

タックルはバットのパワーに特化したタコ専用ロッドとパワーギアタイプのベイトリールの組合せがベターで、水深があるポイントでは電動リールを使ってもよい。

PEラインは3号で、リーダーはフロロカーボンライン10号を50㎝ほどとする。

タコエギのサイズは3号か3・5号。タコは派手なものに興味を示すのでエギをダブルでセットするパターンが主流となっている。

2個のタコエギを接続するためのスナップは特殊な形状をしており、オモリを付けるスナップとタコエギを付けるスナップが一体化している。

タコエギ仕掛け

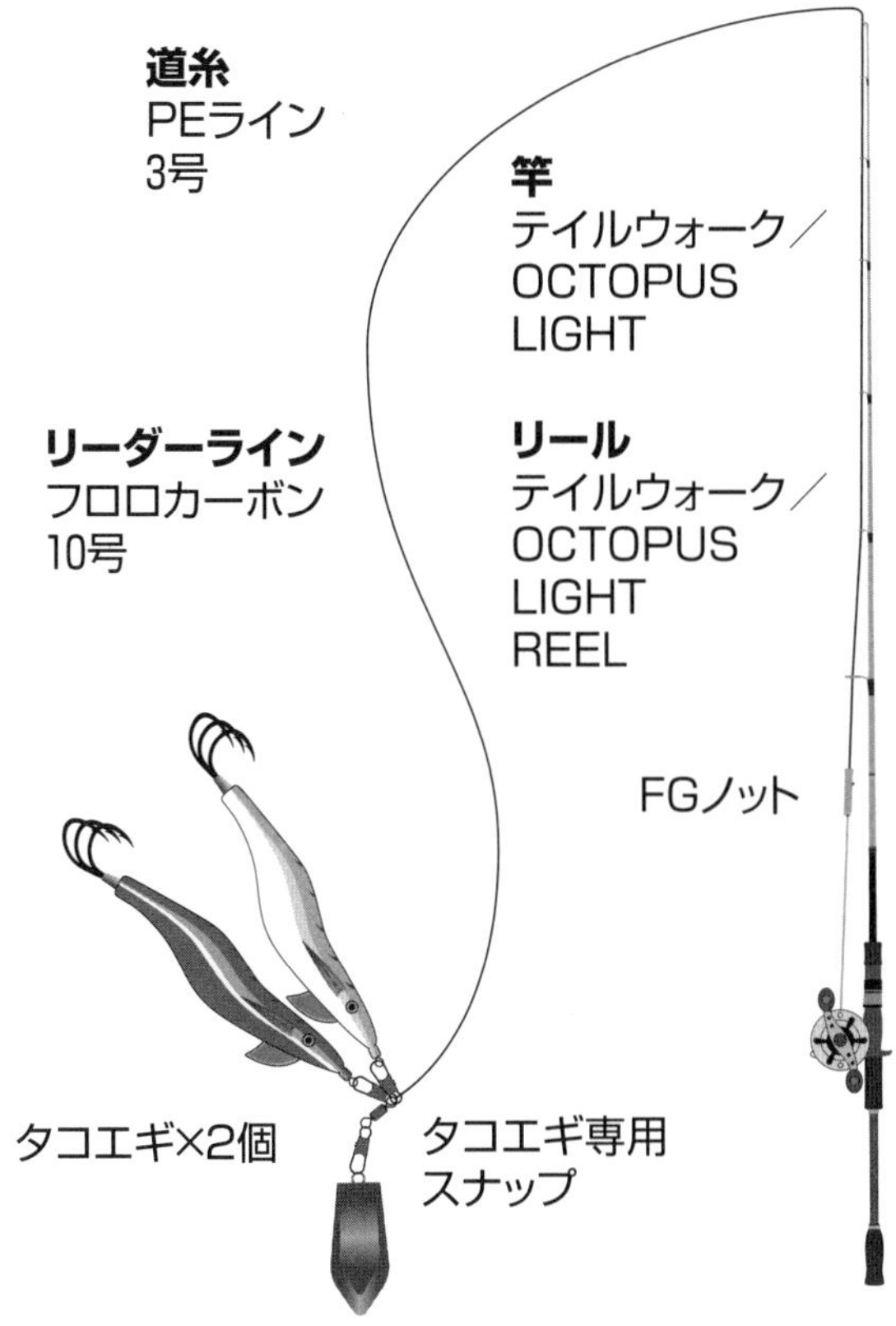

船釣りに必要なアイテム

船釣りでは指定されたライフジャケットが義務付けられている。快適に釣りをするためには、衣類にも気を配ること。特に海上は陸上よりも体感温度が低くなりがちなので、調整できる上着などは必須だ。

ライフジャケット

海上で船外活動をする場合、国土交通省の基準に従ったライフジャケットの着用が義務付けられている。これに違反した場合は、船長が罰せられることになる。

使用できるライフジャケットはタイプ別に分けられており、遊漁船では条件付きでタイプDなども使えるが、ほとんどの人は全ての状況下で使用が可能となっている、タイプAを選択している。

持っている場合の確認方法は、ライフジャケットのタブや内側に桜マークとタイプ表示が印字されているか。桜マークがないものやタイプA以外のものであれば沖に出る遊漁船には使えないと思っておこう。

持っていない場合は新しく購入するか、船宿にレンタルがないか相談するとよいだろう。

船釣りでは首掛けタイプの自動膨張式が好まれており、釣りの操作を邪魔しないものがおすすめ。腰巻きタイプやポーチタイプも人気だ。

首掛けタイプ

船釣りで多く好まれているのがこのタイプ。内部の浮力体が膨張したときに首の後ろから肩周りを包み込むような形となり、呼吸を確保するために必要な顔面が上を向きやすい。万が一意識を失っているようなときでも顔が水に浸かりにくい構造となっているため安心だ。

腰巻きタイプ

装着感があまり気にならないのが特徴。このタイプは浮力体が膨張したときに腰周りが浮き輪のような状態で膨らむ（一部、腰に巻かれずに浮力体が出るだ

腰巻きタイプは装着感が気にならずオシャレにつけられる。

安全性を重視するなら首掛けタイプがおすすめ。

一番コンパクトなのがポーチタイプ。

けのものもある）。使用感と安全性の両面を兼ね備えた最近人気のタイプ。

ポーチタイプ

コンパクトで装着感が良い。浮力体が膨らむときに体に巻かれないというものも多い。浮力体を掴んで自分自身で体に装着する必要があるので、気を失っている場合などは、安全装備として機能しない場合もある。

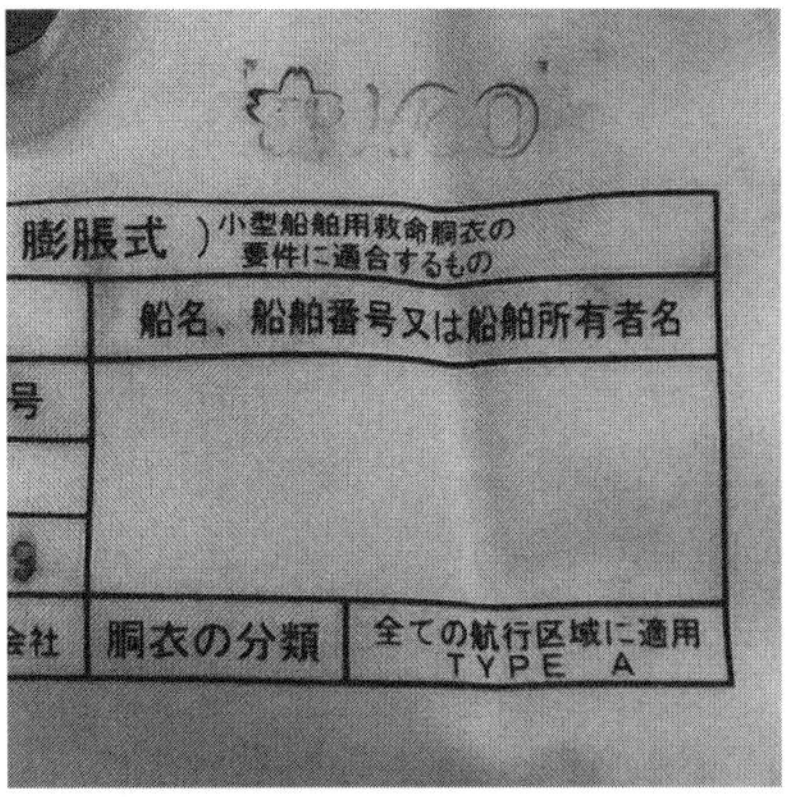

桜マークとTYPE　Aの刻印。遊漁船で使えるライフジャケットには必ずこのマークが付いている。

ウエア

船の上では波しぶきで濡れることが多く風も吹きやすい。このため対策としてレインウエアやウインドブレーカーを着用しておくのが一般的だ。撥水効果は汚れへの対策にもなる。

海上は陸上に対して気温差がでやすいため、重ね着して暑ければ脱ぐ、寒ければ着るようにしておく。

キャップはルアーや仕掛けから頭を守ってくれる意味もある。なるべくつけておこう。

キャップ

船上では海面の照り返しがきつく夏場は熱中症になりやすい。紫外線対策のためにもツバが広めのものを選ぼう。ただし、通気性の悪いものだと熱気がこもってしまい逆効果となることもあるので、夏場の素材はメッシュタイプなどを選ぶとよいだろう。冬場は防寒対策のためニット帽や、耳あて付きのものなどを選ぶと快適に釣りを楽しめるだろう。ネックウォーマーなどと併用するとよい。

ルアーや仕掛けから頭部を守る役目もあるので、なるべくかぶるように心がけておこう。

船上は陸よりも風などの影響で寒く感じることもある。防風効果があり風に煽られずに羽織るものがあると重宝する。

グローブ

なくても釣りができるため軽視されがちだが、案外重要なのがグローブ。手を怪我から守り、冬場には防寒対策としても優秀なアイテムとなる。

歯やヒレなどが鋭い魚種もおり、軽く触れるだけでも怪我をしてしまうこともある。また揺れる船上で仕掛け交換中や魚からハリを外す際に、ハリや魚のヒレが手に刺さるなどよく聞くから、できるだけ装備しておこう。

グローブにも夏用冬用がある。購入時には気をつけておこう。

ロッドでアクションを付けるときや、魚とのファイト中にロッドを握るグリップ力を高めてくれる役割もある。

デッキブーツ

履き慣れたシューズでも大丈夫だが、船の床は濡れることが多く、滑って転倒する可能性が高い。揺れもあるため滑りにくく踏ん張れるものが理想だ。その点、船用に開発されたデッキブーツなら安心だ。靴底はフェルトとラジアルがあり、通常はラジアルで問題ない。ピン付きは滑りやすいし船を傷つけるので使用不可。

夏場はサンダルタイプも好まれるが、露出が多いと怪我のリスクが増えるので、あまりおすすめしない。

デッキブーツを履いておけば船上で滑りにくくなるので、快適に釣りができる。

プライヤー

船釣りでは欠かせないアイテムで、魚からハリを外す、結び目を締める、リング類を着脱するなど、活躍の多い道具だ。

プライヤーのノーズは、細長いものを選んでおけば、喉元や掴みにくい場所に掛かったハリを外すときに便利なのでおすすめだ。

素材には軽量で取り回しの良い「アルミ」、硬く変形しづらい「ステンレス」、錆びにくい「チタン」などがある。通常の釣りならアルミでも大丈夫だが、長く使いたいならステンレスかチタンを選ぶ。

フィッシングプライヤーはノーズが長めでグリップが握りやすいものを選ぶとよいだろう。

フィッシングバッグ

釣りの内容によって必要な容量も変わってくる。例えば、仕掛けセットとオモリさえあればできるカワハギ釣りなどは、できるだけコンパクトなバッグを用意したい。

逆に大物を狙う釣りや仕掛けに使うアイテムが多い釣り方で

道具をひとまとめにできる大型タックルバッグを使う。

は収納力を必要とするので、大容量タイプを選ぼう。

また船上では移動時に潮をかぶったり、天候急変で雨が降ることもあるため、防雨タイプを選んでおけば間違いない。

クーラーボックス

キャッチ&リリース前提なら、食料や飲み物が入る小型タイプで十分。ただし熱中症対策のためにも飲み物は十分な量を用意しておきたい。持ち帰るのならば、ターゲットに合わせたサイズ選びが必要だ。釣りたい魚の最大全長を調べ、十分入るサイズを用意しておこう。

クーラーボックスの性能は主に断熱材の違いといってよいだろう。安いものだと、断熱材が発泡スチロールなど最低限なものが使われているが、値段が上がるごとにウレタンや真空断熱パネルなど強力な断熱力を有するものに変わる。自分がよく行く釣りに合わせて最適なサイズをチョイスしよう。

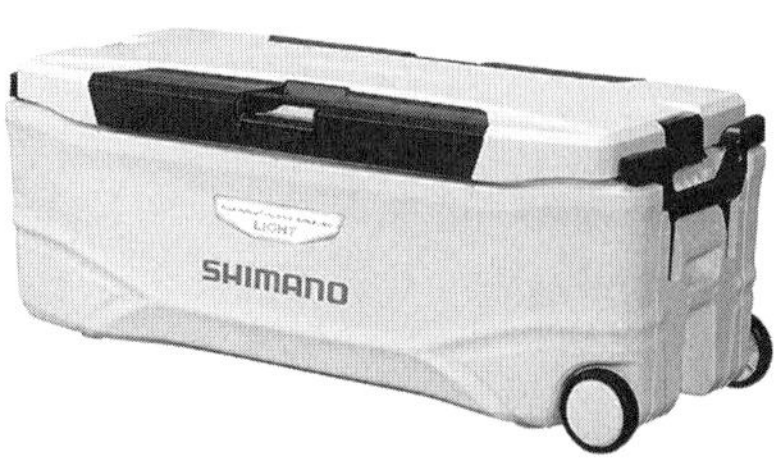

対象魚に合わせて用意するのがベストであるが、35L前後がオールマイティに使えるサイズだ。

酔い止め薬

乗り物酔いに自信がある人でも、初めて遊漁船に乗るときは念のため酔い止めを購入しておくとよいだろう。

船酔いを防ぐ最も有効な手段は、乗船前に酔い止め薬を飲むこと。もちろん正しい服用方法を厳守することが大前提で、必ず説明書をよく読んでおこう。

酔い止め薬の主な副作用として眠気、口の渇き、動悸などがあることを十分に理解しておきたい。酔い止めグッズを購入してみるのもよいだろう。

「病は気から」という言葉があるが、実は乗り物酔いも、「気の持ちよう」が大切といわれている。実際船酔いしている人が、魚が釣れた瞬間、その興奮で乗り物酔いをすっかり忘れてしまうこともある。船に乗る前からブルーになるのではなく、「自分は船酔いに強い」と自己暗示するのも一つの手だろう。

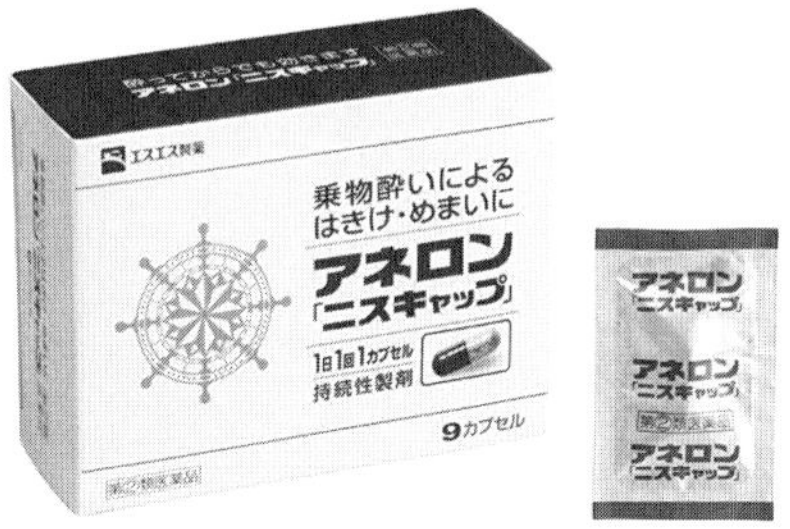

用法用量は必ず守ろう。常備薬を飲んでいる人は、ドラッグストアで飲み合わせについて問い合わせるのも忘れずに。

船の各部の名称

船宿や船長からの指示で、釣り座（竿を出す位置）を指定される場合もあるから船の各部位の名前と役割りを覚えておこう。

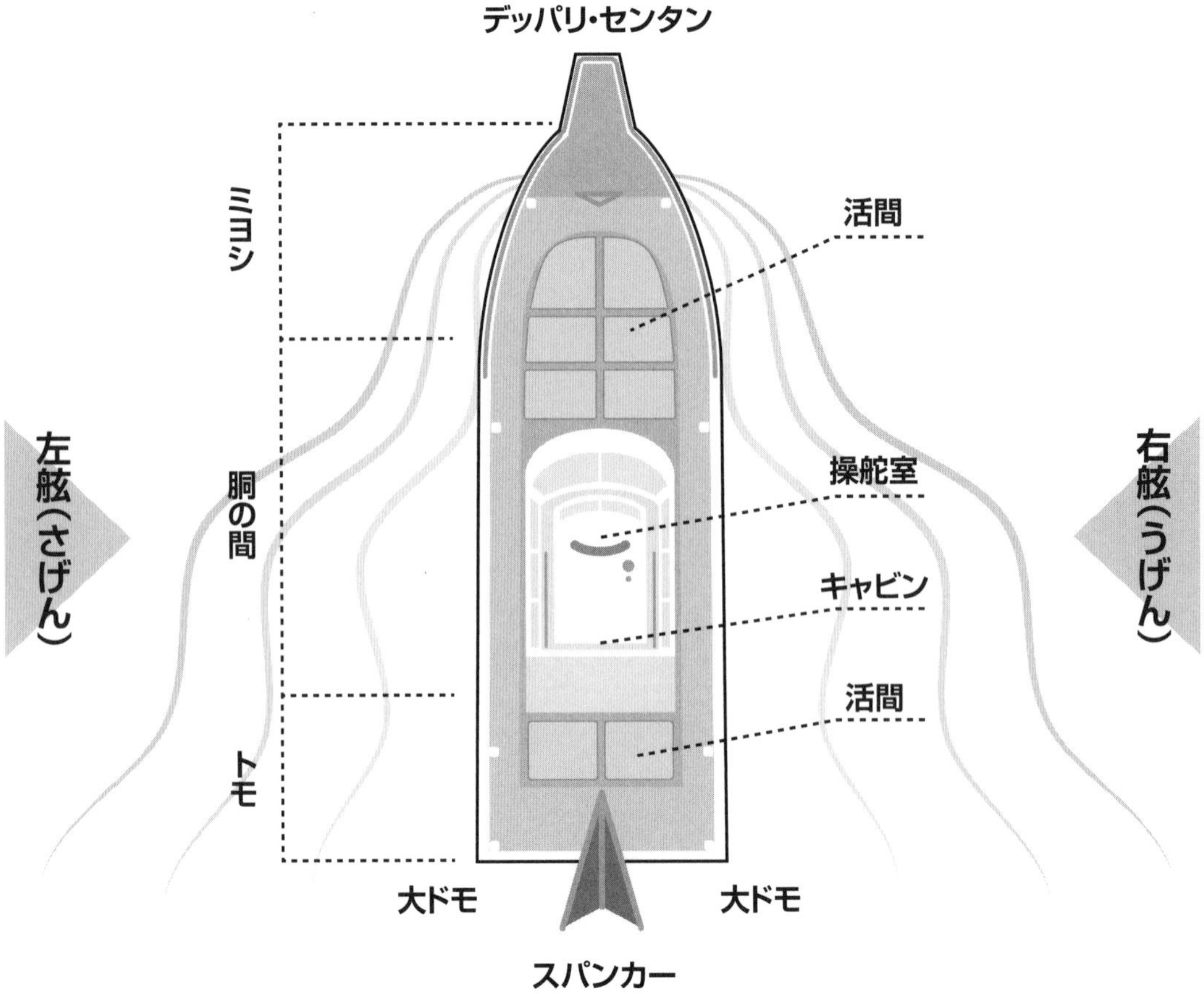

船の各部名称

ミヨシ

船首部分。背後に障害物がないため、混雑していなければキャスティングを許可している船も多い。他の場所よりも広いスペースが使える。揺れが大きいためビギナーには不向き。

胴の間

キャビン脇の中間部分。揺れが少ないため船に酔いやすい人やビギナーにおすすめ。初めてならこの場所をおすすめする。操舵室に近く船長とのコンタクトもとりやすい。

トモ

船の後部をトモ、後部の角を大ドモと呼ぶ。ミヨシよりも揺れは少なく、広くて釣りやすいので人気がある。エンジンの排気ガスの影響が強いから、船に弱い人は避けよう。

スパンカー

船の後部にある帆。同じポイントに留まったり、潮流に合わせて流すときに使用する。

操舵室

魚探や通信機器が設置されており、船長の専用スペース。無断で立ち入らないこと。

キャビン

客室。仮眠用のベッドを設置している船もある。船酔いした人はここで休むとよい。

胴の間は船長とのコミュニケーションがとりやすく、海の状況をいち早く知ることもできる。

ボウズ

船を係留するためのロープをかけるポールのこと。

竿立て

移動時などにロッドを立てておくことができる。一人で独占しないように気を付けよう。

活間（イケマ）

釣った魚を入れることで帰港まで活かしておける。数人で使う場合もある。

トイレ

設置しているかは船によりけり。予約時に確認しておこう。

その他

冷蔵庫・電子レンジ・湯沸かしポット・エアコンなど釣り人が快適に楽しめるような設備を持った船も多いが、全て備品なので船長に聞いて使用する。

レンタルタックル

船宿によってはタックルをレンタルしている場合もあり、空いていれば借りることができる。その釣り場に合わせたセッティングがされているから、はじめてならいきなり買わずに借りた方が快適に釣りができる。レンタル料金はロッドとリールセットで５００～３０００円程度。中には無料で貸してくれる気前の良い船宿もある。

借りられるのはロッドとメインラインが巻かれたリールというのがほとんどで、ルアーや仕掛け、小物類は自分で用意するパターンが多い。タックルの受け取りは船宿で、名簿記入時にレンタルタックルを予約したことを伝える。

レンタルタックルを誤って海に落としてしまったり破損してしまった場合、損害保険に入っていれば弁済金無料で済むこともあるが、船宿によって紛失や破損の弁済金額を定めているところもある。万が一起きてしまった場合は、しっかりと責任をとろう。

釣れた魚は活間に入れて活かしておく。そうすると鮮度が落ちることがない。

中型以上の船ならトイレはほぼ完備されているが、念のため確認しよう。

ハリの外し方

ほとんどのハリには、刺さったハリが抜けにくいように「カエシ（バーブ）」が付いている。一見、すぐに外せそうなものであるが、いざハリを抜こうとするとなかなか外れなかったりする。コツがあるので解説しよう。

ハリの役目

仕掛けにハリが付いていないと魚を掛けることはできないのはご明察。

いかにして魚にハリを掛けるかについて古来から工夫されてきた結果、現在の釣りバリに至る。中でも日本製のハリは世界でもトップレベルの性能を誇り種類も多い。

ハリに多くの種類が存在する理由は、釣りや漁の対象となる魚がそれだけ多いことに由来する。魚は日本にとってそれだけ大きな食資源ということだ。

また魚ごとにエサの食べ方が違うため、違和感なくエサと一緒にハリを飲み込んでもらうように形状が工夫されている。さらに掛けた後に外れにくい工夫も施されている。だから対象魚のエサの食べ方に合わせてハリを選ぶことが大切だ。

カエシについて

カエシの大きな役目は、刺さったハリを抜けにくくすること。例えば、魚が暴れた際にハリが抜けてしまうことがあるが、これを防止する役目だ。

またカエシがないハリのことをスレバリ(バーブレス)などと呼び、刺さりを良くしたり、魚へのダメージを軽減する目的で使われている。カエシが控えめのものもある。キャッチ&リリース前提の場合は、カエシのないハリを使うとよい。

通常はハリのフトコロ側(内側)にカエシが設定されているものがほとんど。

他には、アウトバーブといって、外側に付いたもの(刺さりを良くするため)や、シャンクにカエシ(ケン)が付いたもの(エサなどがズレないようにする目的)もある。

トレブルフックの名称

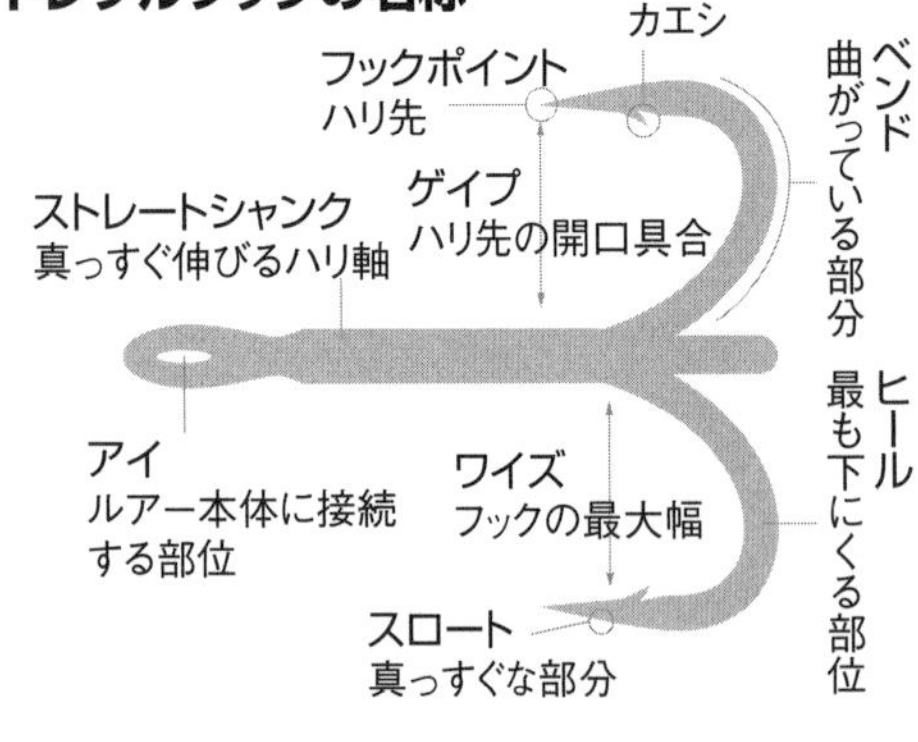

ハリの名称

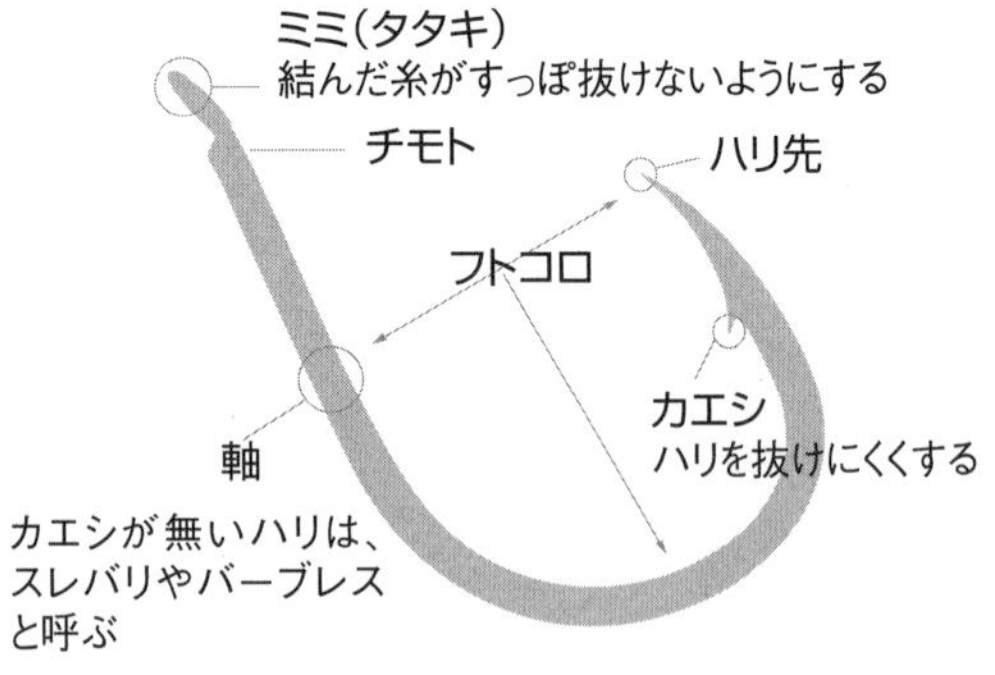

ハリを外す際のコツ

ハリにはカエシが付いているのだから、当然、強引に引き抜く必要がある。しかし、真っすぐに抜こうとしてもなかなか抜けないようになっている。

抜くコツは、まずフトコロ付近を持つのではなく、ハリの軸(シャンク)部分をつまんで、ハリのカーブに沿って回すように抜く。抜けにくい場合は、ハリを左右に振り、刺さった穴を少し広げるようにしてから行うと抜けやすくなる。小さなハリなどは軸をつまみにくいので、耳を押すようにすると抜きやすい。プライヤーなどを使う場合は、ハリの軸を強くつまみ、手で外す要領で行うか、押すように外すと取れやすい。

魚が暴れた状態で行うのは危険なので必ずタオルや魚バサミで固定してから行うこと。

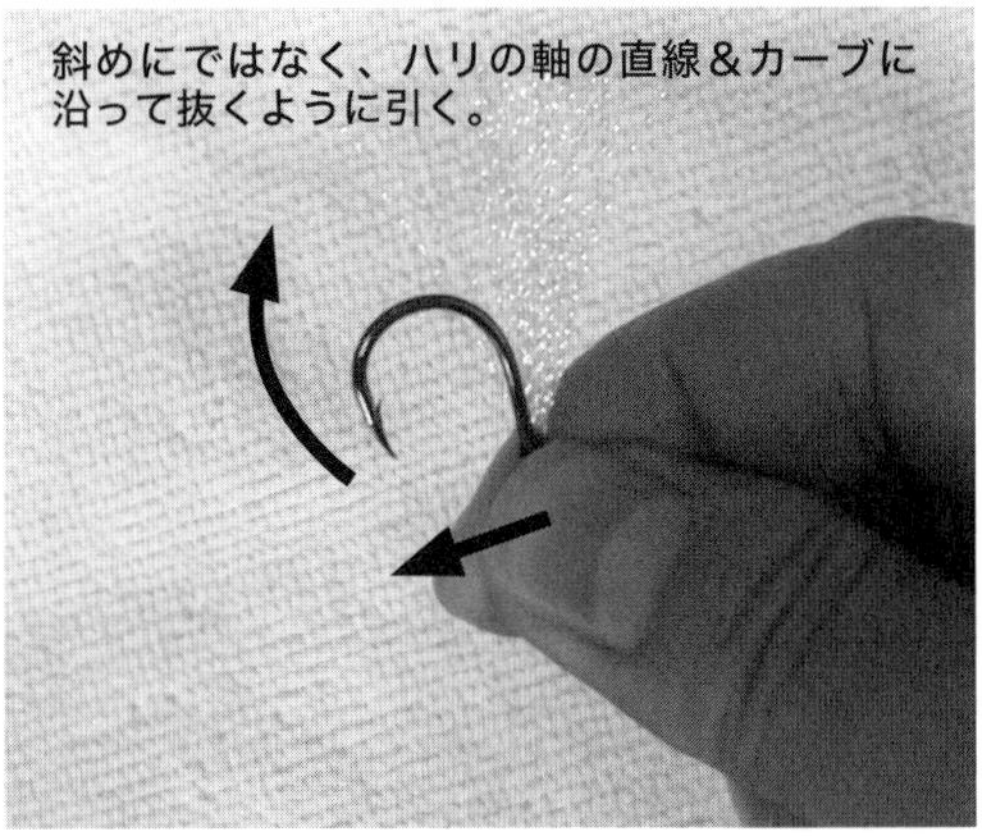
斜めにではなく、ハリの軸の直線&カーブに沿って抜くように引く。

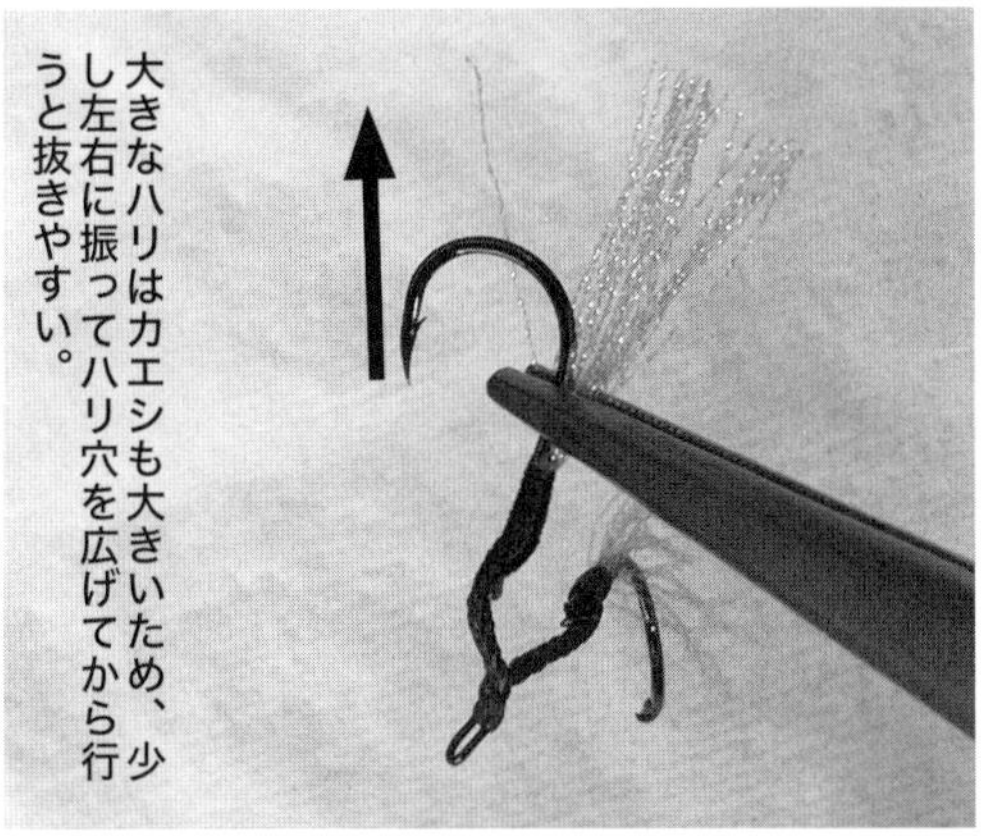
大きなハリはカエシも大きいため、少し左右に振ってハリ穴を広げてから行うと抜きやすい。

ハリが飲み込まれたとき

口元付近に掛かったハリを外す方法は上記のやり方で大丈夫だが、飲み込まれたハリや、口の奥に掛かったハリを外すのは慣れた人でもやりにくい。釣り用の「ハリ外し」を使えばいくらか外しやすくはなるものの、慣れるまで少し時間がかかる。

無理に外そうとしていると、魚が暴れて怪我をしてしまうことも考えられるので、外しにくいと感じたら、口元でラインを切って対処する方が無難だ。

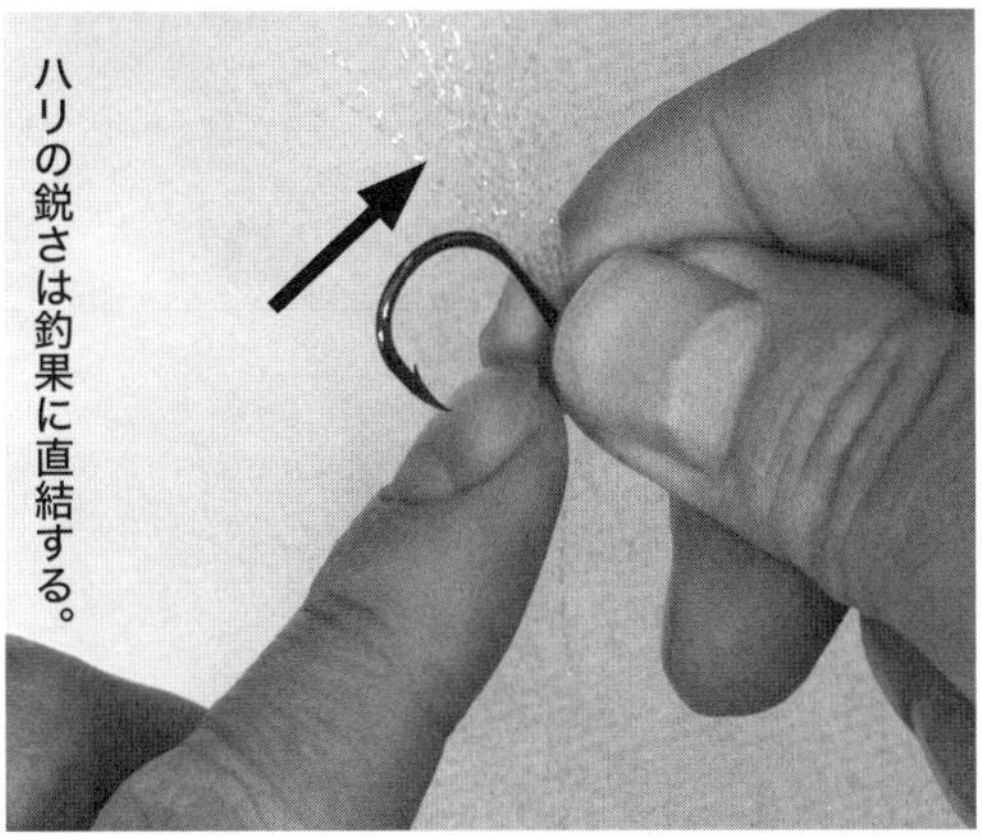
ハリの鋭さは釣果に直結する。

ハリの交換

釣りのベテランでも、ハリの交換時期を逃している人は多い。いつまでもハリ先が鋭利なままのように感じるが、釣り続けるほどハリの先端は鈍っていく。

特に、数尾釣れた、根掛かりをした後は要注意。指で触って鋭さを感じても、すでに鈍っている可能性が高い。

確認方法としては、ハリ先をツメに対して90度に軽く立て、そのままスライドしてみて滑るようなら交換、動かないかツメが削れるようならOKだ。もちろんサビが出ても交換だ。

ハリは魚の硬い部分に刺さらなければ意味がないので、定期的にチェックして交換しよう。

トラブルシューティング

複数人で船に乗る場合、どうしても仕掛けが絡まるなどのトラブルが発生する。これは仕方がないことで、誰が悪いというわけではない。お互いに、早急にトラブルを解決するという気持ちが大切だ。またトラブルを避けるための努力は怠ってはいけない。

船長の指示に従う

チャーター船ならともかく、乗合船では見ず知らずの人同士が数時間を一緒に過ごすことになる。釣り人同士の無用なトラブルを避け、楽しい時間を過ごすために、対処方法を知っておこう。

釣りの開始やポイントの移動はもちろん、仕掛け絡みや根掛かりなどの対処時も、船長の指示があればそれに従うことが全ての前提となる。このことを肝に銘じて、各トラブルに対処しよう。

最近はビギナーにも親切になっている船も多いが、決して優遇されているわけではない。乗船者からいろいろと学ぶ心を大切にしよう。

ビギナーは正直に伝える

恥ずかしがらずに船長や同船者に伝えておくこと。特に隣の釣り人とのオマツリはよくあるので、挨拶をしっかりとして、釣りを学ばせてもらう相手として認識しておこう。

隣の人が魚を掛けた場合

通常の魚であれば気にせずそのまま釣りを続けて構わないが、大きな魚が掛かったときは、仕掛けが絡んでしまうことが考えられるので、自分も素早く仕掛けを回収し、釣り上げられるまで待っておくか、タモ入れなどのサポートをしよう。

オマツリはお互いの責任

初めて船釣りをする場合、誰かと仕掛けが絡んだことすら気づかないかもしれない。周囲の様子をいつも観察し、誰かがオマツリした様子が窺えたなら、自分の仕掛けが絡んでいないか確認しよう。

　もし、仕掛けが引っ張られたり絡んでいることが分かったら、リールのクラッチを切り（スピニングリールの場合はベイルを開け）、ラインを送り出して相手が操作しやすいようにしよう。この際、何も考えずにリールからラインを出してしまうと、今度は自分のリールがバックラッシュしてしまい余計に状況がひどくなってしまうので、リールスプールに手を添えながら、引っ張られた分だけラインを出すようにすること。

　どうしてよいか分からない場合は、相手に指示を聞いて操作しよう。

　オマツリ時は明らかに相手が悪くても責めたりしてはいけない。早く釣りに戻るために協力し合って解消しよう。

船の先端付近（ミヨシ）は、写真のように左右に揺れやすい。船べりが低い船の場合は、落ちそうで怖くなるだろう。慣れないうちは無用に歩きまわらず、身体が支えられるものの近くで釣りを行おう。場合によっては座って釣ることも必要であるが、クーラーなどの物に座ると滑る可能性があるので、固定されていないものは注意。

根掛かりした場合

　仕掛けを大きく引き込むのは魚だけではない。海底など根に仕掛けが引っ掛かったときも急に引っ張られる。そのまま無理に竿を持って堪えていると、ラインが切れるか竿が折れてしまうので適切な対処が必要だ。

　さほど引っ張られない場合は、ラインを張ったまま竿を上下することで根掛かりが外れることもある。しかし、潮や船が速く流れているときは一気に引き込まれるので、まずは慌てずリールのクラッチを切ってラインを送り出そう。

　根掛かりが外れそうにない場合は、ラインの方向と竿の向きを一直線にしてリールのクラッチを戻し、リール自体で引っ張るようにしてラインを切る。竿を曲げて引っ張ると折れることもあるので、竿に負担が掛からないように対処する。

　仕掛けを切りたくないといつまでも粘っていると他の人に迷惑がかかるので注意。またラインを切った際に、多くのラインを失ってしまうことがある。狙う水深よりも短くなってしまってはその後釣りができなくなるので、予備のラインは必ず用意しておこう。

船が小さいほど譲り合いの心が大切。他人の釣果がさらに魚の活性を上げることもあるので、協力してまず1尾を釣り上げよう。

釣れないときの虎の巻

釣りを何度か経験する前に読んでも、あまりピンとこないかもしれないが、もし釣れなかったときは、本章を読んでチェックしていただきたい。釣り慣れてくれば現場で気づくこともあるが、慣れるまでは釣り以外のことにも気配りがいき釣りに集中できないものだ。

竿の持ち方

片手でリール付近を持ち、もう一方の手でリールを操作するというのが基本の動作。でも、実際はそれだけではなく、アタリが取りやすい持ち方や、魚のアタリが出やすい竿の角度がある。これは使用する竿や仕掛けによって違うからひとまとめにはできないが、共通項目はある。

アタリが出やすいのは、竿先から出るラインの角度が60度から１５０度くらいまで。それから外れると、ラインから伝わってくる竿に出るアタリが小さくなる。しかし、アタリの感触すら気づいていないこともあるだろう。「どれがアタリか分からない」と感じている人は、竿の持ち方を工夫してみよう。

ラインの角度は先ほどの範囲内にして、できるだけ竿がブレないようにしっかりと持つ。ギュッと固く握るのではなく、リール付近を重心にして手に乗せる感じ。竿尻は脇に挟んで固定するとさらにブレにくくなる。ブレる＝アタリを分かりにくくすることであると認識しよう。また、無意味にブレさせないことは仕掛けの安定にも繋がるので、魚の食いも良くなる。

竿を持つ角度は、下げすぎても上げすぎてもいけない。海と水平に持つくらいが丁度良く、そこからいろいろな対応がしやすい角度でもある。電動リールを使う場合、魚を掛けてから巻き上げる速度は一定がおすすめ。早くしたり遅くするのはバラシの原因になりやすい。

仕掛けの落とし方

船長の合図とともに、急いで仕掛けを落としていないだろうか？ そういうときは海中で仕掛けが絡まることが多くなる。まずは仕掛けを海面になじませ、ラインが張ってから仕掛けを沈ませよう。

逆に、新しいポイントに着い

てモタモタするのもよくない。新しいポイントでは魚も新しい群れになっているので、早い者勝ちで大型が食ってくるパターンも多い。

着底前後も大切な瞬間で、魚が食ってくる確率が高い。仕掛けが落ちていくさまを魚は見ており、着底で仕掛けが止まった瞬間のタイミングで食ってくることも多い。これが、着底を見逃し底をゴロゴロと仕掛けが転がるような釣り方をしていると、チャンスは減ってしまう。着底が分からないまま釣るのではなく、一旦5～10ｍほど巻き上げ、再度落としてみよう。

ルアー&エサのサイズ

魚はいつも同じものを食べているわけではなく、日によってエサが違うことも多い。例えば、アジを食べているときにイワシがいても、アジを優先して食べるという感じだ。

ただし、人間のようにアジかイワシかと判別しているのではなく、サイズや形状で選別しているようだ。

10㎝のアジを食べているときに30㎝のアジがいても、優先度は低いということだ。

分かりやすく説明すると、当日の状況に向いているルアーやエサ、仕掛けはあるということ。つまり釣れなかった場合は、不向きな仕掛けを使っていた可能性もあるということだ。

釣れた人がどんな釣り方をしていたかを知り、当日の状況を把握しながら、自分の仕掛けやルアーを選択することが大切である。

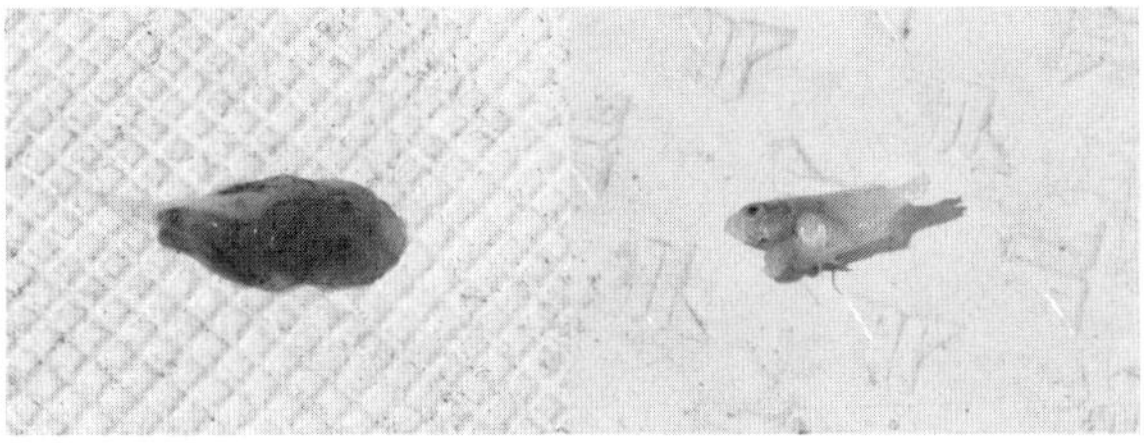

ときにはこんなに小さなエサを食べていることもあるが、これに合わせるのではなく、これを食べにきているひと回り大きな魚のサイズを見立ててルアーやエサを調整する。

他の人が魚を取り込む際に、どんなルアーを使っているか、カラーは何色かなどを参考にするとよい。よく釣れている場合は同じように設定し、釣れていないときは別の要素で探ってみる。

仕掛けを落とす際は、竿を下げ気味にしてリールスプールには指をそっと添えてサミングしながら落とす。仕掛けを落とすときにも魚は食ってくるので気を抜かないように。

仕掛けを止める・動かす

ビギナーは仕掛けを落とす、巻き上げるの繰り返しに忙しいから、他の動作はあまり行っていないが、ベテランほど竿を操作することで魚の食い気を誘う「アクション」や「誘い」などを行っている。

ルアー釣りの場合はじっとしていても釣れる確率は低いから、それぞれに合わせたルアーアクションを行うが、エサ釣りではルアー釣りのような大きなアクションはあまり行わず、ちょっとした動作を追加して魚の食い気を誘ったり、エサがここにあるとアピールしたりする。

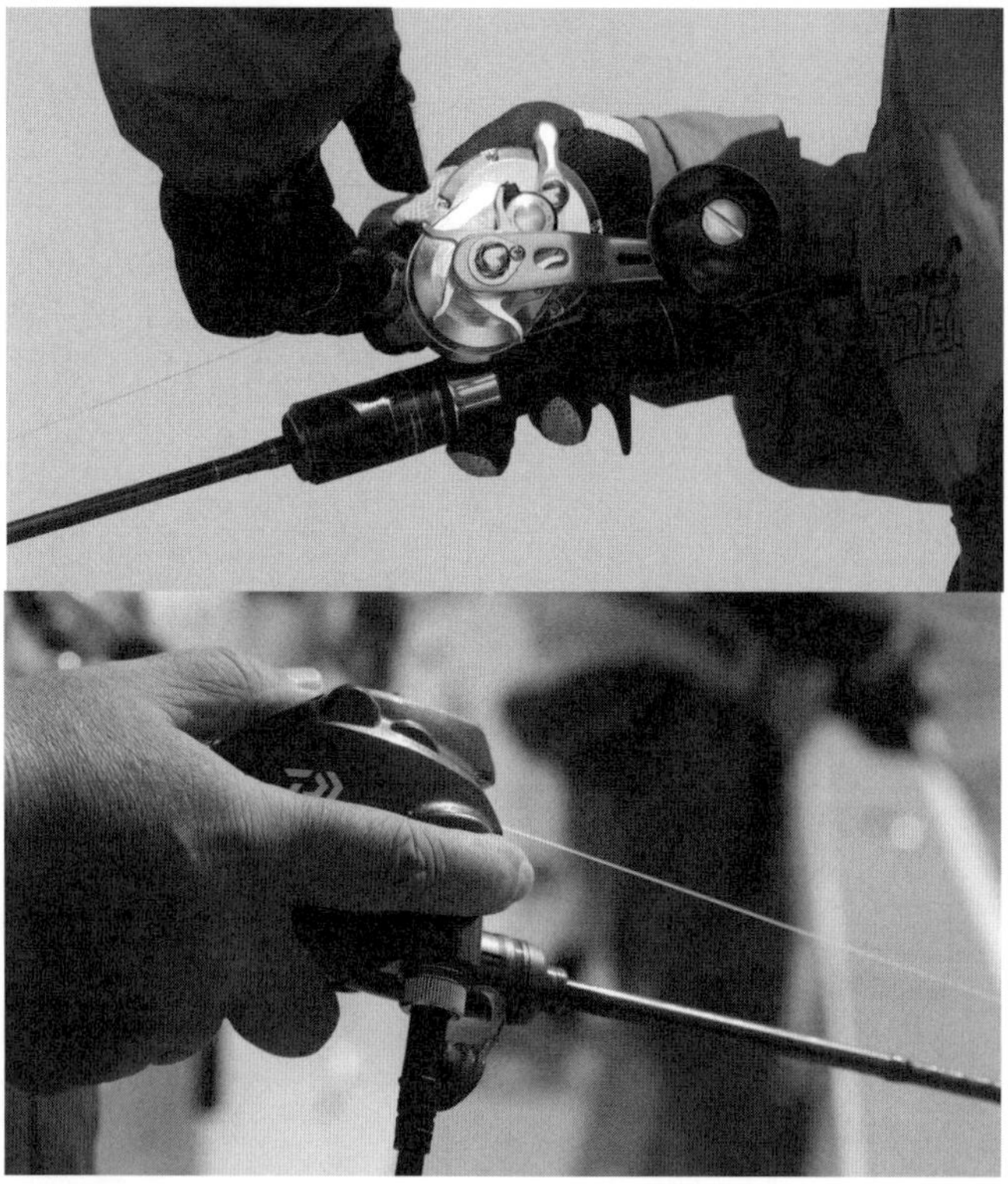

こまかな誘いを行うのは、ベイトリールが適している。ラインを出したり止めたり巻いたりなど、小回りがきき、スムーズな切り替えが可能だ。

具体的には、ルアー釣りの場合は基本のアクションに加えて別のアクションを取り入れることで、一つの食わせパターンになることが多い。例えば、ジャーク後に2秒間のタダ巻きを入れると食ってくるなどだ。

エサ釣りでは、食わせるときは仕掛けを止めているが、その間に5m巻いてゆっくりと着底させたりなど、仕掛けの上げ下げで誘うケースが多い。

ちょっとした動作ではあるが、これがハマると自分だけ魚が連発することも多いから、釣れないときは、誘い・食わせ・アピールのアクションを自分なりに行ってみよう。

結び方

ラインとルアーを結ぶときやハリとラインを結ぶ部分には特別注意を払いたい。

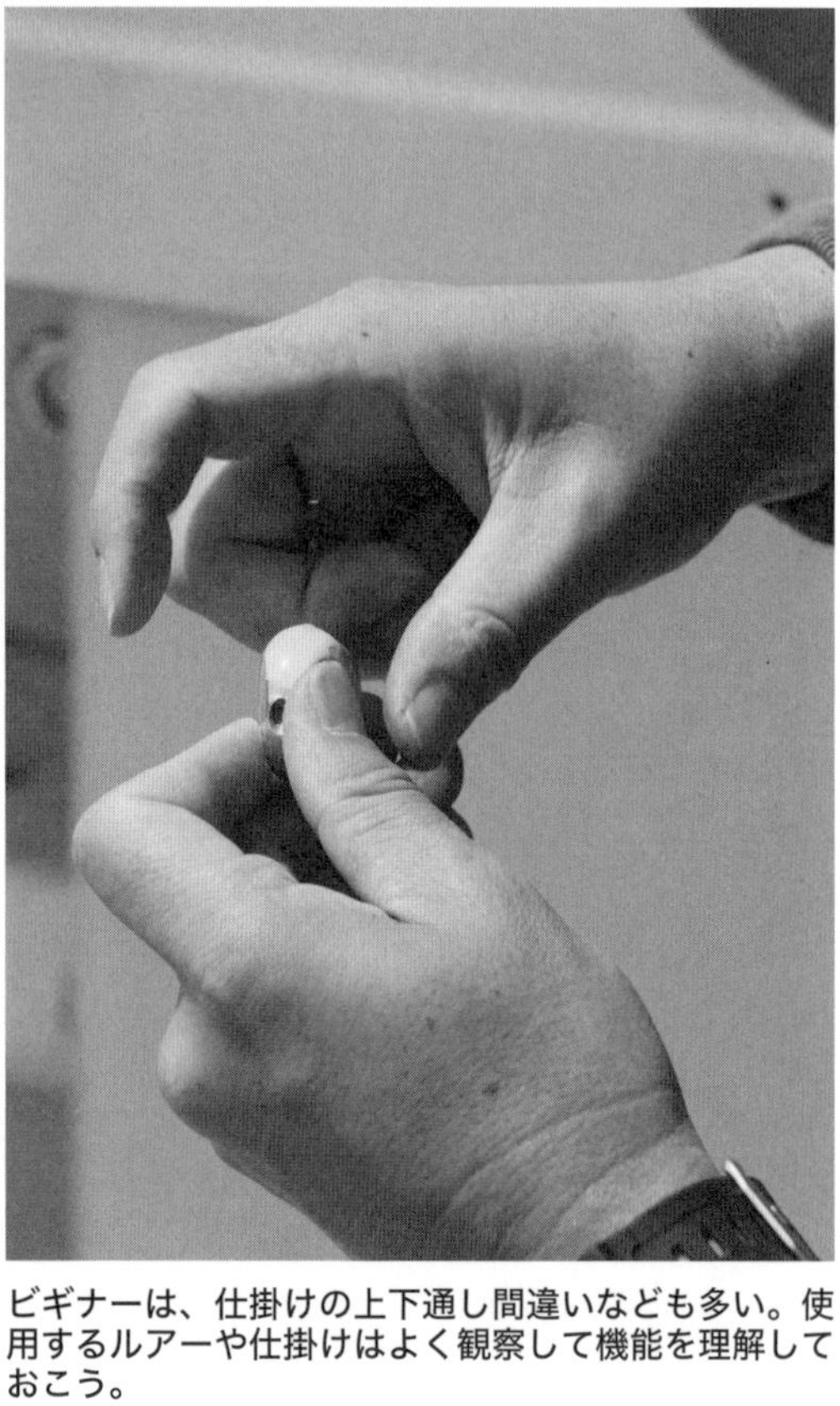

ビギナーは、仕掛けの上下通し間違いなども多い。使用するルアーや仕掛けはよく観察して機能を理解しておこう。

ルアーの場合は、結び方によってはルアーの動きが大きく変わってしまう。例えば、結び目が団子状になっているとそこが抵抗となり、ルアーの推進方向に影響が出ることもある。要は本来のルアーの動きではなくイレギュラーな動きをしてしまうということだ。

ハリの場合は、フッキングに大きく影響する。悪い場合はエサだけ取られたり、アタリがあってもハリが掛からないことが増えたり、途中で外れることが多くなる。

これらは大きな影響ではないが、釣れない要素に繋がるから注意しておきたい。

アワセのタイミング

船釣りは豪快に思われるが、アタリがあった瞬間に竿が大きく引き込まれ、アワセを入れるまもなくファイト開始という場面は意外にも少ない。

青物狙いのジギングでさえ、ハードなシャクリの途中で魚からのコンタクトがあった場合は、確実にフッキングするためにアワセを入れる。

魚が勝手にハリに掛かってくれることを「向こうアワセ」と呼ぶが、船釣りでは少ない。その理由の一つに水深の深さがある。いくら伸びが少ないＰＥラインを使っていても、釣り人と魚の間には海水が動いており、一直線にはなっていない。だから、魚からのアタリがあっても、アワセを入れて確実にラインを張ってハリを掛ける必要がある。

ビギナーほどこれを怠りやすいから、引き込まれた瞬間にハリが外れたり、途中で逃げられたりしやすい。

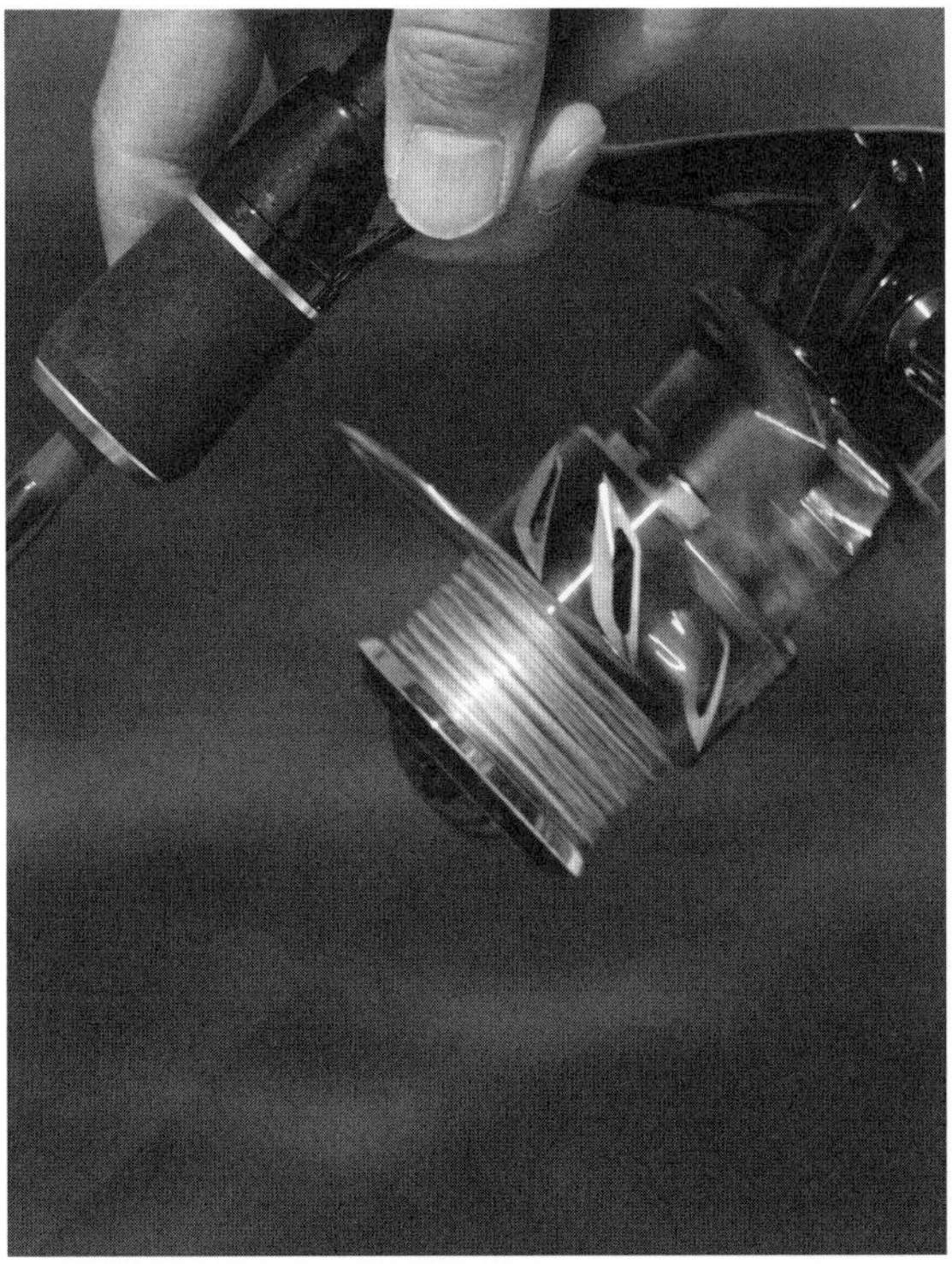

スピニングリールの方が見慣れていることもあって操作方法が簡単に見えるが、船釣りでは逆に難しいことも多い。もし使う場合は、カラーローテーションしたPEラインを使用して、水深が分かりやすいようにしておくこと。

狙うタナが合っていない

総合すると、これが一番釣れない原因のことが多い。船釣りの場合は、魚種にもよるが、一旦海底まで仕掛けを落としてから狙うことが多い。これは、底付近に対象魚がいるシチュエーションが多いからだ。要は効率が良いということだ。

しかし、意外にも底付近を狙うのは難しく、特にビギナーには底取りの重要さへの意識が低いこともあり、底から仕掛けが浮いていたり、船長がアナウンスする指示ダナと実際に狙っているタナが大きく違っていることが多い。そうなると、当然魚のいない場所を狙っているため、釣れる確率も大きく下がってしまう。底取り、指示ダナを間違わないためにも。カウンター付きリールを使うことをおすすめする。

日常のメンテナンス

釣り具にはメンテナンスや使い方次第で長年使えるものと、使うことで劣化してしまうため交換しないといけない消耗品がある。日頃からメンテナンスを心がけ、道具を手入れしておくことでトラブルが減り、快適な釣りができることを知っておこう。

交換が必要なもの

釣りに行くたびに交換が必要になるものは意外と少ない。

しかし、数回使用したら機能を十分に満たさなくなるものもある。特にラインは劣化しやすいから不具合が起こる前に迷わず交換するのがおすすめ。ＰＥラインは耐久性が高く切れるまで使うことも可能だが、知らずに劣化していて魚を掛けた際に切れてしまうこともある。いつ切れるかの見極めは難しいので、3カ月や10回など基準を設けて交換するとよい。リーダーラインは毎回交換が理想だが、実際は数回使う人が多い。細い号数を使うほど交換頻度を多くしよう。エサ釣りのフックは1回限りの使い捨て型だ。

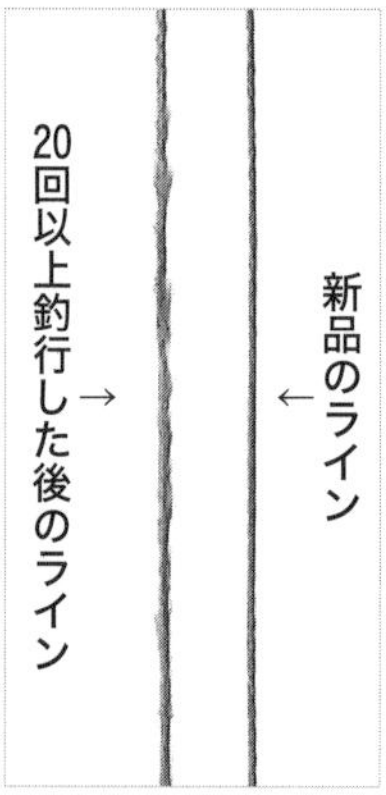

PEラインの交換時期
見た目にも毛羽立ってきたり、糸が平べったくなってくるから劣化したことが分かりやすい。また残りのラインが少なくなるほどキャストしにくくなるので、スプールの1／3以下なら交換する。

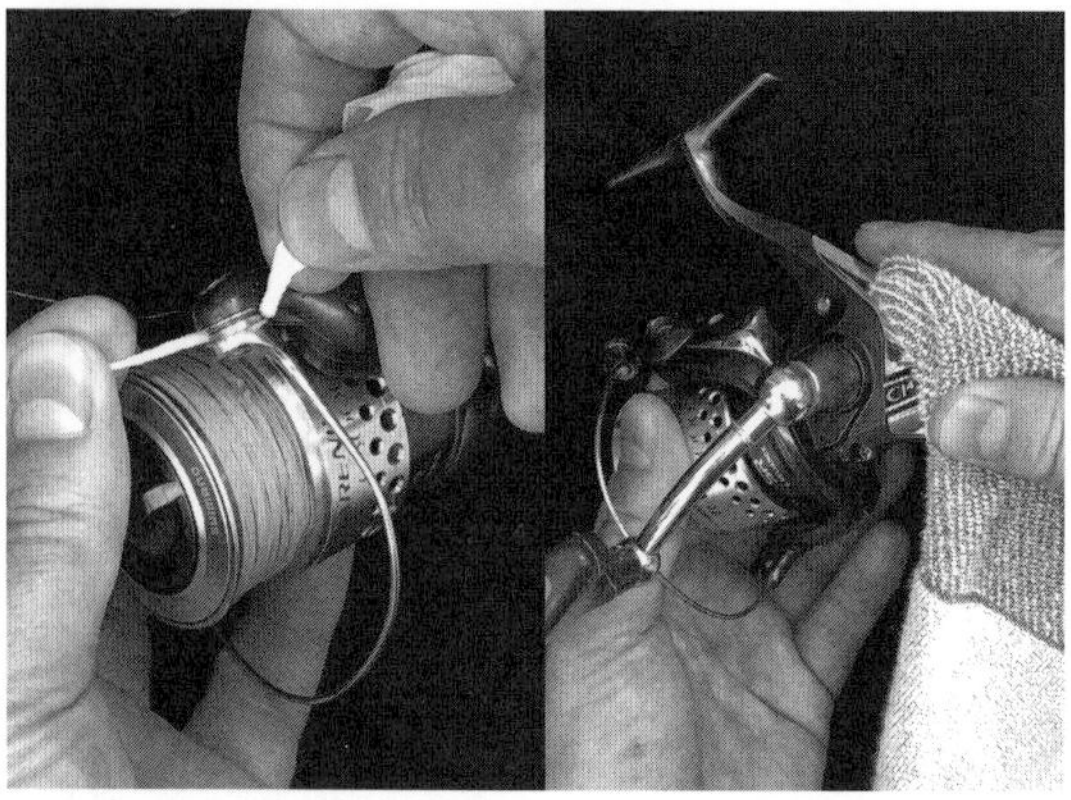

リールの洗浄
丸洗い可・不可は機種により違うので取扱説明書で確認する。可の機種なら水道水で洗い流す。不可機種は拭いて清掃する。どちらの機種もラインローラーが一番汚れているので念入りに洗うこと。

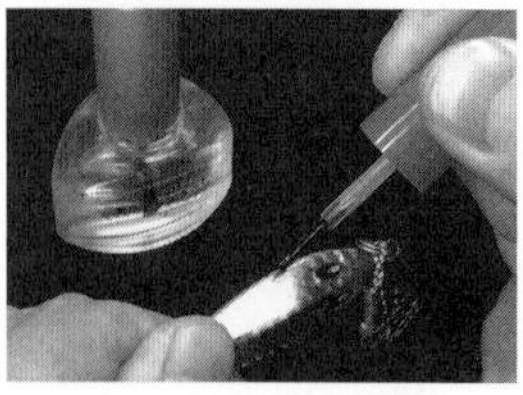

少々塗装が剥げても気にする必要はないが、傷として凹みがある場合はルアーのアクションに影響してしまうので、リペアしておこう。また曲がりがないかなどもチェックし、初期状態を保つのも大切だ。

ルアーの洗浄
単純に水洗いするだけでOK。水を多く入れたバケツなどに漬け込んでも洗浄できる。メタルジグはコーティング、フックはメッキ処理されているので、海水付着ぐらいならすぐに洗い流せる。

メンテナンス

　メンテナンスの最大の目的は、釣り中のトラブルを避けるためだ。快適な釣りを楽しむためにも最低限のメンテナンスは行おう。一般的には釣行前に釣り具をチェックする人が多いのだが、釣行後のメンテナンスが大切で、それを行っている人の方が圧倒的にトラブルが少なく道具の持ちも良い。

　海で釣りをする場合、釣り具の最大の敵は塩分。金属をサビさせたり、結晶となって傷を負わせる。釣行後に塩分の除去を行うだけで道具は長持ちするから、怠ることなく実施しよう。

　これは金属部分の全てに当てはまることで、ルアーやフックはもちろん、衣類やバッグ類のジッパーも同じだ。忘れてならないのがロッドガイドとリール各部。ここも放置しておくとガイドがサビて折れたり、リールの塗装が浮き上がったりしてしまう。塩を除去するメンテナンスとして手っ取り早いのが水道水での水洗い。ルアー類とロッドはシャワーで水をかけて自然乾燥させるだけでも大丈夫だ。リールについては丸洗い機種なら同様に、そうでないものは濡れタオルなどで拭き取る。

　多くの時間海水に浸かっているリールスプールに巻かれたラインは、海水を付着したままにしておくと、塩分が結晶化してラインに傷が付く原因となったり、染料が溶け出してライン同士がくっ付いてしまうこともある。リールスプールをリールから外し、流水でラインの表面に付いた海水を洗い流して日陰で乾燥させよう。

ラインの洗浄
リールのドラグノブを回してスプールを外してから流水で洗い流す。スプールの内側はグリスが塗られているので、できるだけ水がかからないようにする。グリスが切れていれば塗布する。

ロッドの洗浄
特にティップガイドに海水が付着しやすいので丁寧に洗浄しておこう。各ガイドやブランクスも拭いておく。最後に乾いたタオルで水分を拭き取るとさらに良い。日陰で乾燥させてから保管する。

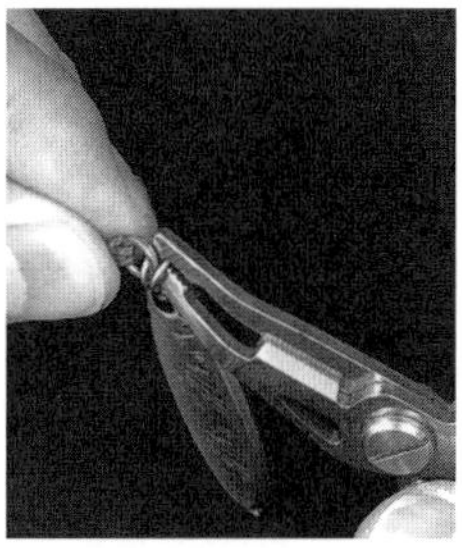

フックの接続部は、ほとんどがスプリットリングで繋がれている。開閉はスプリットリングオープナーを使うと楽。

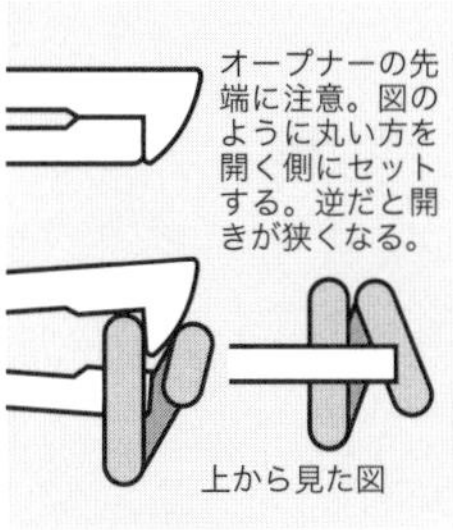

オープナーの先端に注意。図のように丸い方を開く側にセットする。逆だと開きが狭くなる。
上から見た図

スプリットリングオープナーの使い方は図の通り。先端部分で開いて固定し、フックを抜き差しする。

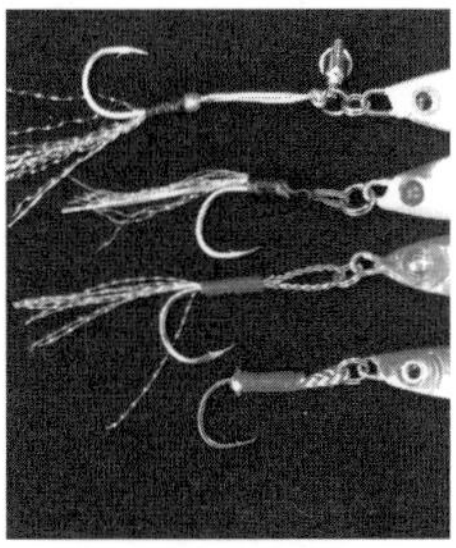

リング類がサビている場合は交換すること。オープナーが無いときはフックの先などでも開けられる。

釣り糸の結び方

結び方（ノット法）はこれを覚えておけば大丈夫。しっかりと結べるようになってから、他の結び方も学んでみよう。

ユニノット

結びの基本。ほとんどの結び方に応用されている。スイベルを結んだり、リールスプールに道糸を最初に固定するのにも使える。

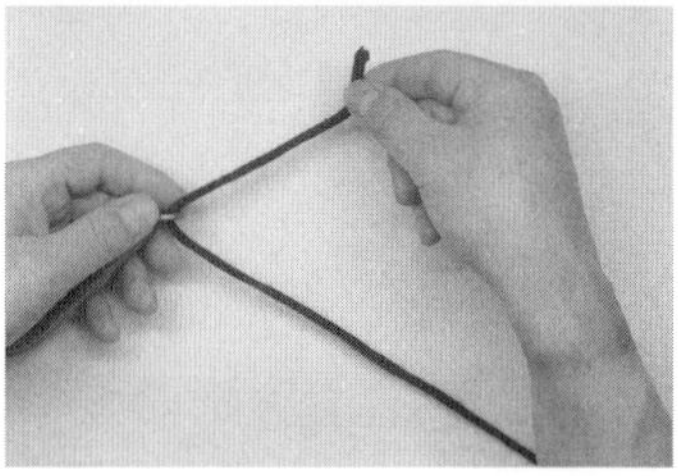

①環にラインを通す。

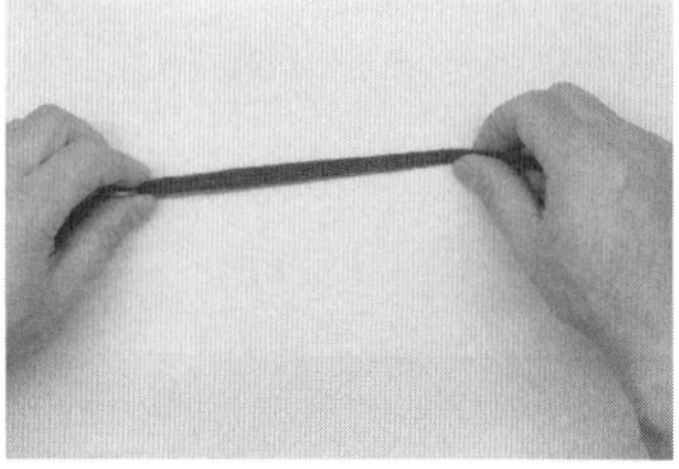

②ラインを重ねる。

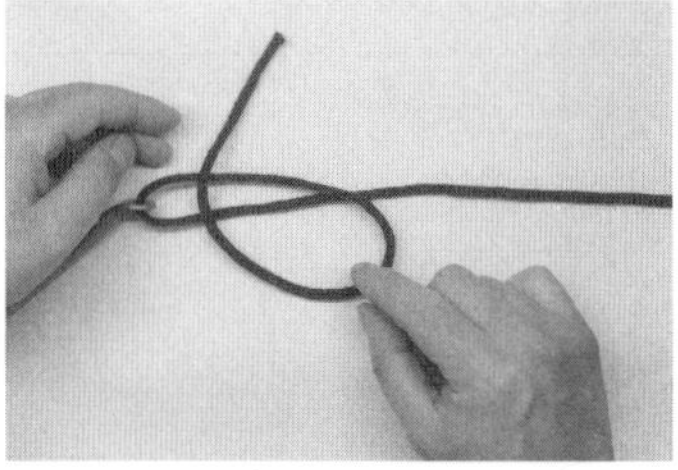

③ラインの端で、下側に輪を作る。

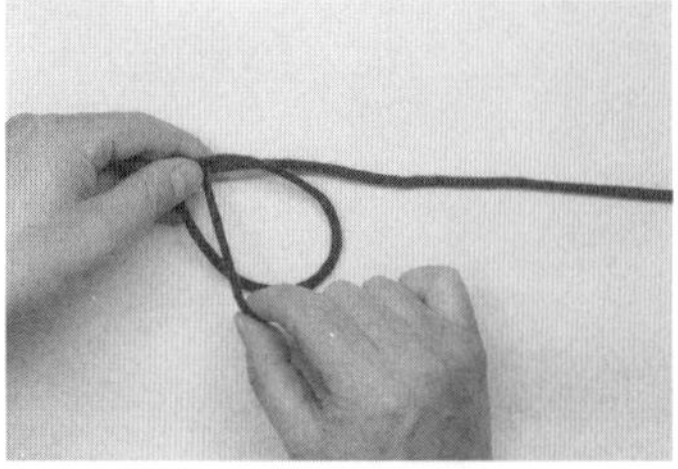

④ラインの端を上から向こう側へ、下にできた輪の中に通す。

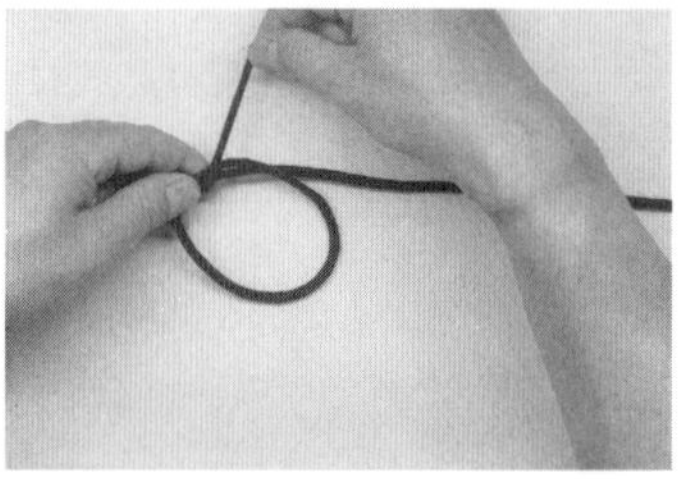

⑤ラインの端をしたから上に持っていく。

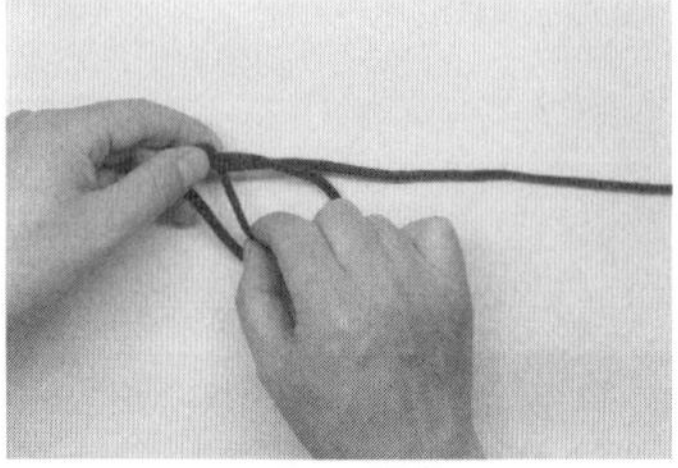

⑥再び奥から手前へとラインの端を、合計4回巻き付ける。

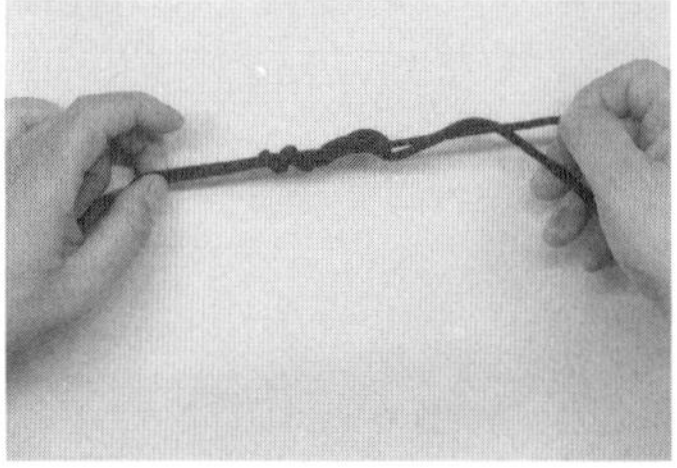

⑦ラインの端を持って徐々に締める。

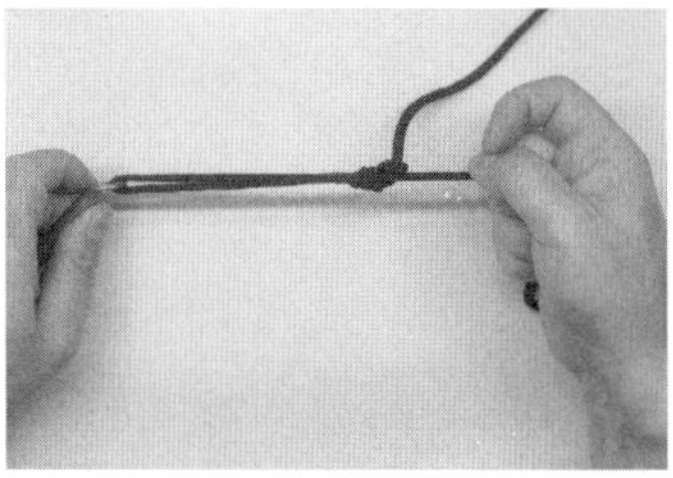

⑧本線を持って結び目を徐々に締める。

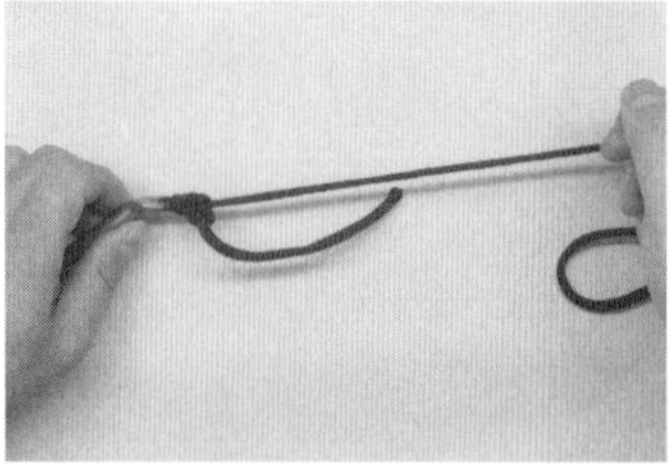

⑨環の部分まで結び目を移動させる。

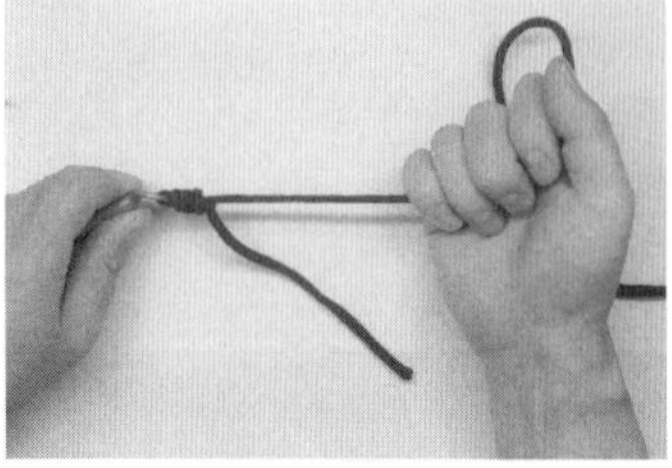

⑩しっかりと結び目を締め込む。

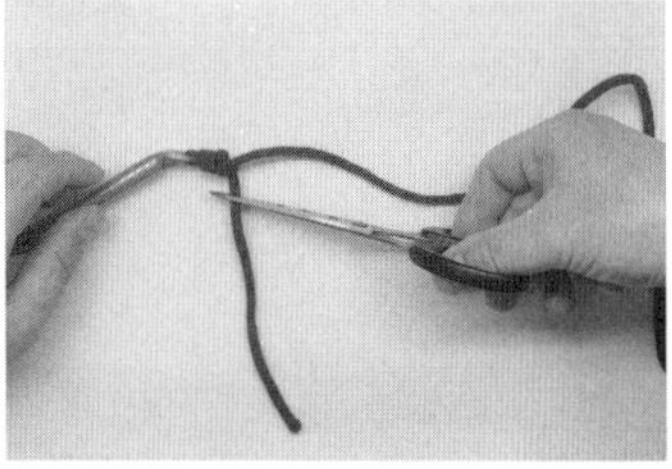

⑪端線を2㎜ほど残してカット。

主な使用用途

スイベルなどの金属環との接続。PEラインを結ぶ場合は、結んだ後に強く引いて確認すること。結び目が滑って解けてしまうことがある。その場合は、ハーフヒッチなどを行って補う。

リールのスプールに、最初にラインを結ぶ際に使用する結び方。普段ここまでラインを使うことはないが、しっかりと結んでおこう。

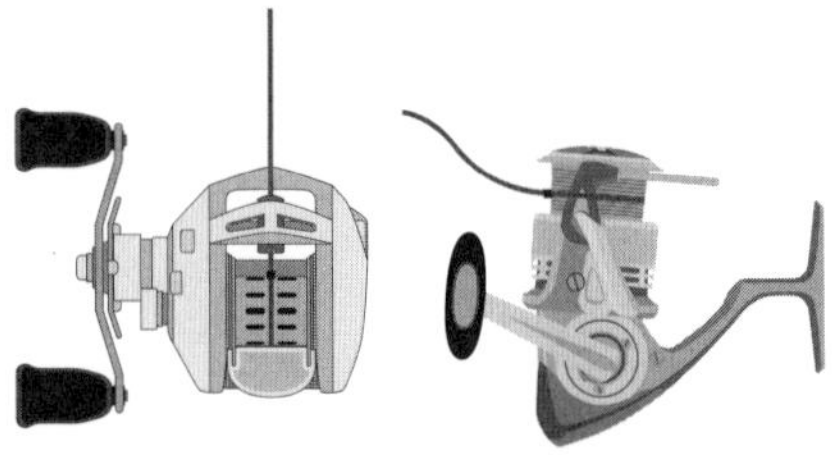

ハリ（外掛け結び）

エサ釣りでは必須のハリ結び。覚えやすくて失敗が少ない、この結び方を採用している人が多い。

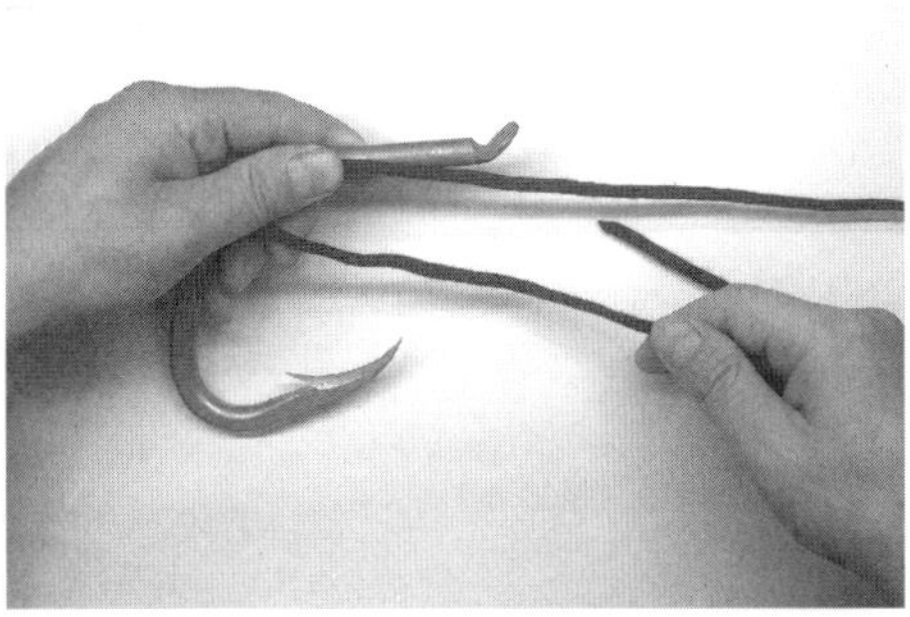

①ハリの下側にラインを折り返す。

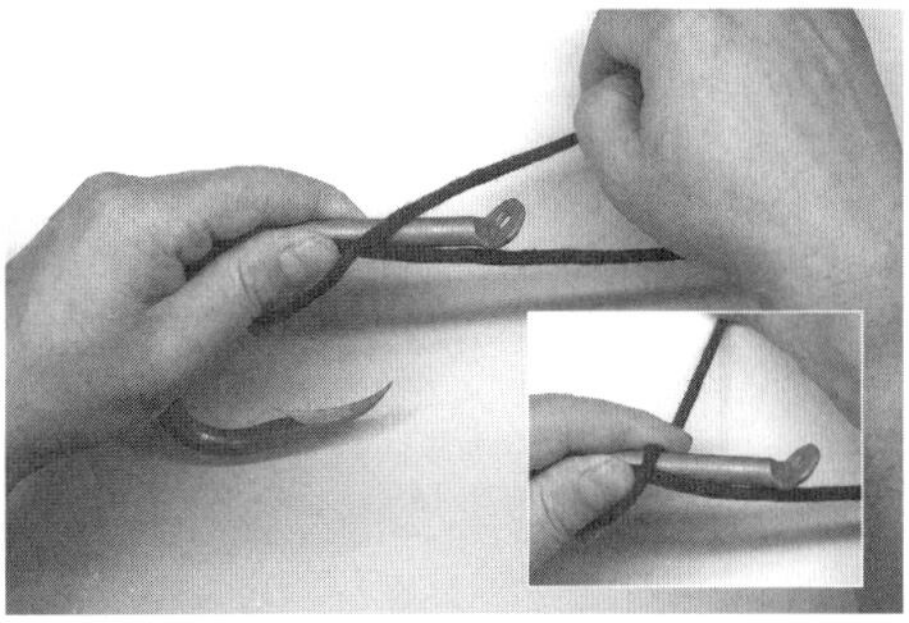

②ラインの端線をハリの上に持っていく。人差し指でラインを押さえる。

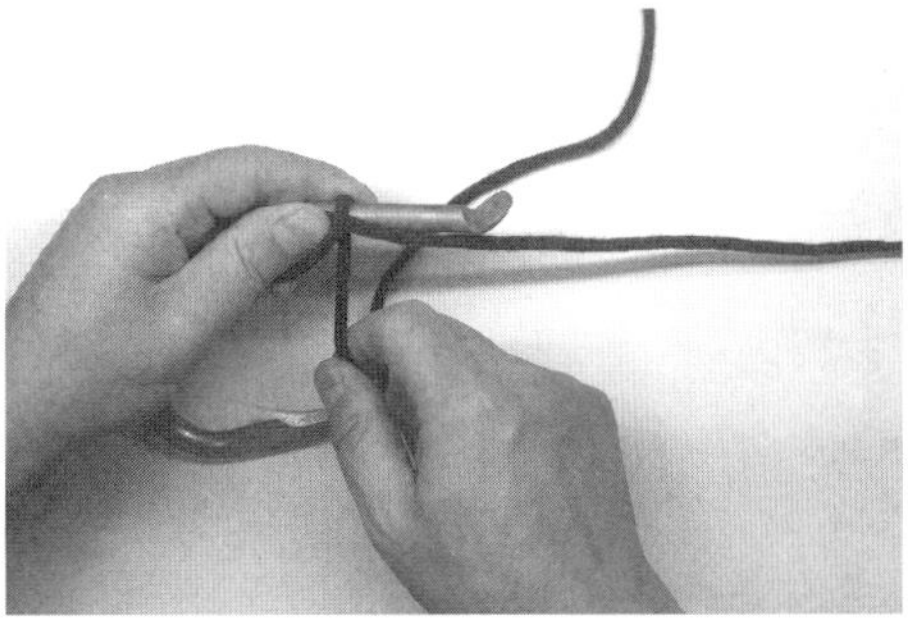

③ラインを下にもってくる。このようにラインを5、6回巻き付ける。

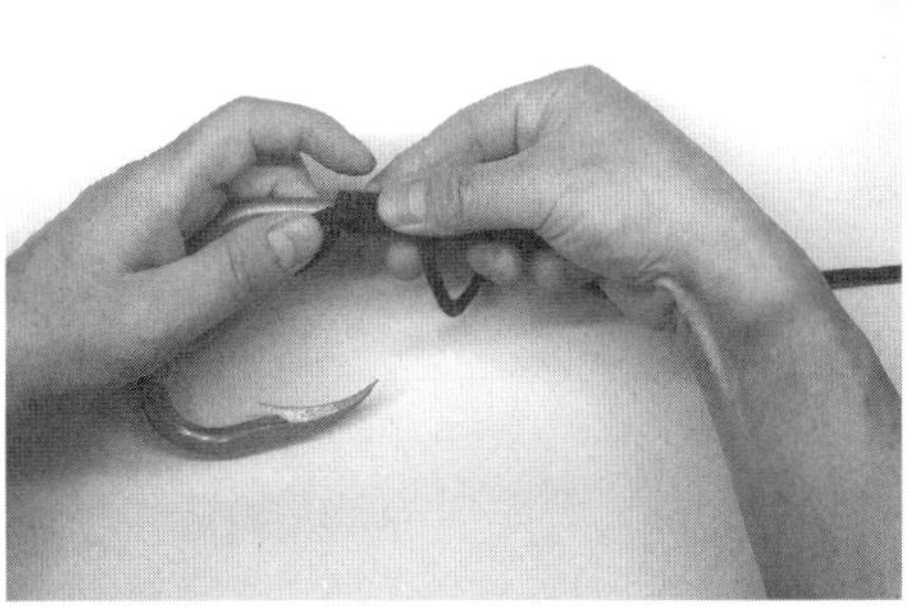

④巻き終えたらほどけないように結び目を持つ。

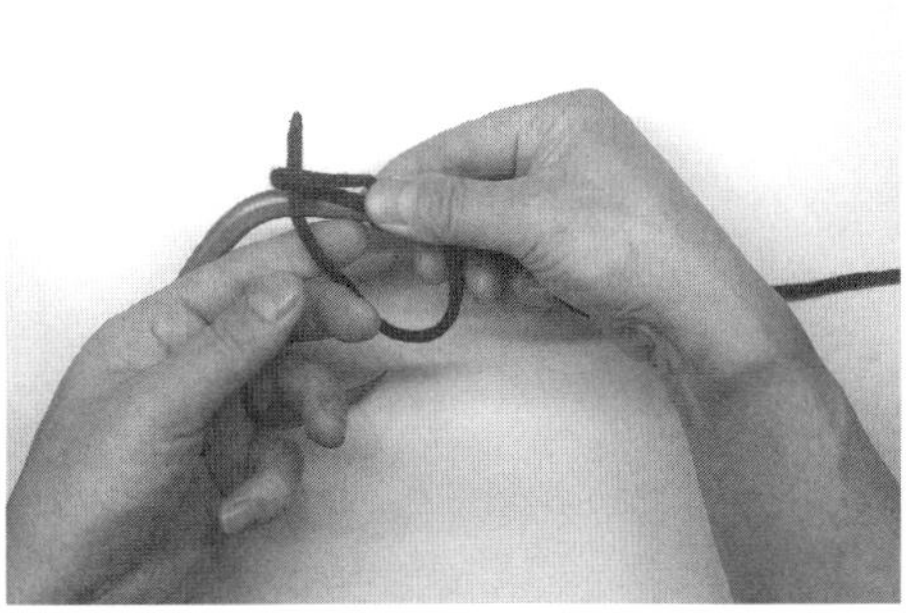

⑤最初にできた輪の中に、端線を通す。

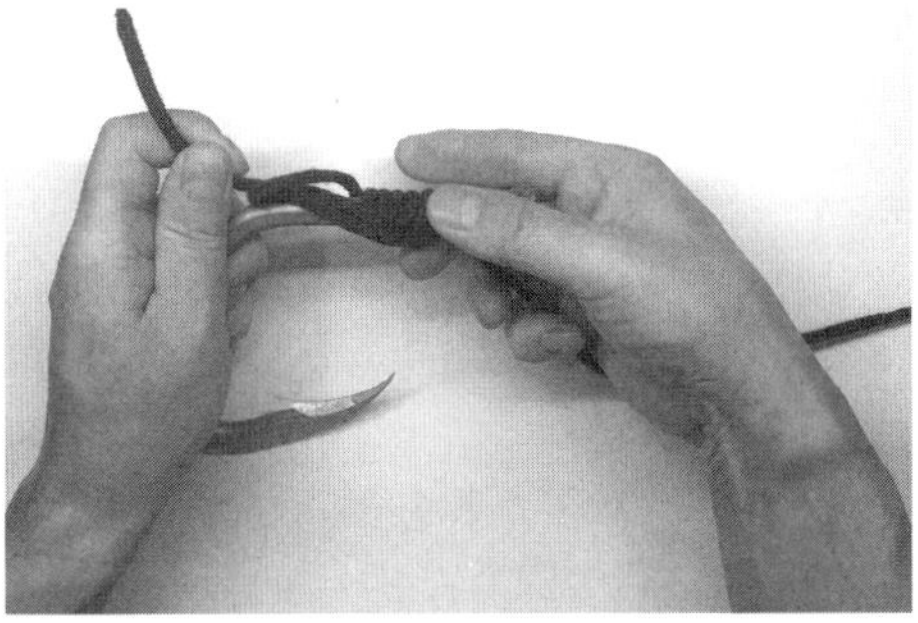

⑥ラインの端線をつまむ。

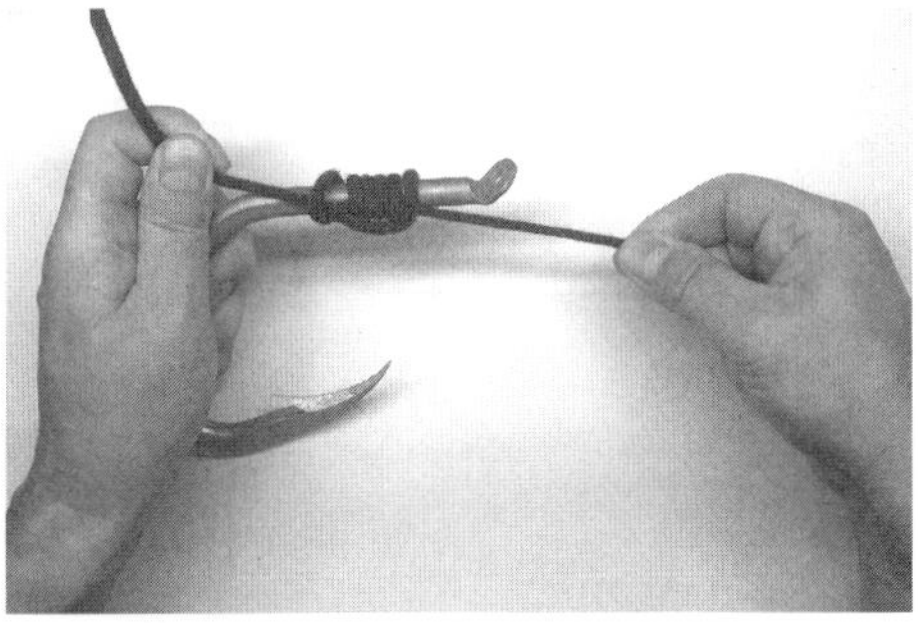

⑦本線を引いて結び目を締める。

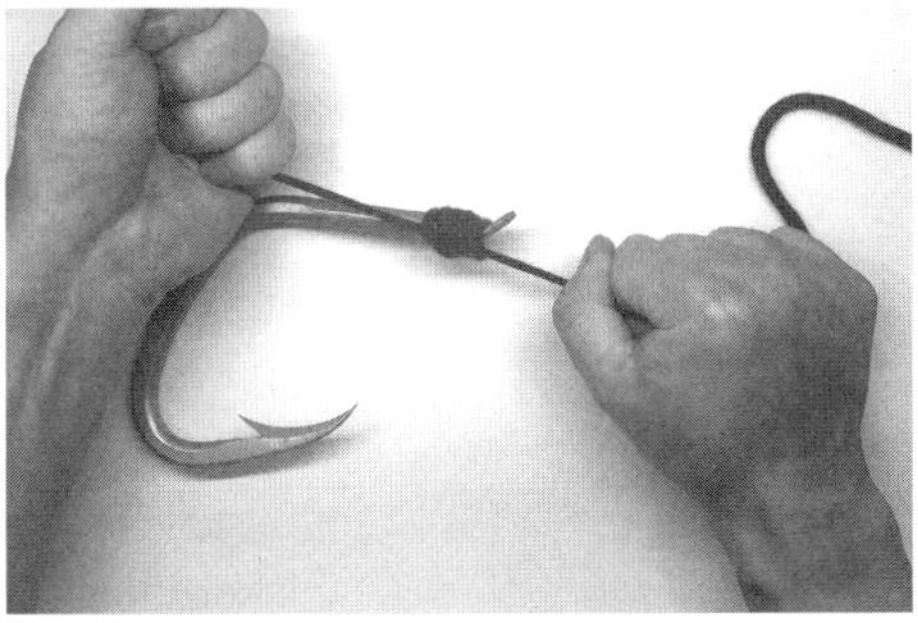

⑧両方を強く引いて結び目を締める。

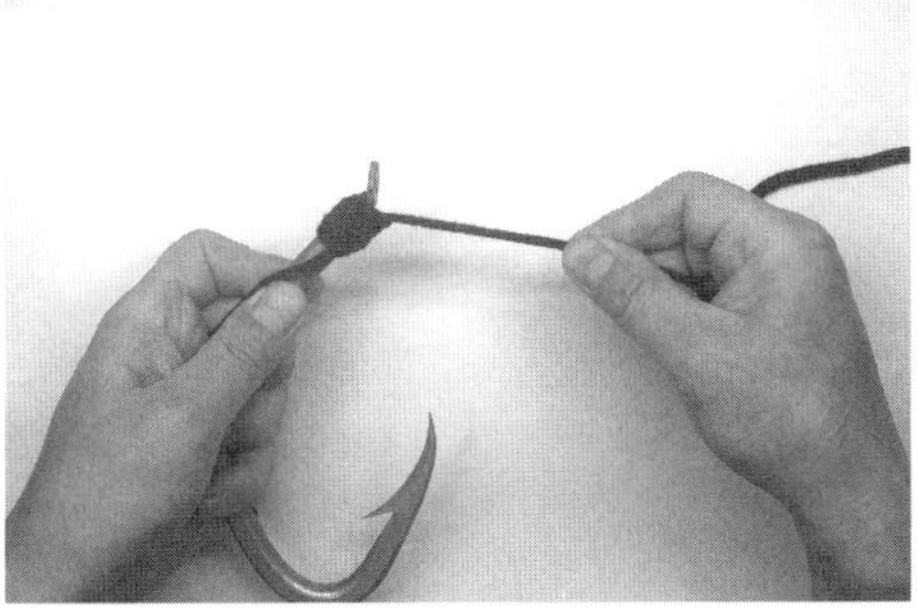

⑨本線は必ずハリの内側に向くように締め込む。

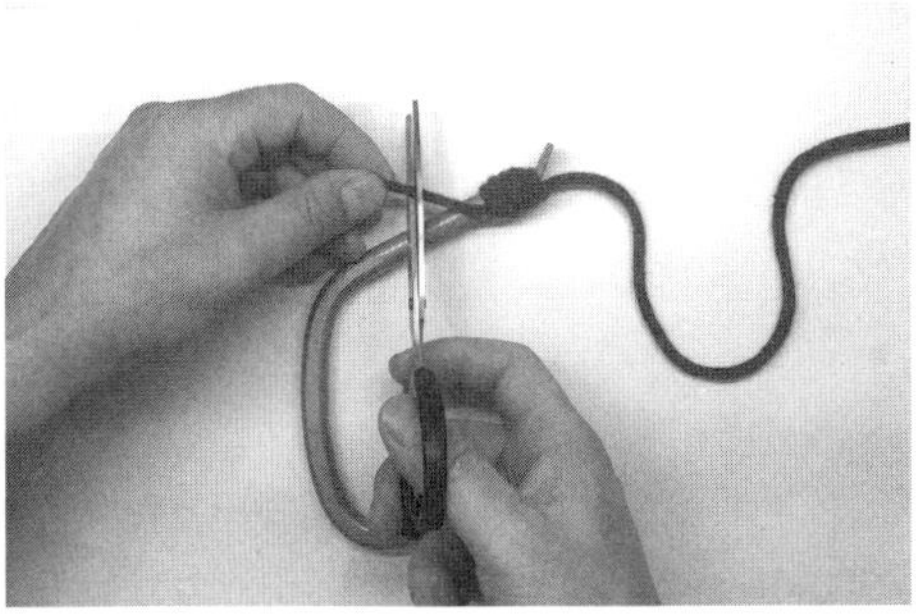

⑩1㎜ほど残してカット。

FGノット

PEラインとリーダーを結ぶノット法。PEライン0.8〜2号くらいまでカバーできる。それ以上ならPRノットがおすすめ。

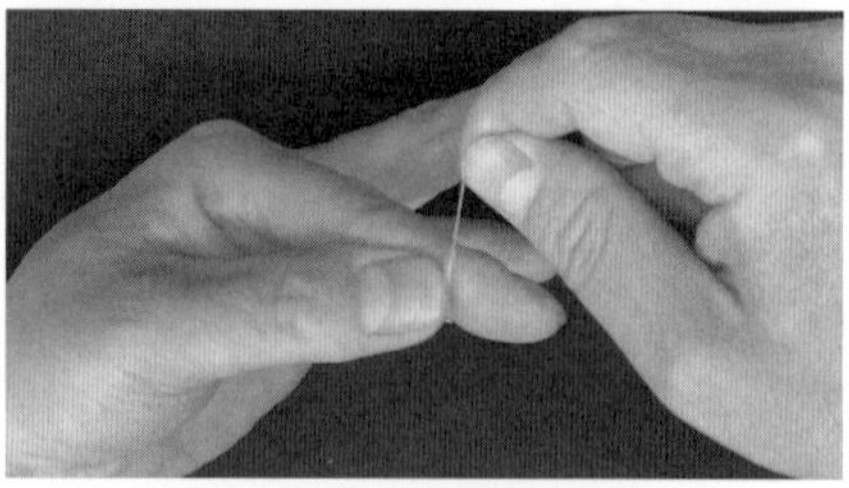

①PEラインの端を上から下へと奥側に回して人差し指に5〜10回巻き付ける。

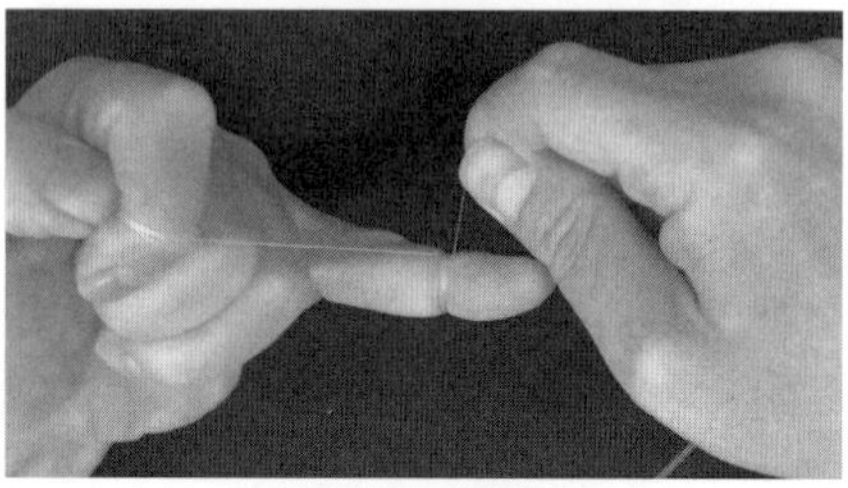

②小指にも同様に巻き付ける。

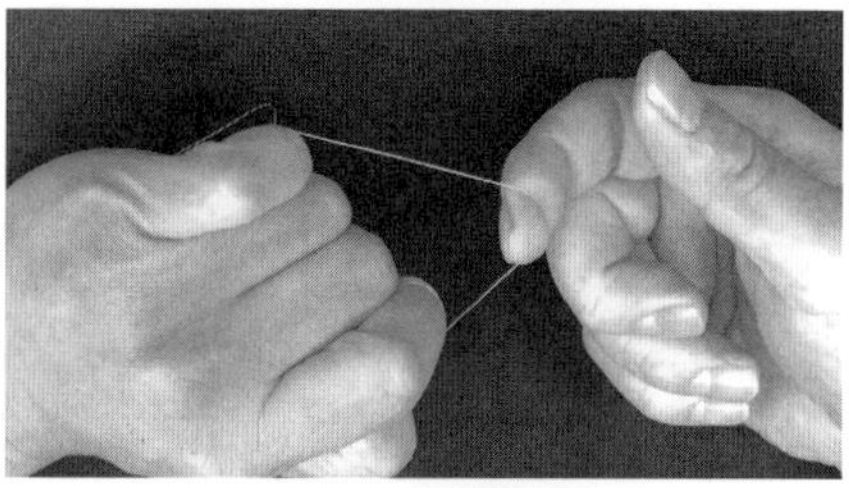

③たるみはこれくらいあった方が巻きやすい。狭いと最後まで巻けなくなる。

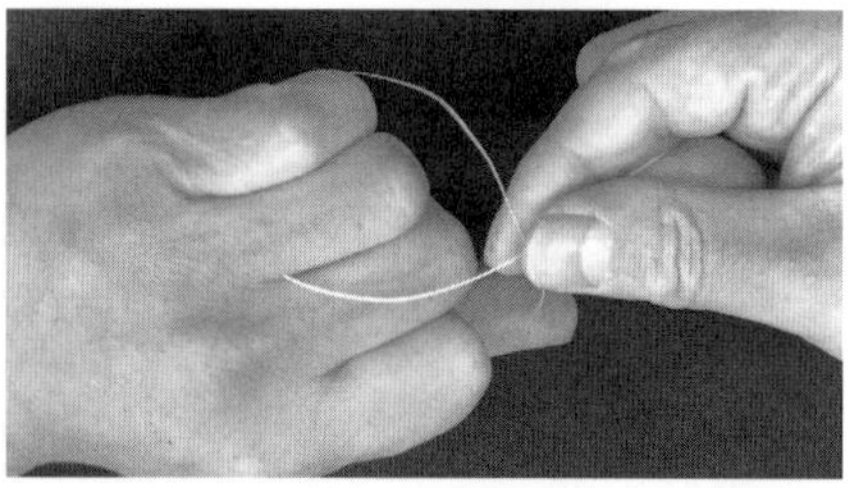

④リーダーの端を下から上へとPEラインにくぐらせる。

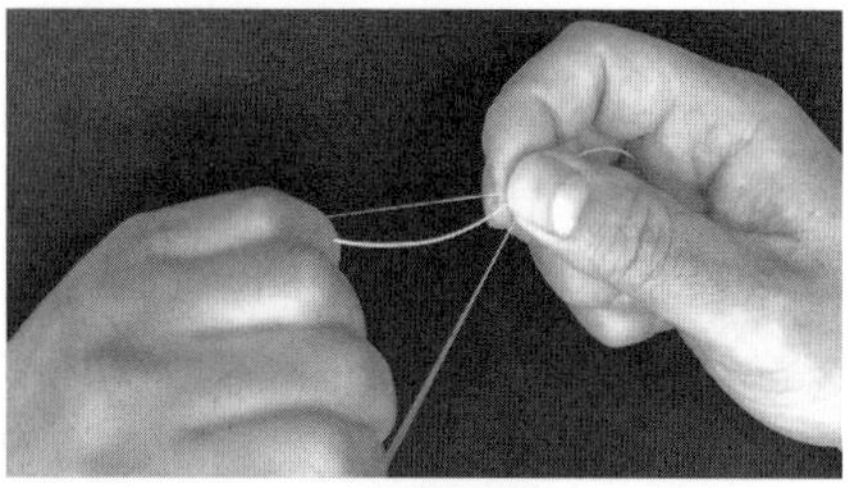

⑤リーダーとPEラインをしっかりと指でつまむ。

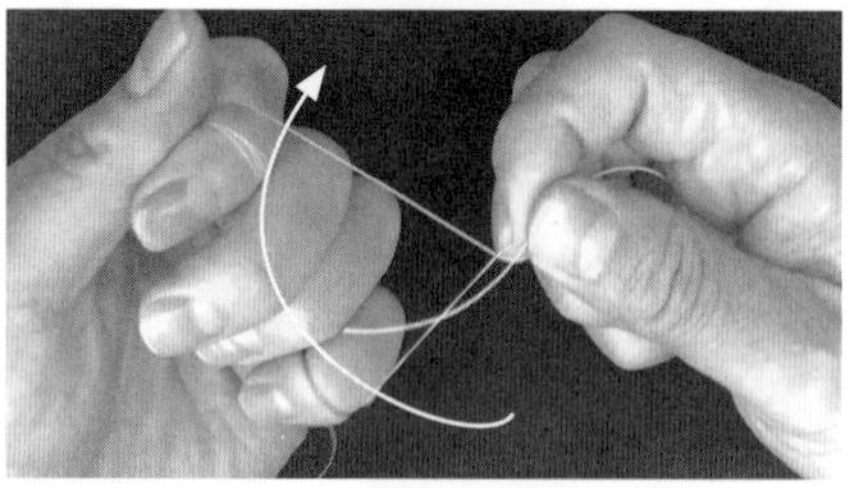

⑥左手を上側にひっくり返して、ラインを交差させる。

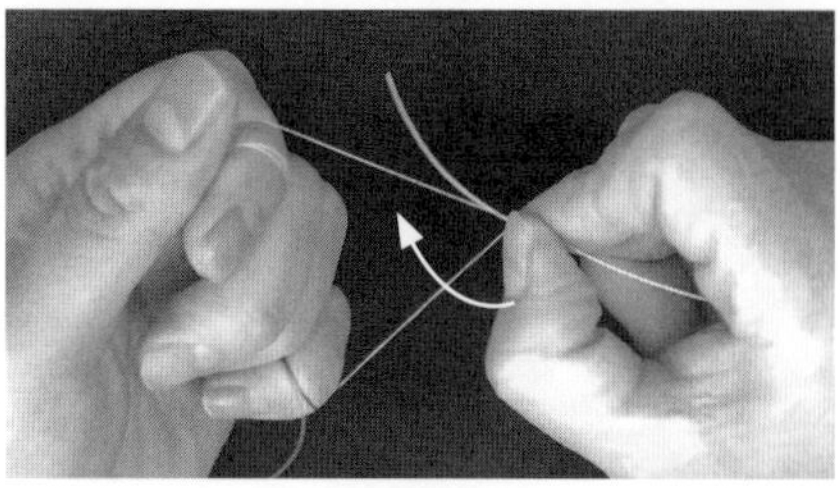

⑦リーダーを輪の中に下側へとくぐらせる。

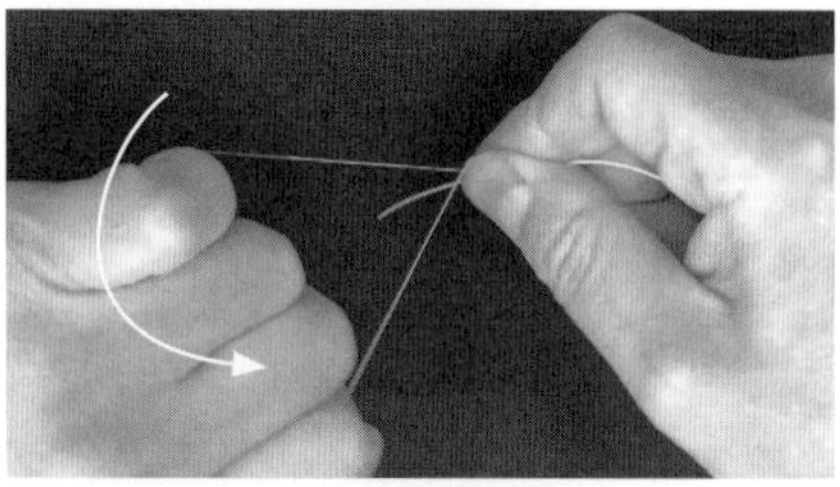

⑧左手を下側へとひっくり返してラインを交差させる。

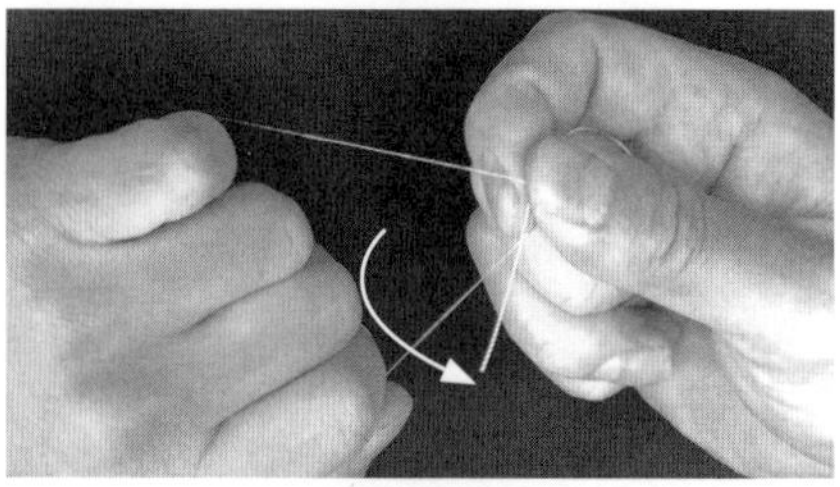

⑨リーダーを上向きにして、PEラインをくぐらせる。

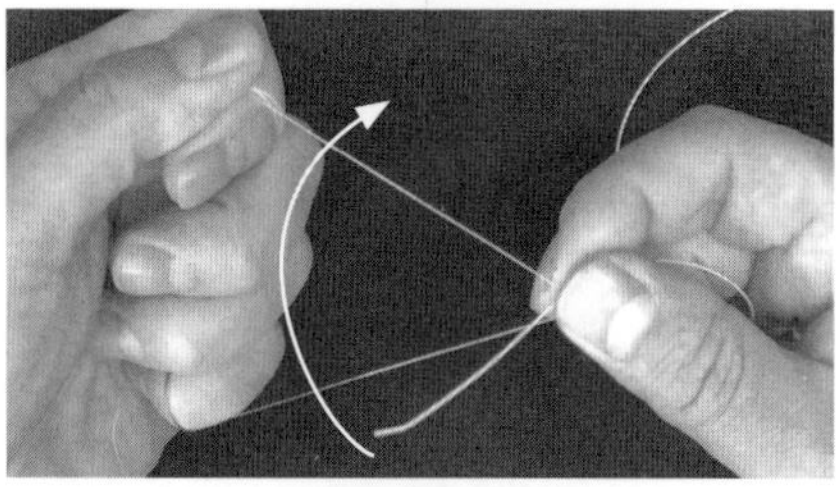

⑩左手を上側にひっくり返して、ラインを交差させる。この動作を15回ほど繰り返す。

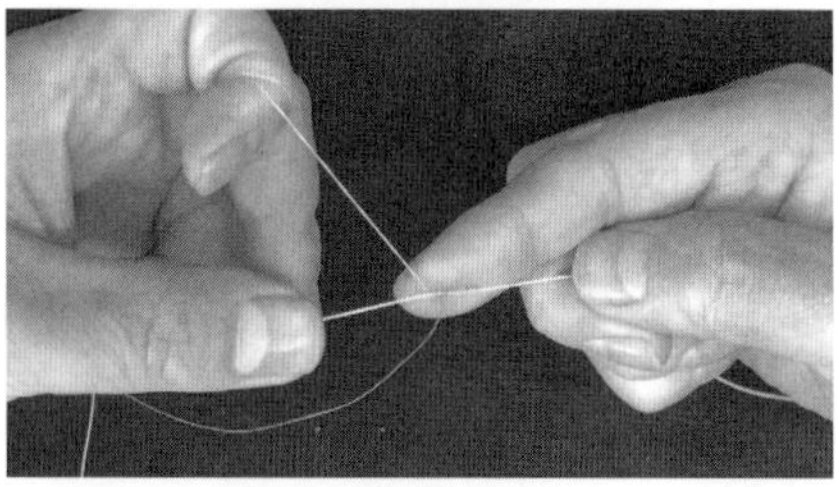

⑪15回編み込んだところ。テンポ良く行うのも結びのコツ。

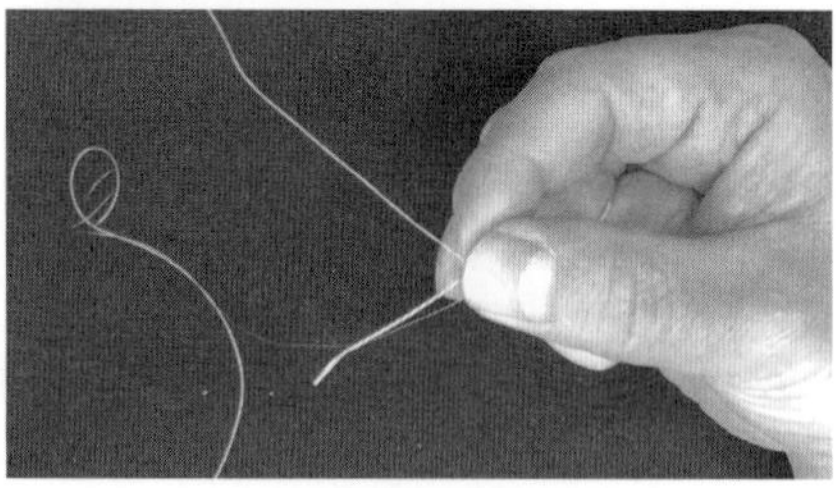

⑫左手のPEラインを解く。

PRノットの結び方はこちら→

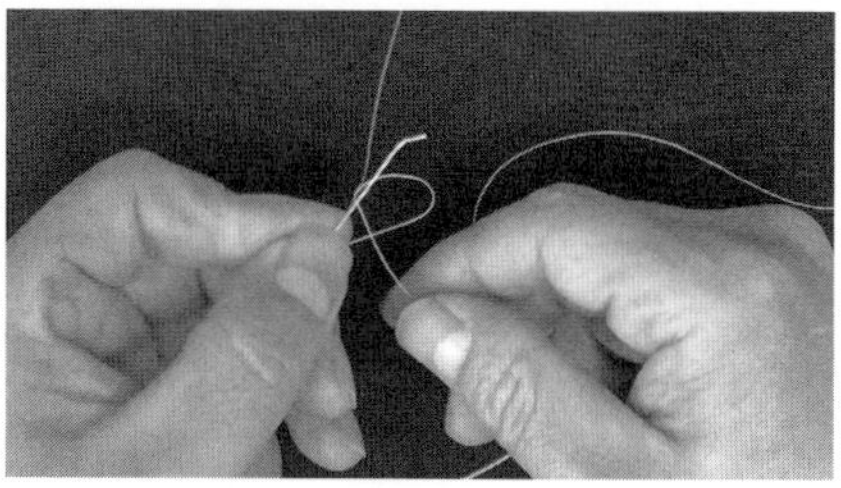

⑬編み込みが解けないように、ＰＥラインの端線でハーフヒッチを行う。

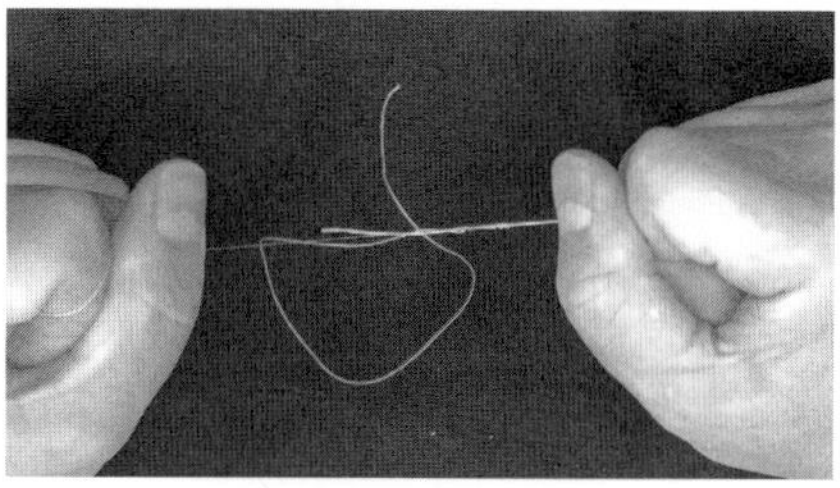

⑭ＰＥラインの本線とリーダーの本線を持って、ラインの色が変わるくらい強く締める。

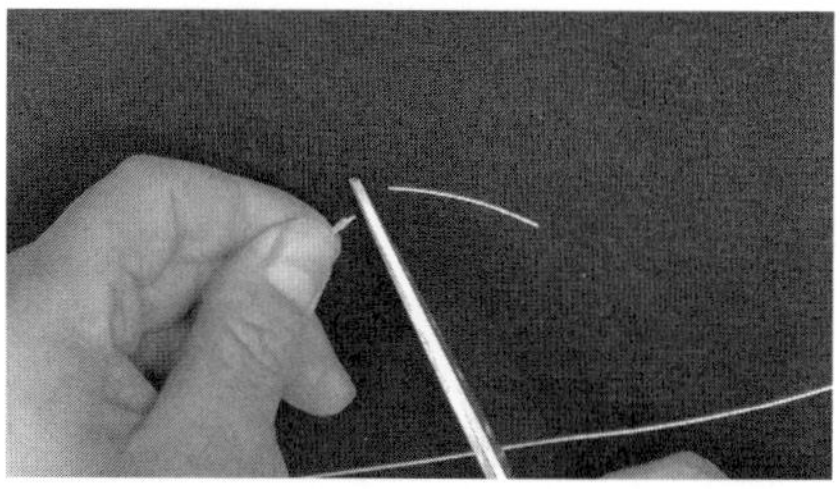

⑮リーダーの端を2㎜ほど残してハサミなどでカットする。

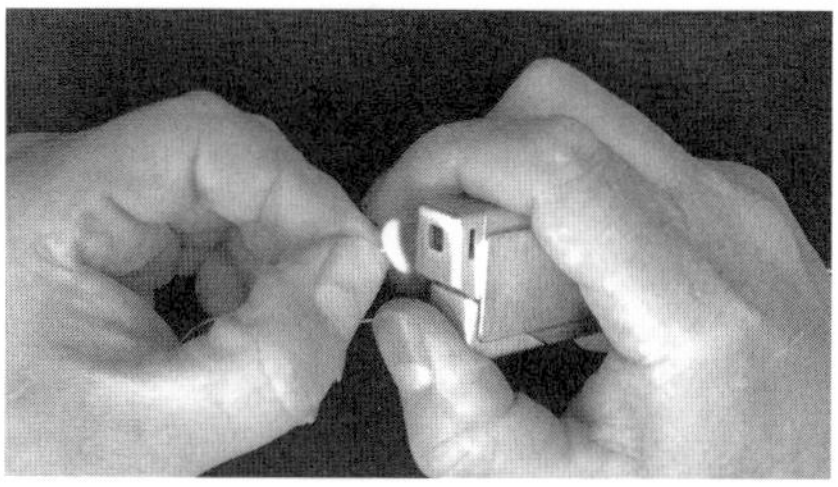

⑯スッポ抜け防止のため、リーダーの端をライターで炙り丸く処理する。

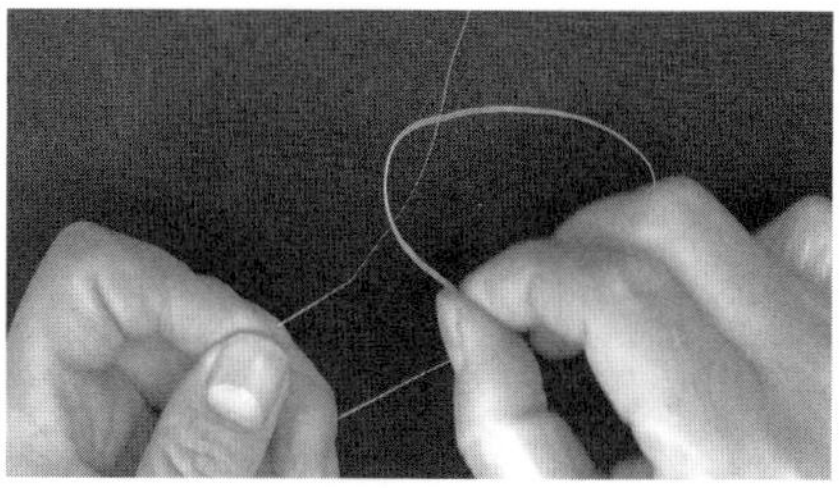

⑰ＰＥイン端線をハーフヒッチしていく。まずは右側上から下に。

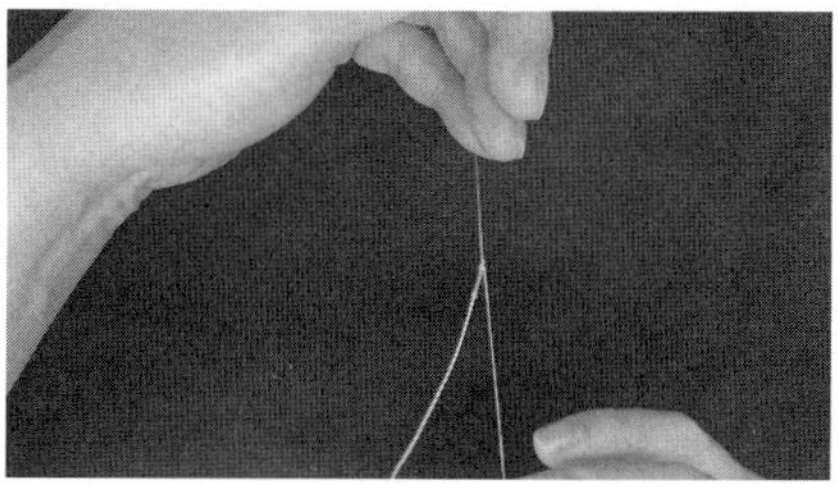

⑱一回ずつしっかりと締め込む。

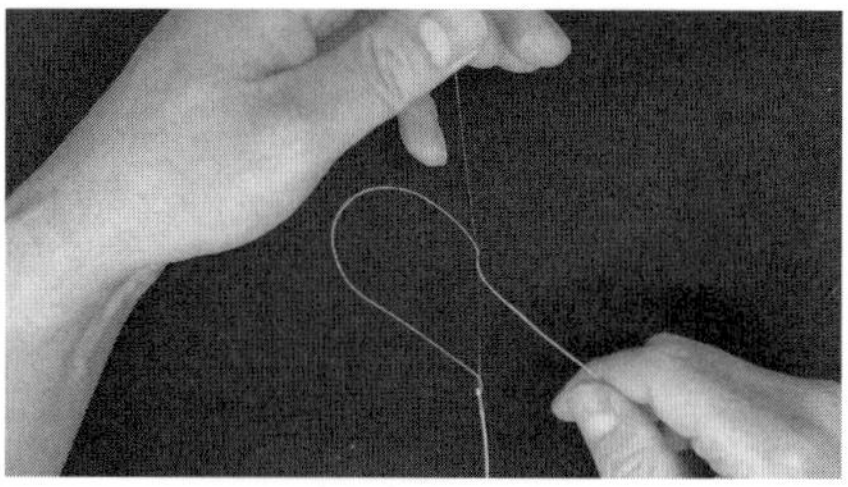

⑲次は左側上から下に。これを交互に5回以上行う。

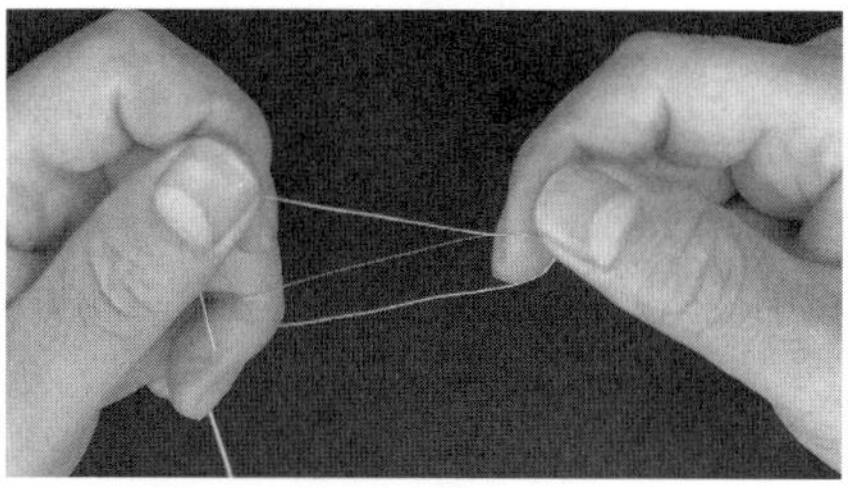

⑳最後のハーフヒッチは、輪の中に2回巻き付けてエンドノットを行う。

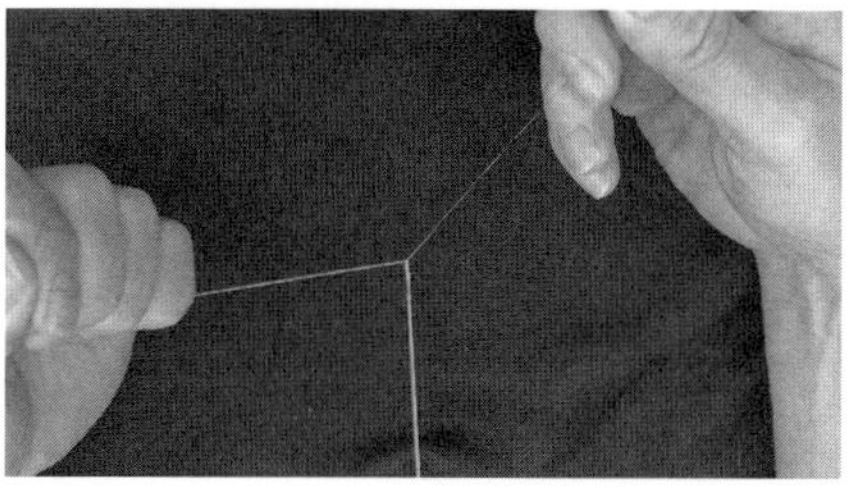

㉑丁寧に行わないと絡むので注意。しっかりと締める。

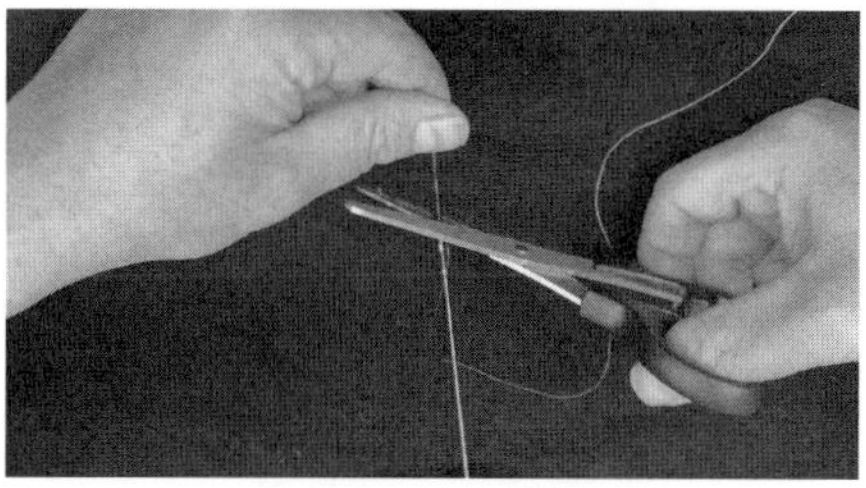

㉒ＰＥラインの端をギリギリでカット。

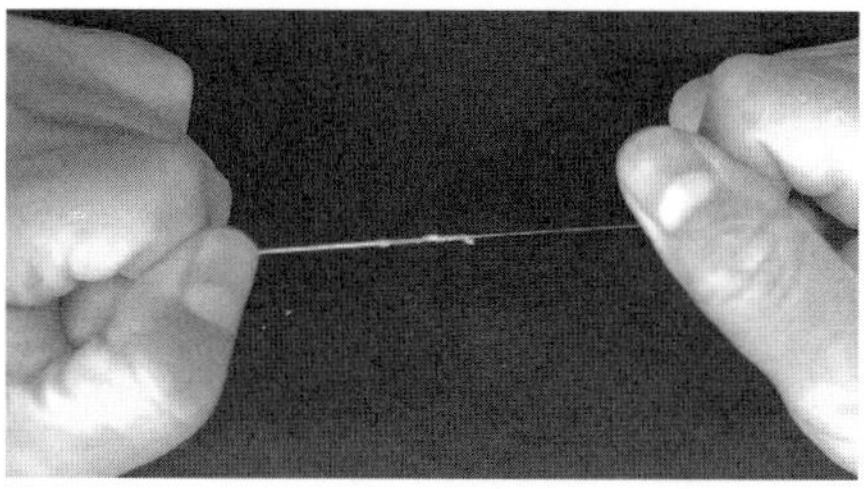

㉓最後にもう一度しっかりと引いて締め込み、ミスがないか確認する。

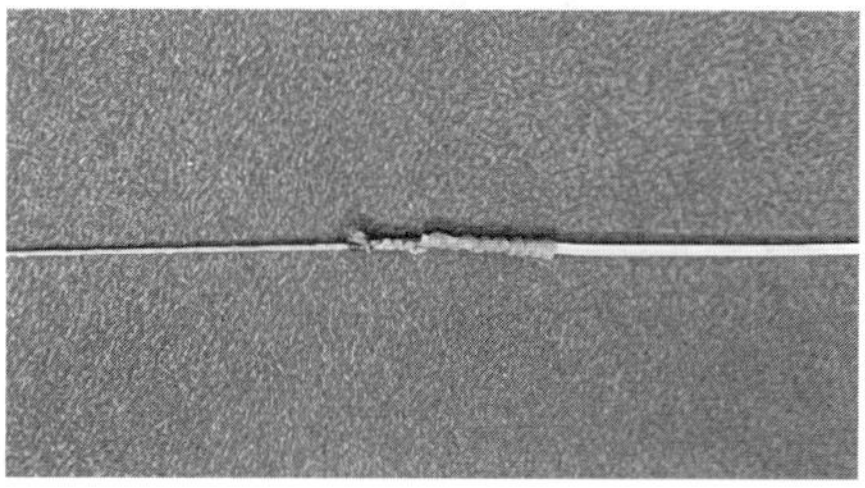

㉔各部の締め込みは水で湿らせて行うとスムーズにしっかりと締めやすくなる。

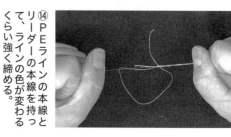

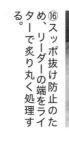

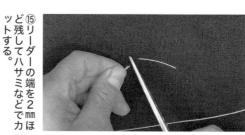

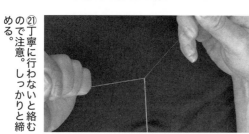

号数換算早見表（度量衡換算表《どりょうこう》）

釣りに使われている値には、号やポンドなど普段聞き慣れない単位がある。慣れればサイズに想像がつくようになるが、それまでは単位変換表が役に立つ。PE ラインを使用する場合は、最適なリーダーラインの太さも重要。使用するラインごとにリールのドラグ設定をすることで、ラインの性能を引き出せる。

■長さ早見（インチ＝センチ）
（ロッドなどの長さ計算に）

インチ	センチ
1in	2.54cm
2in	5.08cm
3in	7.62cm
3.5in	8.89cm
4in	10.16cm
5in	12.7cm

■オモリの号数をグラムに換算
（１号＝3.75ｇ）

号	グラム	号	グラム
0.3	1.125g	21	78.75g
0.5	1.875g	22	82.5g
0.8	3g	23	86.25g
1	3.75g	24	90g
1.5	5.625g	25	93.75g
2	7.5g	26	97.5g
3	11.25g	27	101.25g
4	15g	28	105g
5	18.75g	29	108.75g
6	22.5g	30	112.5g
7	26.25g	35	131.25g
8	30g	40	150g
9	33.75g	45	168.75g
10	37.5g	50	187.5g
11	41.25g	60	225g
12	45g	70	262.5g
13	48.75g	80	300g
14	52.5g	90	337.5g
15	56.25g	100	375g
16	60g	120	450g
17	63.75g	150	562.5g
18	67.5g	200	750g
19	71.25g	250	937.5g
20	75g	300	1,125g

■ナイロン・フロロカーボン換算表
（1号＝約1.814kg、1lb＝約0.454kg）

号数	キログラム	ポンド	直径・ミリ
0.25号	0.454kg	1lb	0.083mm
0.3号	0.544kg	1.2lb	0.090mm
0.4号	0.726kg	1.6lb	0.104mm
0.6号	1.089kg	2.4lb	0.128mm
0.8号	1.361kg	3lb	0.148mm
1号	1.814kg	4lb	0.165mm
1.2号	2.177kg	4.8lb	0.185mm
1.5号	2.722kg	6lb	0.205mm
1.75号	3.175kg	7lb	0.220mm
2号	3.629kg	8lb	0.235mm
2.25号	4.082kg	9lb	0.248mm
2.5号	4.536kg	10lb	0.260mm
2.75号	4.990kg	11lb	0.274mm
3号	5.443kg	12lb	0.285mm
3.5号	6.350kg	14lb	0.310mm
4号	7.257kg	16lb	0.330mm
5号	9.072kg	20lb	0.370mm
6号	9.979kg	22lb	0.405mm
7号	11.340kg	25lb	0.435mm
8号	12.701kg	28lb	0.470mm
10号	15.876kg	35lb	0.520mm
12号	18.144kg	40lb	0.570mm
14号	20.412kg	45lb	0.620mm
16号	22.680kg	50lb	0.660mm
18号	24.948kg	55lb	0.700mm
20号	27.216kg	60lb	0.740mm

■オンスをグラムに変換
（１oz＝約28.34ｇ）

オンス	グラム
1/96oz	0.30ｇ
1/64oz	0.44ｇ
1/32oz	0.89ｇ
3/64oz	1.33ｇ
1/20oz	1.42ｇ
1/16oz	1.77ｇ
1/13oz	2.18ｇ
1/11oz	2.58ｇ
3/32oz	2.66ｇ
1/8oz	3.54ｇ
3/16oz	5.31ｇ
1/4oz	7.09ｇ
5/16oz	8.86ｇ
3/8oz	10.63ｇ
7/16oz	12.40ｇ
1/2oz	14.17ｇ
5/8oz	17.71ｇ
3/4oz	21.26ｇ
1oz	28.34ｇ
1.5oz	42.51ｇ
2oz	56.68ｇ
2.5oz	70.85ｇ
3oz	85.02ｇ
3.5oz	99.19ｇ
4oz	113.36ｇ
5oz	141.70ｇ
6oz	170.04ｇ
7oz	198.38ｇ
8oz	226.72g
9oz	255.06g

■用途別PEライン号数目安と適合リーダーライン一覧表

・岩礁帯や船底、引きの強い魚など、ラインが切られる確率が高いほど、リーダーも太めに設定する。
・通常はPEラインとの力関係（PEライン1号なら、リーダーラインは4号（4倍）の計算で大丈夫）。
・根掛かりが多発するエリアでは、逆にリーダーラインを細く・短くしてロストダメージを軽減する場合もある。
・リーダーの長さは、陸っぱりで１ｍ、オフショアで５ｍくらいを設定する人が多い。

PEライン	リーダーライン		用　途
	ポンド	号数	
0.15号以下	–	–	ワカサギなど
0.15〜0.2号	2〜4lb	0.4〜1号	アジング・メバリング（中級者以上向け）など
0.25〜0.3号	3〜4lb	0.6〜1号	アジング・メバリング（全般）など
0.4〜0.5号	3〜4lb	0.8〜1号	アジング・メバリング（視力の弱い方におすすめ）など
0.6〜0.8号	6〜8lb	1.5〜2号	エギング・ウキフカセ釣り・タイラバ・一つテンヤ・SLJなど
1	10〜20lb	3〜5号	シーバス、ライトショアジギング、オフショアライト系、投げ釣りなど
1.2号	16〜22lb	4〜6号	シーバス、ライトショアジギング、オフショアライト系、投げ釣りなど
1.5号	22〜30lb	6〜8号	シーバス、ライトショアジギング、オフショアライト系、投げ釣りなど
2号	30〜35lb	8〜10号	ショアジギング、オフショアなど
3号	35〜40lb	10〜12号	ショアジギング、オフショアなど
4号	40〜55lb	12〜16号	各種大物釣り用
5号	55〜70lb	16〜20号	
6号	70〜85lb	20〜24号	
8号	85〜100lb	24〜32号	
10号	100〜130lb	32〜40号	

■リールドラグ設定値早見表

（適切に設定することで、ラインブレイクを防ぐ）

PEライン（4本）	リーダーライン				ドラグ設定	
	ポンド		号数		1/4強度	
	最小	最大	最小	最大	最小	最大
0.15〜0.2号	2lb	4lb	0.4号	1号	0.23kg	0.45kg
0.25〜0.3号	3lb	4lb	0.6	1号	0.34kg	0.45kg
0.4〜0.5号	3lb	4lb	0.8	1号	0.34kg	0.45kg
0.6〜0.8号	6lb	8lb	1.5	2号	0.68kg	0.91kg
1号	10lb	20lb	3号	5号	1.14kg	2.27kg
1.2号	16lb	22lb	4号	6号	1.82kg	2.49kg
1.5号	22lb	30lb	6号	8号	2.5kg	3.4kg

PEライン（4本）	リーダーライン				ドラグ設定	
	ポンド		号数		1/4強度	
	最小	最大	最小	最大	最小	最大
2号	30lb	35lb	8号	10号	3.4kg	3.97kg
3号	35lb	40lb	10号	12号	3.97kg	4.54kg
4号	40lb	55lb	12号	16号	4.54kg	6.24kg
5号	55lb	70lb	16号	20号	6.24kg	7.94kg
6号	70lb	85lb	20号	24号	7.94kg	9.64kg
8号	85lb	100lb	24号	32号	9.64kg	11.34kg
10号	100lb	130lb	32号	40号	11.34kg	14.74kg

50歳から はじめる 船の釣り

船からの釣りは水深があるため、姿が見えるまで時間がかかる。どんな魚が掛かったのか、想像しながら引き上げてくるひとときは船中みんなが共感できる瞬間だ。

▶発行者◀
株式会社 ケイエス企画
〒802-0074 福岡県北九州市小倉北区白銀一丁目8-26
電話 093(953)9477 ファックス093(953)9466
kskikaku.co.jp

▶発行所◀
株式会社 主婦の友社
〒141-0021 東京都品川区上大崎3丁目1番1号 目黒セントラルスクエア
(販売)☎03-5280-7551

▶印刷所◀
瞬報社写真印刷 株式会社

▶企画・制作◀
株式会社 ケイエス企画

ISBN 978-4-07-345288-1

■乱丁本、落丁本はおとりかえします。
お買い求めの書店か、主婦の友社販売部(電話 03-5280-7551)にご連絡ください。
■記事内容に関する場合は、ケイエス企画(電話 093-953-9477)まで。
■主婦の友社発売の書籍・ムックのご注文はお近くの書店か、主婦の友社コールセンター(電話 0120-916-892)まで。
＊お問い合わせ受付時間　月～金(祝日を除く)9:30～17:30
主婦の友社ホームページ　https://shufunotomo.co.jp/